知识让世界更简单！

湛庐文化
Cheers Publishing

礼仪书
LETITIA BALDRIGE'S
NEW MANNERS FOR NEW TIMES
A COMPLETE GUIDE TO ETIQUETTE
得体的行为与正确地行事
［美］利蒂希娅·鲍德瑞奇◎著 修文乔 韩卉◎译
LETITIA BALDRIGE
中国人民大学出版社
·北京·

To my husband,
BOB HOLLENSTEINER–
a wonderful man and the perfect antidote
to a hyperactive writer. He is a calm , quiet , and restrained–
and the first to admit it's not easy living with
a book-writer spouse. He also has a perfect defense mechanism:
He doesn't read what I write!

前言

礼仪来自内心

现代社会，工作和生活已经互相重叠，科技的发展带来了沟通领域的巨大变革，而变革的产物反过来又要求人们建立新的沟通规则。本书为人们的生活和工作提出了新的建议，但这两方面的阐述并不是完全分离的。因为今日的生活与工作已经相互交织，密不可分，居家父亲操持家务、单身母亲养家糊口、越来越多的人在家工作、一个孩子面对三四对父母……这些现象正在日渐增多。因此，不妨好好学习一下礼仪，从使用刀叉的方式到如何为孩子庆生，以及如何对逝者表示尊敬和哀悼，这些都是为了让我们的生活变得更美好、更快乐。

礼仪不是礼节

理解礼仪和礼节的区别是十分重要的。礼节是一种程式，是一整套可以遵循的行为准则，指引着你安全处事。而礼仪则意味着更多，因为它是一种发自内心的对待他人的方式（无论你喜欢对方与否）。**礼仪教给你如何保护对方的自尊，尊重对方的感受。**礼节则由硬性的准则组成，编制这些准则的人根据自己的经历告诉你应当如何在某些特殊场合得体行事。礼节意味着行为优雅、有效率，本身是值得赞美的，但礼仪却是完全属于你自己的东西，这些行为帮助你化解混乱和尴尬，让人们感觉舒服，为他人带来快乐。礼节有时显得呆板僵硬（如果你想找到例子的话，不妨看看官方的会客流程），礼仪则是将一位已经等得两眼发花，不知所措的客人叫到一旁，小声地告诉他该怎么做："不，不必拥抱那位主人。你只需要和她握握手，灿烂地微笑，同时清晰地报上姓名，告诉她见到她你有多么高兴。"

● 礼仪是一种快乐 ●

任何礼仪书籍的主要目的都是提供指南，回答与优雅社会有关的所有问题，包括"什么"、"哪里"、"何时"、"为什么"、"如何"，等等。在用这些知识武装自己的过程中，你的安全感也获得了提升，开始相信自己的行为方式是正确的。这也是一本关于"快乐"的书籍，这么说并不自相矛盾。因为当你对别人好的时候（即使对方是一位陌生人），别人也会对你好。在某一时刻，两个人对自己和对对方的感觉都很良好，并将这种感觉扩张开来，这就是快乐的真谛。

现实是残酷的。然而，人类本身蕴藏着巨大的能量——对美好事物的追求。这种追求是自然而然的。我们要做的便是积极行事，紧紧抓住最初的想法。如果我们睁大眼睛，去发现事实的真相，而不是只看到周围的表象；如果我们把移动电话拿开，去聆听世界的声音；如果我们观察他人，并与他们进行交谈，就不难发现这种能量的存在。凭借着这种能量，人类所面临的一些问题将不再难办。

如果能够适当地引导这种能量，将消极的方面变为积极，许多日常问题也有可能得到解决。在我看来，所谓"值得尊敬的人"就是那些拥有真正社会地位的人，这种人都尊崇一种礼仪——富有同情心。已故的驻外大使克莱尔·布斯·卢斯（Clare Boothe Luce）[①]即是如此，当时她是我在美国驻罗马大使馆的上司，后来则成为我一生的榜样和良师益友。我依然记得她是如何回答记者有关怎样定义“真正的上等人”的提问的。记者以为卢斯一定会长篇大论，然而她的回答却异常简单：“**就是你永远都愿意和他在一起的人。**”

记者停顿了：“就这些吗？”

“是的，再没其他的了。”她回答道。

●礼仪来自于家庭●

良好礼仪的关键，以及本书所有内容的关键，都离不开家庭。家庭是一切思想与行为产生的源头——礼仪、教养、价值观、道德规范、社会伦理，等等。孩子在家庭生活中学会如何孝敬父母和亲人。人们在家庭中寻求舒适与支撑，从而自然而然地帮助其他家庭成员，反过来，也帮助自己。谈到成功，拥有美满幸福的家庭才算是真正的成功。作为家庭成员，应该自觉地为他人着想，把他人的幸福和快乐放在心中；同时家庭也需要遵循规则，只有通过家庭教育，孩子才能最终成长为有自控能力的成年人。在教育的过程中，父母和祖父母都会对孩子产生巨大的影响，因为他们希望孩子能够把祖辈最好的一面继承下来。

然而，我所描述的这些画面在今天看来是否过于理想化？孩子在两代人的照顾下成长的家庭现在还存在吗？女人还会为了孩子放弃工作吗？为人父母之后的婚姻仍然美满吗？继父母和继子女的现象是否日益增加？人们是否宁肯看电视，也不愿意谈论自己或他人的问题？青少年是否过早地脱离了家庭，只顾做自己的事情？当我们偶尔回到家中，是否已经习惯了站在冰箱或者微波炉旁边吃东西，而饭桌——这个用来交流、学习和表达感情的物件，却只是安静地立在那里，失去了原有的作用？几代人围绕在餐桌旁愉快交流的场景是否依然

① 美国著名记者、编辑、政治家、众议员、驻意大利大使。《时代周刊》创办人亨利·卢斯的第二任夫人。——译者注

存在？祖父母是否被送进了养老院？人们是否已经厌倦了晚间的促膝谈心？来自家庭的温暖与慈爱都到哪里去了呢？

我相信凡事都应争取。既然礼仪的发展与改进无法一蹴而就，又离不开家庭的巨大作用，那我们为什么不努力争取，让家庭重新回到身边？

● 礼仪源于关心 ●

人们总是强调孩子需要关心和爱护，然而，孩子并不是唯一需要关心的人。事实上，我们都需要。**在这样一个人人都面临飞速变革，承受巨大压力的时代，学会“快乐”已经成为了普遍的需要**。现在太多的年轻人（包括一些单身人士）向我抱怨，除了忙碌的工作，他们几乎没有社会生活可言。当人们开始谈论各类礼仪问题时，我发现越来越多的人开始渴望了解自己该做些什么，什么时候做，以及如何表达对他人的关心。

现在，有些人仍然在为步入更高的社会阶层而努力，他们期待获得更多的金钱，行为举止表现得更为优雅。而更多的人则是对社交礼仪感到好奇。在特定环境下，如何定义“正确的事情”；处理一些从未遇到过的情况时，怎样做才是“得体的行为”？面对这个不断发展的社会，我们势必会遇到各种新的挑战。困难终将被克服，但前提是要学习更多东西，学会观察、聆听和阅读。只有不断坚持如此，才能慢慢学会应对困难，解决问题。

应该说，大部分人都希望别人眼中的自己是举止优雅的。然而，并没有哪种填鸭式的速成班可以迅速实现这一目标。随着年龄的增长，四十岁、五十岁、六十岁……我们将越来越清楚自己该做些什么，如何做，以及什么时候做。然而不幸的是，对于某些社会问题，永远都不可能像用钥匙开锁一样，轻易找到解决方案，因为这些问题绝不会如此简单。

当我们学会将关心他人的哲学融入到生活中去，而不是只知道关心自己时，就会十分自然地去关心别人，无论对方是我们的好友还是陌生人。这种关心将是始终如一的，适当的，体贴入微的，不需要思前想后，自然而然表现出来的行为。

LETITIA BALDRIGE'S

New Manners for New Times

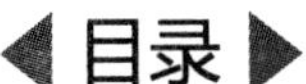

目录

第一部分 精致的社会

Letitia Baldrige's
New Manners for New Times

01
成功的办公室礼仪

我认为，将国家发展史与商业的发展趋势相比照来看，是一种十分合理的看问题的方式。乔治·华盛顿在芒特弗农靠种田起家。他早在参加美国革命和起草《独立宣言》之前，就开始密切关注企业损益表了。最重要的是，他一生恪守道德规范。每个人都敬仰他，并从他应对各种挑战的方式中受到启发。

拿他同当今的商业领袖做一个比较吧。随着大公司及其高管丑闻的不断曝光，美国的名誉和伦理已经如同碎布玩偶一样支离破碎了。如今，安全意味着对军事威胁、恐怖分子时刻保持警惕，但同时也意味着，我们必须在贸易往来中采取新的安全措施。我们可以谈论所有与商业有关的道德和安全问题，但这些道德观都始于家庭教育：家长通过谈话给孩子灌输行为准则，并需要以身作则来告诉孩子应该如何立身处世。

我们的行为决定了他人对我们的评判，它的重要性可想而知。万事皆始于礼仪，无论是此书通篇所讨论的社会礼仪，还是本章将探讨的工作礼仪。无论是为了了解他人，让对方感觉舒心，还是仅仅为了赢得对方的信任，礼仪都是不可或缺的，礼仪让社会正常运转，促进人与人之间的和谐相处。

商务办公中的礼仪常识

今日商界中的男女不仅需要具备职业技能，还要遵循老一辈遗留下来的规则，诸如忠诚、正直、诚实。你可以将其称为“做人的技巧”，或者是“优雅的礼仪”，它们也确实有助于形成一个良好、健康的商业气候，人们在这种环境中能够相互尊重。

无论何时何地，不管一个人是在股市赚了大钱，还是在宴会上引起了轰动，礼仪的高标准都不会发生变化。它们已经植入了我们的性格，不像水龙头一样，随开随关。它们已成为人的本能，化为人的真性情。否则，它们只会成为伪善的面具，无论在商界还是社会其他领域都会受到鄙视。

谈到商业礼节，你要清楚地知道，在私人聚会上，你不可以从公文包取出商业卷宗和文件，与别人进行商谈或签约；也不可以把公文包或大提包“砰”的一声放到餐桌上。社会礼仪要求，在舞会上，除了必要的应酬之外，要先与男主人或女主人共舞，然后才能与心仪的舞伴一起忘情共舞。只要做到拥有自控能力，凡事三思而行，同时密切关注周围的事件，你就能在礼仪的海洋中轻松遨游——在商务接待中建立人际关系网，在会议座谈小组中掌控演讲者的次序，或者是在吃饭时不会为抹巧克力酱还是奶油糖果酱而烦恼。

以我的经验，商业世界中最有力的工具就是幽默感，它能够很好地调节气氛。如果你有自嘲精神，并且勇于承认自己的错误（相信我，我对这一点深有体会，因为做到这两点花了我一辈子的时间），你就能挺过危机。

公司职员的礼仪

要想成为一名优秀的团队成员，并且能赢得同事的尊重和信任，需要付出很大努力。你不仅要朝这个目标迈进，而且一旦开始，就要坚持做下去。你要不懈努力的唯一原因是，这对你弥足珍贵。

无论在公司的地位如何——是企业主管，还是刚入职的普通员工，你都要设身处地为他人着想。这种处事方式不仅能赢得别人的尊重，还会凸显出你的团队精神，成为公司可以倚重的人。

- 即使对待职位最低的同事，也要像对待老板那样礼貌友善。这种待人方式除了能赢得对方同样的友善和尊重外，还能将这些同事变为你的朋友和宝贵的支持者，而这些都可能成为你职业生涯中最重要的财富。
- 无论公司内外，都要忠于老板并挺身为老板辩护。
- 不要“出卖”任何人，除非这个人犯下了严重的错误（如贩毒，偷盗等）。
- 除非你是这个人的上司，否则不要直接批评他，而且千万不要在背后批评。说不定有朝一日，他就会成为你的老板。
- 善待新人。引导他们熟悉公司的环境，让他们感觉自己备受欢迎，是团队的一分子。让新人对公司内部规则有所了解，也就是说，让他们熟悉一些“金科玉律”。无论何事，希望别人怎么待你，你就要怎么待人。因为，如果你是一个新人，你也会希望别人友善待你。
- 绝对信守诺言。为自己建立良好的信誉，并努力加以维护。
- 与同事一起用餐时，各付各的。不要成为别人口中永远不付账的人。
- 同事之间在办公室谈话时，如果与人出现分歧，不要强硬反驳，而要以幽默的口吻阐述自己的观点。如果你没有幽默感，要努力培养。这一点在办公室交往中至关重要。

▶新员工的办公室礼仪◀

- 你需要收集信息，包括办公室的运作方式、其他同事的工作内容以及公司内部规则。你可以通过下列方式找到这些信息：
  - 想好一些聪明的问题，在适当的时机向一些聪明的人请教。在商业社会中，时间就是一切，这一点务必谨记在心。当别人明显来不及在规定的时间内完成工作，或者工作负担过重时，千万不要去占用他们的时间。
  - 翻阅档案。档案会告诉你公司里的职员如何撰写书信，如何同客户或委托人交谈，以及他们之间如何交流。
  - 最重要的是，学会倾听！从周围同事那里听到的信息，对你来说是最好的教育。有些职员新到一个地方工作，过于注重给别人留下深刻印象，却听不到别人在说些什么。他们不重视别人的谈话，因此只见树木不见森林，对周围的认识经常是一知半解。

- 你要友好地对待每一个人，无论对方是送文件的行政人员，还是公司的老总。如果客观地加以分析，办公室里的每一个人都可能对你的职业生涯产生至关重要的影响。更加重要的是，如果你真心诚意地对待每一位同事，你就能很好地调节工作氛围，提升整个办公室的士气。顺带提一句，我很早就发现，无论在哪里工作，我最好的朋友和支持者都是我的秘书和接待员。
- 你可以逐一邀请同事吃饭，这样你就可以在一种轻松的气氛中，以私人的方式认识每一位同事，同时从他们那里获取有关公司的宝贵信息。
- 你要保持谦虚的态度，尤其是在谈及你过去的工作和资历时。谦虚的人总是会很快受到欢迎，并在别人心中占有更重的分量。

▶工作被贬低时该如何回应◀

- 在办公室会议上（立场坚定地进行回击）：

乔治，你对我的评价有失公允，且与事实不符。我现在不想占用大家的时间处理这个问题，但是会议结束后，我一定要讨个说法。（不要忘记同他理论，也不要失去勇气，因为避开其他人解决这个问题，这个做法本身就是正确的。）

- 在有其他公司代表参加的会议上：

很抱歉打断大家，但我认为我们先要完成一个议程。刚才针对我的那些影射之词，迫使我无法继续保持沉默，忍住怒火，我不得不对上一位发言者不负责任、有损他人人格的行为进行回应。

- 在商务社交场合：

玛丽，在鸡尾酒会上说这种话有点过了。我们还是把这个话题留到办公室讨论时间吧，只有你和我两个人的时候，现在请不要当众拆我的台好吗？

○你的老板当众说出贬低你的话，事后与她私下交谈：

詹妮弗，在周一员工会议上你对我的工作进行了评价，那些话对我打击很大。很显然，我做了什么事情让你非常失望，但问题是我并不知所谓何事，这让我困惑不已。如果你说的话能让我认同，我保证会立即改正错误。我热爱公司，也热爱我的工作。我很敬重你，也希望你能把我当做一名优秀的团队成员来看待。请给我一个改进的机会，直接告诉我你对我哪里不满意。

○有人告诉你，你的行政助理在办公室公开表示对你“不满”：

艾姬，我已经不止一次听到，说你公开表示对我不满。这种行为不仅背叛了团队，而且会破坏我们的项目进程。我认为你需要向我解释，为什么要采取这样的方式。如果你认为这样做能够使你取代我的工作，那你就大错特错了。这种事情只能在电影里发生。我一直非常信任你，现在请你鼓起勇气，告诉我究竟发生了什么事。

商务礼仪趣味问答

问：你为设宴的主人准备了一份没有包装的礼物，但是把它遗忘在了班车上。见到主人后你该怎么办？

答：向主人道歉，并检讨自己的疏忽，但等你找回礼物后，它的价值已略打折扣。

问：如果你在商场上欠某人一个人情，但是对她的喜好一无所知，送她什么礼物比较合适？

答：首先需要确认她的公司规定允许接受礼物。确认后便可以做准备了。打电话给她的行政助理或她的家人，了解她对什么最为痴迷。可能是一瓶她最钟情的香水，也可能是她收集的河马小雕像。

○如果她是个“左撇子”，送给她一把左手使用的剪刀。

○如果她打高尔夫，送她一大盒质量上乘的高尔夫球。

○如果适逢乔迁新居，送给她一张画廊的礼券，让她去看看最新画作和有创意的小巧艺术品。

问：公司里有三名年轻的女主管，你是其中之一。最近来了一位新同事，单身，邀请你陪他参加一个高规格的自助餐宴会，但是一到宴会场地，他就完全无视你的存在了。只顾着向客人介绍自己，完全把你晾在一边，你不知道怎么办才好。你虽然是一个非常独立的女性，但他实在太无礼了。

答：我知道该怎么对付他。他是个没有礼貌的大傻瓜，想想他下一步会怎么对待客户，怎么处理业务？我真替他捏把汗。给他买一本关于礼仪的书籍，（比如说我这本！）用漂亮的包装纸包起来，在扉页上写："这个礼物最适合你。"你连名字都不用签，因为他肯定知道这本书是谁送的。

问：在这种经济萧条时期，公司里资历浅的职员不再发放招待补贴了。因此，请客户吃饭要我们自己掏腰包。你想邀请一位成功人士和他的妻子吃饭，由你和妻子作陪。你正为选择合适的餐厅发愁。因为你的经济状况不允许你去高档的餐厅，还很可能让他们误会你可以随便报销。

答：这种时候就需要你动动脑筋了。问问你的朋友，要他们推荐价格适中、饭菜可口的餐厅。把价位中等，但是有情调有气氛的那一家挑出来。应该预先让你的客人知道你不能报销，把情况实事求是地告诉他们，这样他们更能感受到你的诚意。在向客人发出邀请的时候告诉他们，公司新出台一个规定，请客吃饭的费用需要自理。但你和你的妻子发现，这项规定也有它的好处，因为它促使你发现了城里最好的小酒馆。提前和餐厅联系，告诉他们，这对年长的夫妇既是你商业上的伙伴，又是生活中的朋友，是你非常重要的客人。

问：你发现你对职员逼得太紧了。他们觉得一个人在做三个人的工作。因为行业竞争大，过于紧张的你没有顾及员工们的感受。你没法给他们减轻工作量，所以想以个人的名义做点什么，让他们知道你对大家心

怀感激。

答：这个时候你该举行一个派对，既不是节日派对，也不是公司庆典。在你家里或选一家餐厅邀请全体员工和他们的家属参加。发挥你的聪明才智，提前写一段热情的祝酒词，并认真演练几遍。

◀商务写作▶

▶便笺◀

便笺应当简短且切中主题，如果能够再有趣一些，当然更好。便笺具有高效的特点，因为它们通常目的明确。

○提醒收信人某件事：

亲爱的哈里：

提醒你一下，星期一下午5点，我们在换乘总站见面的时候，不要忘记带上“蔡斯文件”。你让我在你的手指上绑一根线来提醒你，我没有那么做，不过你可以试着把这张便笺粘在你的纽扣孔里，直到星期一的“蔡斯文件时间”……

○交流实时的、美好的感觉：

亲爱的艾比：

你、我，还有杰克，30年前在法兰克福拍的照片勾起了我的美好回忆。我不认为我们看上去老了30岁，你觉得呢？我认为我们看上去年轻了30岁！

○传递信息：

亲爱的杰夫：

今天，我在飞往芝加哥的飞机杂志上看到了这篇文章，里面提到了你的公司，相信你一定会感兴趣。

或者

亲爱的露丝：

我记得你喜欢雕刻艺术，所以我那天在商业街书店看到这本手册时，立刻就想到了你。

○ 对那些正在生病、处在康复期间或者情绪不佳的人来说，一张祝福便笺或手写贺卡，无疑是一种很有意义的沟通方式。有时，一张写得很好的便笺甚至可以帮助收信人走出阴霾，令他开怀大笑，暂时忘记痛苦和遗憾。

当然，如果一位男性朋友已经病入膏肓，即将不久于人世，就不应当在便笺中调侃他和漂亮护士调情的事情。不妨发给他一张印有美丽风景或者可爱卡通人物的便笺。

如果一位女性朋友正在术后恢复期，则不要在便笺中提及不雅的笑话，不如为她选一张图案有趣、让人轻松愉快的卡片。

对于一位病人来说，愉悦身心的内容无疑将对他们更有益，比如下面这封便笺：

没有你，办公室已经运转不灵了。我一直都认为你十分重要，但你其实没有必要那么拼命！快点好起来吧，回到我们中间，否则办公室就要关门了！我们真心这样觉得！

写给孤独而且感觉沮丧的人：

我在等待你的回复，什么时候可以让我带你去看那部得到大家一致好评的精彩电影，再去那家美味的意大利餐厅吃一顿？这儿的人都很想念你。我知道这段时间你心情不佳，但美好的生活就在前面迎接我们。振作起来，给我打个电话，我们约个时间去看电影吧。

如果信纸上压印有字，注意不要把信写在上面。如果信纸上没有字，则可以作为信纸的第一页来使用。

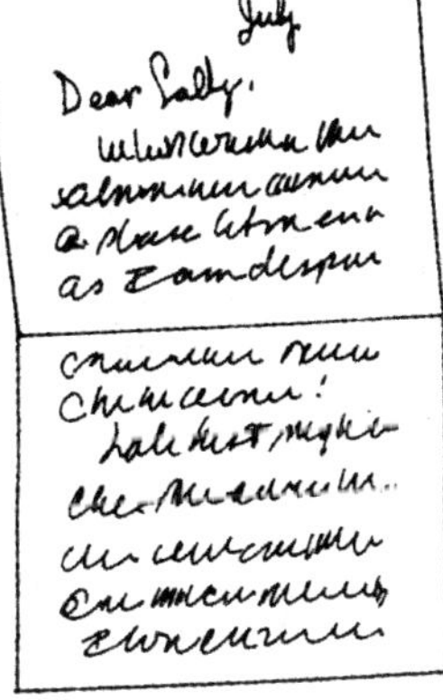

右边这张打开的带折页的便笺，展示了其内部内容的书写方法。带折页的便笺分为上下两部分，如果上半部分压印有字，就应当从下半部分开始写（如果上半部分呈不规则形状，也不适合书写。）

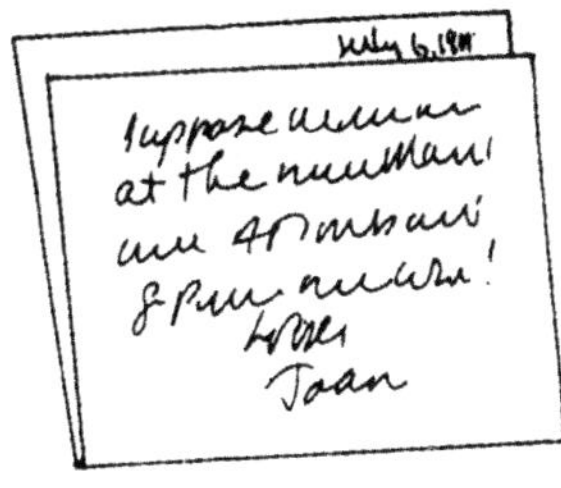

折页外部的下半部分可以成为便笺的最后一页。

▶电子邮件◀

电子邮件已成为当今商务沟通的主角。电子邮件沟通有三条重要的原则。

- 确保语法和拼写准确无误。要在书信开头称呼收件人的真实姓名，而不是在书信内容中才提及，也不要使用某些数字或者代码来代替名字。务必注明寄件人，因为收件人在多年后重新阅读这些重要信件时，一定想要知道这封信是谁写的。

○兵贵神速。电子邮件的本质在于简捷，写电子邮件兵贵神速。比如，当我就一件事情征求市场经理的意见时，他完全可以直接回复我说："去做吧！"

○切忌粘贴臃肿的附件。臃肿的附件将破坏使用电子邮件的初衷。如果一封邮件的内容只有两句话，却附有十几页附件，并且其中只有半页内容与主题相关,你完全有理由抱怨。寄件人应当将附件加以缩减，只保留与主题相关的内容，然后拆分成几封邮件发送。

书写电子邮件时应注意的事项

○首先写明称呼，而不是一上来就堆砌一大堆话或者数字。收信人的姓名前可以加尊称，也可不加，直接在姓名后面加上冒号即可，比如：

艾米丽亚：

你今天缺席了年度会议，大家都看在眼里。如果你出席的话就不会有那么多不便了。希望你没事。

史蒂芬

如果你对收信人并不十分了解，请一定在邮件末尾签上自己的全名。

○其次，请在邮件开头说明事由：

我们已经无法从英国获得士兵玩具的生产原料，而这款玩具是我公司最畅销的产品。节日产品目录马上就要交付印刷，现急需可替代的原料来源，否则公司将面临巨大危机。万分紧迫，务必帮忙，谢谢！

○再次，事后为对方公司提供的帮助表示感谢。"您的帮助促成了这件事情，在此向您表示衷心的感谢。同时，我们也向贵公司的每位成员表示感谢。"（你甚至可以在邮件之后附赠一份礼物，但是应当首先表示谢意。）

○ 最后，应当及时回复邮件，以确认邮件已收到，当然垃圾广告邮件除外。注意针对实质性内容进行回复，不要让收信人感到迷茫。简单扼要地写明："我明白了！""邮件收到"或者"OK"即可。在确保首要问题已沟通好的情况下再进行下一步对其他问题的关注。

书写电子邮件时应避免的事情

○ 垃圾邮件。这种邮件造成的时间浪费是不可原谅的，也是每位收信人都深恶痛绝的。

○ 把过多的笑话发送给对此并无兴趣的人。这不仅令人哭笑不得，也浪费了大量的时间。

○ 欺骗性邮件。如果有人以你的名字和地址向他人发送邮件，其后果简直不堪设想。收到欺骗性邮件的收件人应当立刻给网络服务商转发一份，以便通过追踪邮件信息搜寻犯罪嫌疑人，并采取相应的法律手段。

○ 把内容都写在"主题"栏里，而邮件本身却没有几句话。如果发信人认为，除了主题栏里所写的，没有其他内容需要交流，那么这封信也理应得不到尊重，被他人冷落。

○ 过于丰富的表情符号。许多人都爱使用由标点符号组成的小笑脸，甚至在商务往来邮件中也乐此不疲。然而，这种符号不仅容易令人费解，而且也让自己显得过于幼稚。

○ 使用彩色的手写体签名。当收信人看到邮件上橘黄色和绿色交织的签名印记时，一定会禁不住怀疑，发信人要么是希望得到一封幼儿园风格的回信，要么就是度过了糟糕的一天。

○ 一系列浪费时间的链接邮件。浪费工作时间来阅读此类邮件真是一件坏透了的事情。既然如此，就不要把这些信再发出去浪费别人的时间了。当然，回家后你要这么做，那也是你自己的事情了。

○ 处理发错的邮件。你可能需要把一些误发给你的邮件连带附件重新发送出去。有时这些邮件是保密的，附有不应公开的信息。这就是考验你道德水平的时候了。当你将这封信返回发信人的同时，应当安慰对方："不用担心，我会将此事保密。"
○ 两个人的办公室离得很近，却只用电子邮件联系。（很显然，这种人应当马上离开办公椅，到运动场去进行治疗性锻炼。）
○ 一封又一封，一个附件接着一个附件地发送一些并不重要的邮件，直到挤爆收信人邮箱，让他无法接收重要的邮件。

▶适合手写或者传真的信件◀

○ 吊唁信。
○ 辞职信。
○ 针对某人工作的批评信。
○ 帮助某人获得重要职位的推荐信。
○ 难以推辞的入职、入学推荐信或者是私人俱乐部的会员推荐（即你并不情愿，但不得不做的推荐）。
○ 热情洋溢的感谢信。感谢内容既可以是一份美妙的结婚礼物、一笔借款，也可以是工作建议、派对上的帮忙，等等。
○ 向领导请求加薪或者晋升的信件。
○ 恢复个人或者商业往来关系的请求信。
○ 帮助心情沮丧的人振奋心情的鼓励性信件。

◀成为受人爱戴的主管▶

○ 如果你是高层主管，确保每一位职员都拥有一个良好的工作环境，如办公桌要便于使用，椅子要舒适，通风要顺畅，光线要好等。
○ 不要蜚短流长。在高层主管的眼中，一个喜欢在办公室传播流言的人是一个品行不端，喜欢谈论与工作不相关的事情，且因此占用了大量工作时间的人。

○不要在众人面前贬斥任何人。羞辱别人的人可能自认为很聪明、很机智，但在别人眼中恰恰相反。而且贬低别人会给当事人带来很大伤害。在我曾经就职的一家公司，大家都称公司的吝啬鬼为“小气先生”。40 年过去了，我听说这个绰号一直跟随着他。通过这种方式被别人记住真是件可悲的事情。

○不是自己的成绩就不居功、不邀赏。

○将成就归功于团体的努力。要多说“这件事是我们一起做的，”而不是说“这是我做的，那也是我做的。”这也意味着，如果出现差错，要勇于为集体承担责任。如果在公司高层领导面前推脱责任，例如“这件事不是我做的，是约翰和玛丽的主意，和我毫无关系”，即使这件事情真的与她无关，也显得缺乏气魄。她完全可以换一种说法：“我们不会再让类似的事情发生。我想我们可以解决这个问题。”

○信守承诺。比如，答应开夜车来帮忙完成一个项目，说好要给别人打电话或发邮件，或是承诺过帮别人美言几句，就一定要做到。

○接到他人的电话，务必在 24 小时之内回复，或者至少要找人代为处理。这既是一种良好的礼仪，也是处理业务的良好习惯。

○重要的信件要在一周之内答复，普通信件要在两周之内处理。如果超过这个时限，你的回复就失去了效度和价值。

○任何约会都要准时赴约，这是一个良好的礼仪，也有助于提高工作效率。我永远不会忘记那次在总裁办公室等公司董事儿子的经历。这位董事的儿子足足迟到了 30 分钟，导致总裁误了火车。当总裁问他到访的目的时，这位年轻人回答，他希望总裁帮他找份工作。此时怒火中烧的总裁毫不客气地对他说，“有一家公司绝对不会聘用你，那就是本公司。”后来这位年轻人的父亲给总裁打电话，说要感谢总裁给他那漫不经心的儿子好好上了一课。

○一旦获得关于某个项目的信息，要与所有的相关人员分享。换句话说，不要独揽项目。

- 帮助培训年轻的职员，如给他们提出建议，耐心解答他们提出的问题，在他们学习业务的过程中给予友善的指导等。30 岁的职员可以对 25 岁的职员进行辅导。能胜任辅导者角色的先决条件是，要具备丰富的经验和耐心，如果有幽默感就更好了。
- 接到任何邀请均应在一周内回复，一旦接受邀请务必如期赴约。一位具有良好礼仪的主管会重视邀请函上"敬请回复"的字样，而且绝对不会无缘无故爽约。如果一位主管在公司或私人的交际活动中无故缺席，抑或是出席活动时带上一位未受邀请的客人，不仅会破坏个人形象，而且有损公司声誉。
- 借了同事的东西要尽快归还，物品要保存完好，并且要以口头或书面形式表达谢意。最近有位女士借了我的私人电脑，她说有急事要处理，她借了整整一个下午。她的做法让我很不高兴。但是等我回到办公室，发现电脑外面整齐地罩着防尘套（我自己经常遗忘），电脑键盘已经用专业清洗液清洗过了，旁边还放了一张可爱的纸条，说我借给她电脑，等于救了她一命。纸条旁边还摆了一瓶系着丝带的好酒。这一切完全出乎我的意料，我丝毫不再介意她借用电脑这么久。
- 受人款待或帮助务必投以回报。你可能是聚会上众人瞩目的焦点，但如果对别人的邀请和招待从不回报也不表示感谢，那么再也没有人会继续邀请你，并让你成为聚会上的焦点。
- 下属有突出的表现时，一定要尽快写封短信向他道贺。唯有这种写成文字的褒奖方式，才能让收信人一读再读，并骄傲地向亲朋好友展示此份荣耀。这也能让他更加热爱这份工作。
- 同事遭到误解，无论你身居何位，都要积极地出面为他辩解。这些事情可能很大，例如，替隔壁办公室的同事向大老板解释，他昨天晚上并不是最后一位离开办公室的人，因此当天违反安全规定，没有锁闭保险箱的人不可能是他。当然也可能是一些小事，例如，有位同事因为错寄了一封信而被说成是一个做事散漫的人，你可以出面替他说情，并为他解释，证明他确实已经央求过信差，嘱咐过取回投错信件的地址。

○ 在商务和社交场合得体着装，让公司为有你这样的代表而倍感荣幸，而不会因你而感到难堪。（如果在一个豪华的度假餐厅用餐，而主管却没有穿夹克、系领带，其他人一定认为此人和他所在的公司都土里土气。）

○ 对资深人士表达敬意，不要以“直呼其名、勾肩搭背、你我平起平坐”的态度对待他们。我见到过很多60多岁的高级主管，他们遇见其他公司的年轻主管都会退避三分，因为对方会马上直呼其名或叫他们的绰号。

○ 不要吹嘘自己的过去或现在。因为家庭关系而与总裁熟络的职员，从不会在同事面前提及这层关系。要是有幸参加同事不能参加的聚会，或获得同事得不到的机会，也绝不要在同事面前提起这些事。

○ 同事遭遇不幸时，要表示同情。你可以把这位同事叫到一边，真心地用胳膊揽住他的肩膀，问他需不需要自己帮忙。

○ 不要把热门的新信息当做自己的私有财产，不愿与他人分享。发现有用的信息却加以保密，直到时机成熟才向上级主管汇报，这种行为实在有悖团结合作的精神。获得重要的信息，应该与同事们分享，这么做你还享有发掘这一信息的功劳。

○ 工作时间不要偷懒闲聊或拨打私人电话。当同事想集中精力完成工作时，不要烦扰对方，甚至让人家陪你聊天。

○ 谈及自己的伴侣和孩子时，要感情真挚，但要尽量少谈这个话题，以免打扰他人的工作。

○ 接受别人款待、馈赠或帮助时，写封私人短信向对方表示感谢。这样做能在别人的记忆中留下好印象，也会在人生道路上得到更多机遇。

○ 同事情绪低落时，要加以鼓励，使他振作。有时候，你只需在经过他的办公室时探头对他说，“嗨，振作一点！烦恼很快就会过去，阳光即将重新普照，你也会很快走出阴霾。拿出点耐心！展示出勇气！”有时候，你需要与这朋友见上几面，才能说服他去看心理医生。

无论你工作多么忙碌，也要关心同事的状况，在他们需要的时候伸出援手。有朝一日，你可能也需要别人的帮助。

○ 同事住院、受伤或生病时，组织其他职员对他表达持续的关怀和支持。也就是说，不仅是送一束花，或者一张办公室全体同事签名的卡片就可以了，还要有表达关怀的具体行动，比如告之办公室的相关信息，一周去一次或两次医院进行探望。

○ 在介绍新同事时，让他感觉到自己很重要、很出色。午餐时间，在经理餐厅，你可以选择这样介绍同事，“这位是来自 ××× 公司的 ×××，”你也可以选择不失幽默地对他大加赞赏：“这位是 ×××，是 ××× 公司自创立以来最优秀的会计。他绝对是一流的大掌柜，同时也是位老好人！”第二种说法能让所有在场的人面露微笑，让现场的气氛轻松愉快。

○ 公司举办大型活动，要向所有付出努力的职员表达谢意，不论职位高低。比如安排公司旅游活动的特别活动经理、为说明会准备视听设备的工作人员、印制有用材料的职员、组织会议或公司聚会的秘书，等等。你应该通过公开、正式的方式向他们致谢，包括以个人名义致函道谢；向整个活动小组进行口头嘉奖；或在公司的刊物上公开表扬等。在很多人看来，会议组织人员很少得到应有的认可。

○ 全程参与公司举办的聚会。不要只躲在角落里，仅仅与办公室的工作伙伴交谈，甚至一味地埋头享受美食。公司的每个员工都要谨记自己是公司的主人，不是客人！身为主人，每位员工都应该积极参与，为来宾相互引见，确保每位来宾都受到招待，且有交谈对象，还要让每位来宾都能见到邀请者。

▶主管礼节 ABC◀

○ 养成良好的电话交谈礼仪：

- ■ 使用自己的电话分机。
- ■ 不要抱起电话讲个没完。

- ■ 预约好的来访者在办公室就座之后，不要再接听其他电话。
- ■ 通话的对象如果是个大忙人，不要占用他太多的时间。
- ■ 及时回复未接电话。对方没有及时回电，请不要大发雷霆。
- ■ 拨错号码时，表达歉意。

○ 有来宾走进办公室，无论是同辈还是长辈，都应起立迎接。有访客到来，被访者无论男女、不分年龄，都应从座位上起立，走向前迎接，就如同聚会上来了一位新客人，你应该站起来迎接一样。

○ 学习如何恰当地引见他人。如应将年轻人介绍给长者，将没有正式职衔者介绍给有地位、职衔者，以此类推。

○ 与别人握手时，要熟练有劲，但不要乱使蛮力，以免捏疼对方。每次在办公室外迎接来访者，或与客人道别，务必与对方握手。

○ 学习如何与上司或陌生人闲谈。要成为洽谈业务的高手，务必学习如何与人愉快地交谈，知道如何在进入正式的商务洽谈之前，寻找些无关紧要的话题。

○ 自己都不遵守的规定，不要指望下属能够遵守。

▶与老板出差旅行须知◀

年轻的主管与老板一起出差旅行时，务必做到以下几点：

○ 把最好的座位让给老板，无论就餐，还是乘坐各类交通工具。千万不要让老板坐在后排。

○ 除非老板另有指示，否则主动照看所有行李、办理住宿手续、叫车、给小费，并支付所有的餐饮、住宿和交通费用。

○ 旅途中主动提运较重物品。

○ 老板研读文件资料时，务必保持安静。

○ 老板直接询问问题时，如实回答。比如，“你们部门状况如何？”或者“你们部门对公司有何不满？”这是你为所属部门发言的好机会，但是你不应该借机贬损自己厌恶的同事。

○ 在旅途中，以如何使老板轻松舒适为第一要务。

当今有众多的执行总裁，当年都是以担任其他执行总裁的年轻助手开始职业生涯的。一位刚拿到工商管理硕士的毛躁小伙不无羡慕地对我说，“如果我是大老板的左右手，一定可以跟他学到很多东西。能成为老板的贴身助手真是不可多得的好机会！”

我提醒他，除非他具备必要的技能和修养，否则无法担任执行总裁的得力助手。“什么样的修养？”他不屑地问。

“礼仪。”我回答他。

“哦，那个啊。”他轻蔑地说，“我一晚上就学会了。”

“不，你不可能。”我这样回答。

“那，需要多久？”

“直到你开始学会为别人着想，而不是仅仅想着你自己的时候。”我以此结束了对话！

▶会议礼仪◀

作为高级主管和会议主席，你要注意以下几点：

- ○设定会议目标，这是首要问题。
- ○拟定适当的参会人员名单，这样就不会有人感觉与己无关而受到冷落。
- ○确保受邀人员都知道开会目的。
- ○选择合适的开会日期和时间，争取大部分人能够出席。
- ○提前两天发送上次会议会议记录，以及参会人员应该提前阅读的所有材料。
- ○确保会场整洁、光线良好、通风顺畅、坐椅舒适，每个座位上都备有便笺、铅笔和水杯。
- ○保证视听设备准备就绪（包括显示屏、放映机、电影设备、录音设备、能够支撑大幅图表的黑板架等）。
- ○向与会人员隆重介绍新近人员或来自其他公司的客人。
- ○准时开始，按时结束，避免过长时间的讨论，及时制止发言中的跑题行为。

- 既要执行会议议程，又要严格遵守时间。
- 如果会议进行一个半小时还没结束，给大家留出短暂的休息时间。
- 会议结束时，感谢所有人的陈述，并对准备视听资料的与会者特别表达谢意。
- 确保会议结束后，大家都已明确各自的职责。
- 就此项目或问题确定下次开会的日期。
- 对会议结果进行总结。
- 总结陈词时，要满怀激情、提高声调，给与会者以必能完成任务的信心。

作为重要会议的参会人员，你要注意以下几点：

- 准时到达，最好提前几分钟赶到会场。
- 会议正式开始之前，向不认识的朋友进行自我介绍。
- 认真做笔记。
- 关闭手机。
- 准备好与会议议题相关的有用文件。做到这一点意味着你已经提前做好了功课。
- 任何时候都不要打断别人的发言，轮到自己时再表明观点。
- 如果你想发言，向主席举手示意，等他提示后再开始发表意见。
- 注意自己的姿势。保持挺胸抬头，精力集中。稍微流露出心神不宁或疲劳厌倦的情绪，都会传达出你的消极态度，从而将自己置于不利的境地。不要在笔记上乱涂乱画，更不可以打瞌睡。事先与临坐打好招呼，一旦打盹，让他立即把你叫醒。
- 当别人发言时，不要通过语言、表情、动作，或任何其他方式表达出你的不屑。
- 在别人发言过程中，如有任何不明白之处，可以请发言人进行解释，不要心存顾虑。（但要避免频繁提问！）
- 会议结束后，向主席致谢，向结识的新朋友友好道别。在日程表中输入下次开会的时间，并记下要为下次会议进行准备的项目。

○ 向在会议中作了精彩发言的同事表示祝贺。一封简短的邮件足矣："罗杰，今天表现不错！"

▶接待来访者◀

遇到其他公司的客人来访，你的礼仪显得尤为重要。来访者可能发现你的办公室凌乱不堪、一片狼藉，或者发现你的助理或接待员漠不关心、不够称职，又或者发现你在接待过程中态度冷漠、毫无热情。

○ 如果对方与你有约定，你要清楚，她要找的人是你，不是其他职员。需要对下属进行必要的培训，要求接待人员见到预约的来访者时，面带灿烂的微笑，对话时要重复对方的名字，比如"早上好，斯温森女士。"还要告诉客人把外套挂在哪里，洗手间在什么位置。还要询问客人，"在等候期间我能为您做点什么吗？"

○ 避免让重要的来宾久等，因为这样显得无礼。如果你实在脱不开身，要在办公室外间同客人打个招呼，解释一下突发事件，向对方道歉，并询问他 / 她是想重新约定时间，还是再等一会儿。每隔 15 分钟派一名职员向其说明等待时间。确保客人在等待期间有适合的读物，可以是公司的年度报告，也可以是更有意思的阅读材料。

○ 自己亲自去接待区迎接来宾。请客人在与你靠近的舒适座椅上就座，不要与他 / 她相隔太远。如果你想在办公室的其他区域进行交谈，那里需设有一组沙发、两把椅子、一个茶几，入座前要给客人指明座位。

○ 会见之前了解来访者的意图，这样就不用在谈话主题上兜圈子。即使你急于切入主题，也要在对话开始前有些铺垫，以表明你并非是一个不通情理的机器人。你可以说"最近萨拉还好吧？"或者"你的高尔夫球技进展如何？最近击球得分了吗，还是把球击到水里了？"

○ 如果会见时间较长，要为来宾准备水或咖啡。我记得纽约有位经理，以前经常让我和其他来访者等待很长时间。终于有一天他问我，"蒂希，既然我总是迟到，我要怎么做才能消除大家的怒气呢？"我给他出了个主意："在来宾等待的地方准备一篮种类多样的新鲜糕点和不同口味咖啡。”他照我的话做了，还在糕点旁边放了一些食品袋，这样等候的来宾还可以在公文包里装几块点心带回家，结果很有成效，而且糕点也大受欢迎。（可口的美食总能起到抚慰人心的效果。）

○ 有人来访务必关掉手机，并尽量避免接听电话。可以想象在谈兴正浓时突然响起手机铃声，有多么扫兴和无礼。

○ 会谈期间，不要亲自处理与此次会见无关的任何商务电话，因为这样做很不礼貌。

○ 如果有其他公司的来宾拜访，你一定要站起来，同访客握手，并请他就座。（一般来说，如果访客是本公司的同事，你不必遵循这样的礼节。但如果来访的是高级主管这种稀客，你还是起立为妙。）

○ 会见结束后，“送客”环节颇能显示你的素养。你要陪客人走出接待室，目送他走进电梯，并在那里与他告别。

○ 练习人物介绍。你可以在家庭成员、朋友和办公室同事之间进行练习，从而熟悉相关程序。

  ■ 把晚辈介绍给长辈。比如：“乔治，这是我的老同学艾莫利·威廉姆斯，他刚好有事路过。艾莫利，这是我们的首席财务官乔治·欧鲁克先生。”

  ■ 将没有正式职衔者介绍给有地位、有职衔者。比如：“大使先生，请允许我为您介绍珍妮特·格雷森，她是这家慈善机构的主席。珍妮特，这位是伦威克先生，他是美国驻芬兰大使。”

地位相同的情况下，长辈要居于晚辈之上。经官方选举或官方指定的具备一定头衔和地位的人，其地位居于没有职衔的人之上，即使后者是知名公司的最高代表。

◀解雇的礼仪▶

如果你出于合法理由不得不开除员工，比如有人偷窃财物、贩卖毒品或渎职侵权，这项工作对谁来说都不是件愉快轻松的事。而如果因为精简机构和经济原因而不得不解雇某位同事或朋友，则更加让人感到痛心。

在告知他这一不幸消息之前，需做好必要的准备。收集资料，了解公司解雇员工的相关政策，内容包括：

- 必须提前几周通知员工。
- 员工有可能得到的解雇费用。
- 如何协助被解雇者寻找新的职位。
- 被解雇者还能继续使用公司资源的期限，如：办公桌、电话和接待人员，或者至少可以用来接电话的电话应答机等。
- 公司为其缴纳医疗保险的时限，等等。

选择员工家属在家的时候宣布解雇决定。专家们总是为是在星期一还是星期五宣布解雇决定这种问题争论不休。其实问题的关键是，在宣布这个消息前为对方留出足够的时间，帮助他从最初的惊诧中恢复过来，让他接受这个不幸的事实。做好准备，并用适当的方式安慰他。这也是领导者的职责所在。

▶ 当你被解雇的时候 ◀

- 接到通知以后，把这个坏消息私下里一一告诉办公室的朋友。你要让他们直接知道事实的真相，这样他们才不会误会你是因为“合法理由”被解雇的。你要让他们知道，你多么珍惜与他们共事的时光。在这种时刻，你需要让每位朋友都听到你的心声，而不该踯躅腼腆。
- 由于失业问题普遍存在，大家也不会因此歧视你或认为你无能。不要做出一副“我很可怜”的样子。在这种时刻更要向周围的世界展现出你的韧性。
- 尽一切可能帮助与你一同被解雇的助手。与人力资源部交涉，尽力帮他在公司内部争取一个职位。极力称赞他的才干，并为他写一封推荐信，留给他日后求职使用。
- 如果你在公司精简人员时被解雇，不妨给总裁写封信，同时复印一份交给人力资源部，信中要对公司大加赞赏，并表达你身为一名团队成员的自豪感。即使这并非你的真实想法，也最好是离开之后给别人留下美好的印象，而不是对你百般怨恨。你可以表现出你在公司学到了很多知识，积累了丰富的经验，然后详细地介绍你为公司所做出的重大贡献。信中要凸显你是一名非常专业的员工，且不要在言辞中流露出你对总裁的责备之情，而这一点很容易被忽视。

○ 亲笔写一封简短的感谢信，交给这些年来公司内外与你友好共事的重要同事和合作者。内容如下：

亲爱的 ×××，

虽然在公司精简裁员中被解雇让我非常痛苦，但我想让你知道，在 ×× 公司就职这么多年，我感到最愉快的事情就是认识了你，并与你并肩战斗，你是一位真正的专业人士。我将怀念与你共同打拼的美好时光，也会想念与你争论 NBA 冠军的乐趣。

我希望我们的人生轨迹还会有交点。你是值得一交的朋友，我肯定会想念你。当然，如果你对我今后的职业有任何建议，欢迎随时与我联系，哪怕是午夜也无妨。

请把我最美好的祝福带给你的妻子和孩子。

○ 无论你在写信时感到多么疲劳，多么厌倦，一定要保证措辞准确、卷面整洁。即使你认为写信又费事又收获甚微，也不能草率对待。

○ 查阅最新的管理人员招聘公司列表，你可能有意与其中若干公司联系。

○ 请朋友吃饭，她可能会把她在公司里负责行政招聘的好友介绍给你。而你正好想了解该公司的自动化数据库。

○ 积极乐观地考虑，是否可以换一个行业工作，甚至可以考虑自己开公司。一个重大的改变可能会成就另一种人生。

○ 联络位于其他地区的本行业分支公司，该地区所受的经济影响可能没有那么严重。向他们询问，你是否有机会来了解他们公司："因为我有丰富的与贵地区主要行业相关的经验背景，同时我正对贵地区的情况进行摸底，也非常希望能在那里求职。”把你的简历发给所有联系人，并附上一封短信“如果您能提出建议，我将不胜感激。”

- 如果你在卸任之前工作压力过大，那么不妨拿出一点时间好好享受生活，利用这段宝贵的自由时间提高生活质量，让自己感受幸福和快乐。比如，学习烹饪，或学说法语，上几节绘画课，或者读读莎士比亚的作品。
- 保持健康饮食，坚持体育锻炼。现在是减肥的好时机，因为你有充足的时间。拥有良好的精神面貌，才会拥有健康自信的心态，也自然会给未来的老板留下积极乐观的印象。
- 给分散在全国各地的老朋友和旧相识打打电话、发发邮件，问问他们有没有合适的工作机会。对于很多人来说，声音独具吸引力，电话联系之后再发一封邮件或传真，展示自己的风采，这无疑会进一步强化效果。
- 一旦有人提供求职信息，立即写信表示感谢。因为此时你的思路非常清晰，语言也相应地更加生动。
- 不要表现出垂头丧气的样子，也不要破坏别人的情绪。没人希望整日与闷闷不乐的人为伴。每天都要神采飞扬，保持快乐的心情。大家都喜欢有幽默感的人，并乐于在他需要的时候帮助他。
- 收到进餐邀请务必接受。你需要打起精神，也需要与他人交流思想。在餐桌上与朋友谈笑风生肯定会调节你的情绪。
- 不要取消朋友间的相互宴请。即使收入减少也不要因此取消朋友之间的宴请。把朋友邀请到家里，以真诚之心热情款待，大家都会乐在其中。可以考虑把一顿盛宴改成普通的午餐，或者在家中举行小型鸡尾酒会，或是看完电影、打完网球、外出旅行之后吃顿便饭。
- 把找工作那段时间的痛苦经历看做是家庭的福音。你可以利用这段时间帮助伴侣做很多事情，也能在这段平日不可多得的珍贵时光中深入了解你的孩子。需要注意的是，不要让自己的负面情绪破坏家庭的氛围。家庭是你最珍贵的财富。

- 你要意识到，这段时间对你而言可能是个大好时机。你可以趁此机会攻读一个高级学位，这个课程不仅是你的兴趣所在，也能为你的职业生涯助力。或许你可以在这段时间边读夜校边做一份临时工，一方面可以作为暂时性的过渡，另一方面也能在工作中学到新知识，哪怕是关于人际交往的知识也好。
- 你要意识到，多年以来你梦寐以求的学习一种乐器的机会来临了。比如，你想学习演奏吉他，你可以和一名吉他老师作交换，例如你可以让她的孩子与你的孩子共乘一辆车，或者替她照看草坪，以此抵消每周的学习费用。
- 或许此前你从没认真欣赏过你所在城市的建筑、博物馆和公园。而城市中免费向市民开放场所往往是它最珍贵的财产。兴之所至，你可从公共图书馆借阅几本有关希腊和罗马雕塑的书籍，然后在博物馆的希腊罗马雕塑前仔细研究。通过阅读和观察摄取新的文化知识，将会成为你生活中真正的乐趣。
- 当你最终如愿获得了梦寐以求的新职位，把这一消息告诉曾为你提供过就业信息的朋友们。这样做不仅出于礼貌,同时也能提高办事效率。比如，你的大学就业服务处会得知这一好消息，并不会再把你推荐给相关单位，而你的大学校友杂志也会在你的班级录中公布你的新工作。
- 你应该为自己感到自豪，因为你不仅度过了一段漫长而焦灼的失业时光，而且在这段时间里，你可能在家中扮演了更为重要的角色，在专业上有所提高，学到了新技能，为简历增添了崭新的内容，也提升了个人价值。在未来的岁月里，面对那些和你有过相似经历、又成功克服挫折的人们，你会对他们表现出更多的同情和理解。

▶在无助的环境中寻找工作◀

在经济繁荣的时候找工作尚不是件容易的事情，而在精简裁员、大规模失业的时候找工作不仅困难，简直可以说希望渺茫。

- 做好准备。做好一切烦琐但必需的准备。为自己制作一份“完美简历”。把简历给朋友们传阅，请他们提出批评意见。一一听取朋友提出的修改建议。修改 10 遍之后，你的简历一定近乎完美了。你可能需要两三份简历以适应不同公司的需要。如果你有一技之长，可以用多种方式进行描述。简历上千万不要出现污迹、标点符号和拼写错误。出门参加面试前，随身多带几份简历，因为面试官可能会把你的简历给其他人传阅。
- 研究你所感兴趣的所有公司。列一份整齐的表格，内容包括该公司的地址、电话、有可能给你面试的高层领导姓名，以及他们的邮箱地址和传真号码。千万不要使用专用线给他们打电话，也不要联系他们的私人传真或邮箱，此种做法可能会惹恼他们，你也会失去求职机会。
- 面试之前先查阅该公司的年度报告。务必牢记这一点，这样你就不会提出愚蠢的问题了。
- 现在，你已经获得了面试机会。祝贺你！请几位从事商务的朋友帮你提一些在面试中可能问到的问题，问题大多是关于你对这个行业的了解以及你对公司未来的展望。

▶面试礼仪◀

- 不要踩点进公司，最好是提前 10 分钟到。你可以利用这段时间消除紧张情绪，保持从容镇静的心态。与接待员成为朋友，她可能会帮到你，比如她刚好在负责招聘的领导面前提起你，还夸奖你多么友善，多么机智。
- 如果是第一次见到面试官，要先与他握手并尊敬地称呼他。
- 等面试官示意你坐下才就座。
- 最重要的是倾听。他们需要什么样的职员？他们为什么给你这次面试机会？目前是有职位空缺，还是只作储备考虑？听面试官所讲比表达你所想更重要。

○ 在面试过程中，千万不要告诉面试官你对你要争取的职位一无所知，并让他告诉你公司的有关情况！他既没时间向你介绍公司，也没打算非你不录。他期待你对公司有所了解，并满腔热情地希望找到合适的职位。

○ 设法查明是否还有其他合格的候选人竞争这个职位。类似的情报在职位竞争中可能非常有用。

○ 如果工作不符合你的期望，不要流露出失望的情绪。竭尽所能做好每份工作。或许慢慢你会发现这个职位比你想象的要有趣得多。此外，人生的每一个经历都非常宝贵，你或许通过这份工作培养了其他方面的兴趣。

○ 做好搬迁的准备，很多公司都有这方面需要。如果你需要这份工作，而公司又愿意支付搬迁费用，你成功的希望就比较大。如果你还没做好搬迁的准备，而他们手头又只有这个职位空缺，不妨先礼貌地听完对方对这份工作的描述。或许它值得你冒险，因此不要轻易拒绝面试机会。如果他们愿意录用你，而你却有些犹豫，可以请他们留出一些考虑的时间，但是不要拖得太久。

○ 如果你离开上家公司是由于某种负面原因，只要简单地提及，作为事实陈述一下即可，千万不要试图得到面试官的同情。如果你像怨妇那样，没完没了地抱怨你曾得到多么不公平的待遇，你的面试资格将很快被别人取代。

○ 对上一家公司不要做出任何负面的评论。要谈就谈好的方面。你可以说："× 公司在该行业是技术上的领头羊，我有幸能从中学到很多知识。"而不要说："× 公司的领导人是一群笨蛋，他们根本不知道自己在做什么。"

○ 告诉你的面试官：

■ 你对该公司满怀敬意，如果能成为其中一员将感到无比自豪。

■ 你是一名非常努力的员工。

■ 你对该公司的前途充满信心。

- 你非常想得到这份工作。不要东拉西扯，也不要优柔寡断。

○ 最后在质地优良的信纸上手写或打印一封真诚的信函，为求职面试画上圆满的句号：

- 如果你得到了这份工作，给你的联络人写一封情真意切的长信，向他表示感谢，并郑重承诺，你将努力工作，不辱使命。
- 如果你没有通过面试，给面试官写一封短小的感谢信，感谢他把你作为候选人，给你提供面试的机会。务必给他留下深刻印象，这可能对今后的求职非常重要。
- 如果你在最后一轮较量中输给了别人，给面试官写一封慎重的感谢信，并附上这样的话，"被你慧眼相中，获得这份工作的人非常幸运。"世事难料，那位胜出者可能由于某种原因无法入职，恰好你那封措辞得体、语气友好的感谢信正躺在人力资源部门领导的办公桌上，下一个电话可能就会打给你。

▶雇用期间想找另一份工作◀

你在工作期间决定换另一份工作的时候，或许有种罪恶感。心怀这种罪恶感能把对目前公司的伤害减小到最低。你要记住，现任公司仍然给你发薪，你应该用最恰当的方法解决这个问题。这里有两个建议供你参考：

○ 对找工作事宜进行电话联系时，使用自己的手机，或者在午饭时间在公司外用付费电话联系。不要占用工作时间处理此事。

○ 与对方公司约见只能在午休、下班或周末进行。如果见面占用了过多的时间，而你又需要赶回公司，直接向会见者坦白："我深感抱歉，但是我上班要迟到了。我希望可以就此结束谈话，回公司处理公务。"遇到这种情况，面试官不但不会因此放弃考虑你，反而会对你心生敬重。（如果不是这样，你也不应该再考虑去这家公司就职。）

离开公司时须注意：

得到新工作之后，坦诚告诉新公司的领导，你对原来的公司仍然负有责任。此时你可以对未来的新领导这样说："如果我的老板听说我马上辞职，去为他的对手服务，一定会当即把我赶出办公室。他会立即让我清空办公桌走人。我不希望发生这种不愉快的事情。我希望能有序地、负责任地离开。我希望能对老板这样说，‘我会找到合适的人选，并对他进行培训以接替我的工作。如果完成这项工作需要三四周的时间，我的新东家愿意等待。’我不想给他们一个措手不及。”

这当然是最理想的状况。但如果老板一听到你要辞职便勃然大怒，指责你对公司不忠诚，还冠以其他罪名，你要心平气和地对他说，“您这样想，我真的很抱歉。我非常喜欢我的工作，也热爱这个公司和与我并肩作战的同事们。有人给我提供了一个更好的工作机会，从个人角度出发，我必须接受，但我将永远心怀感激，因为您给了我一个学习机会，让我在公司学到很多东西，也结交了很多朋友。”

即将离开的你，有必要利用下班时间复制好通讯录和重要的私人文件。这一切要在你通知老板即将离开之前进行。因为他有可能让你马上走人，不会给你留出整理私人文件的时间。

准备好经历不甚愉快的场面。但如果你能始终保持冷静，事情也不至于太糟糕。

现在的年轻主管和职业人士在工作中可以轻松地运用各种技术，无论通信技术、研究手段和存储数据的方法更新速度有多快，他们都能熟练掌握，运用自如。但在社交场合他们却常常感到局促不安。在沃顿商学院举行的招待会上，一位年轻的女士这样对我说，“我真的太内向了，连我自己都觉得不好意思。”她说为这个招待会，她整整一周都没睡个好觉。

很多家长都以为凭他们在交际场的运筹帷幄，他们的孩子也可以在潜移默化中掌握处世之道。但事实证明，无论居家礼仪还是工作礼仪，这些孩子都知之甚少。如今，这些年轻人踏入职场，也意识到自己礼仪知识太少了，因此想学习更多的东西。相信他们经历了多种学习困苦后，会对未来充满信心！

02
如何穿着才得体

本书并非一本讨论时尚的书籍，因此这章只提供几项基本的穿衣准则和我自己总结的时尚哲学。

说到得体的穿着，我们不得不强调这样一个事实，即个人的外表不仅取决于你的着装，而且取决于下列因素：

- 你的仪态和举止，即你的步态、站姿和坐姿。
- 个人仪表。如果仪表不佳，根本谈不上时尚。
- 你举手投足间所表现出的气质。自信的气质不是昂贵的服装可以衬托出来的。
- 投资几件高品质的衣服要强过买一堆便宜货。质地优良、剪裁得体的衣服可以穿上好多年。比如，一套高档男士或女士套装，如果把总价分摊到三四年的穿着时间上，你实际上是买了件便宜的商品。

毋庸置疑，如果违背了“适当”的穿衣原则，你的时髦形象就会彻底被破坏。如果你是位女士，下班后去听音乐会，现场的每位观众都身穿商务套装或职业装，只有你穿了一件黑色薄纱上衣和一条性感的黑裙，那么你的穿着就不够得体。你或许是先在一本时尚杂志上看到了这套衣服，然后又花 6 000 美元购买了这套由美国顶尖设计师设计的晚礼服。可是音乐爱好者们根本不会在乎这些，在他们眼中，你穿了一件不合时宜的衣服，因为你的服装会吸引观众的眼球，破坏了他们欣赏音乐时的专注。如果你应邀参加某项活动，却为穿着左右为难，不知该盛装出席，还是朴素赴约。不要多虑，穿平实朴素的衣服总不会错，除非你想成为性感女郎！

◀女性穿衣原则▶

○ 时尚的服饰要适合你的生活方式、年龄、身材和职业。如果你看中一件新潮而怪异的衣服，不要冒险尝试。这是模特和创意行业年轻人的专利。等上三个月，让这种怪异的新装束成为坊间的流行趋势。当然，它可能如炸开的鞭炮一样，瞬间归于沉寂，也可能经过调整改良之后，成为适合你的一种服装款式。

○ 如果你身材欠佳，不妨向朋友征求意见，你穿哪种款式的衣服最好看。通过这种方式，你就会清楚以后应该选择哪种款式和剪裁的服装。

○ 在购买任何衣服或裤子之前，一定要在商店里的三面镜前走上几圈，并在镜子前的座椅上坐坐，仔细审视这件衣服穿在自己身上的视觉效果和身体感受。一位女士穿着一件紧绷绷的衣服坐在椅子上，连双腿都无法合拢，肯定是件令人沮丧的事情。因此，在递上信用卡之前，先听听别人坦率的评价，这是一种明智的做法。

○ 什么时候、什么场合可以穿短裤和休闲裤，要做到心中有数：

- 在进行体育锻炼、健身活动和休闲娱乐时，可以身着短裤和休闲裤。
- 在正式的场合，比如婚礼，不宜穿着此类服装，除非便服的质地非常正式（比如缎纹、薄绸、天鹅绒）。
- 如果你的大腿较粗、臀部较宽，请不要穿着紧身衣裤。

○ 裤子及裙摆的长度应该到腿部的哪个部分最合适，要依据下列因素决定：

- 该季的流行趋势。

■ 自己的腿形。

■ 自己的年龄。

■ 自己在办公室的职位高低和工作性质。

换句话说，如果你正值青春妙龄，腿形极佳，而且该季正流行短裙，你当然可以不吝展现自己的一双美腿。如果你已年逾 40，无论你对自己的双腿多么自信，短裙多么流行，也不要去碰这种裙摆未及膝盖的短裙，这才是明智之举。对于 40 岁的女士而言，在考虑穿着时，端庄得体应该是首要因素。

▶出席鸡尾酒会时◀

○ 如果是冬天，不妨身穿质地考究的套装，有时也叫鸡尾酒装或戏院装。例如有水晶排扣的黑色羊毛套装或绉绸套装，或者绸缎套装、天鹅绒套装。

○ 身材好的女性可以身穿质地考究、剪裁精良的长裤套装出席鸡尾酒会。

○ 在炎热的夏天，可以身穿绉绸、丝质、锦缎、薄绸，甚至是纯棉质地的短装，露肩或不露肩均可，再搭配一双考究的凉鞋或浅口高跟鞋。这种装扮通常会搭配一只丝质、天鹅绒、锦缎、绸缎或法国双面绸质地的“鸡尾酒会手包”。

○ 其他配饰包括：

■ 绸缎质地的蝴蝶发结或发饰。

■ 闪亮的耳环和手镯。

■ 款式简洁的耳钉和一条样式非常简单的金项链或银项链。

千万不要把以上配饰同时戴在身上。否则，你看上去像一棵装饰得过于繁琐的圣诞树。

▶出席半正式宴会时◀

○ 可以选择及地晚礼服、短晚礼服或四分之三长的晚礼服；晚宴穿的凉鞋或浅口高跟鞋；晚宴时佩戴的丝质、绸缎、法国绸、天鹅绒或锦缎质地的手提包。

- 可以佩戴和鸡尾酒会时相同的珠宝，略多一些也无妨。
- 如果你刚好有一件皮草，而且宴会上没有反皮草示威者的话，皮草是一个不错的选择。

▶出席正式宴会时◀

- 一袭有长裙摆的正式宴会礼服。
- 佩戴珠宝首饰，但不要过于繁杂。
- 皮草披肩。
- 白色长手套。

如果你没有上述行头，可以租借。不过，一般来说，这种需要郑重其事地穿戴的正式宴会，参加机会并不多。

▶出席私人俱乐部聚会时◀

- 如果是共进午餐，可以穿白天穿的服装或套装。
- 如果是参加傍晚时分的酒会，选择出席鸡尾酒会的礼服。
- 如果是出席晚宴，或宴后没有舞会的宴会，穿正式的服装。

如果要参加体育活动，询问主人应该穿什么衣服，因为有些俱乐部不允许穿着运动服的客人进入餐厅用餐，而有些俱乐部又要求客人必须身穿白色衣服才能进入网球场。要想知道怎么穿才适当，唯一的办法就是提前询问主人。

▶职业女性的办公室穿着◀

- 不要穿戴闪闪发光的珠宝或衣服，这类服饰只适合在晚上穿戴。
- 佩戴不会发出声响的珠宝。不要佩戴叮当做响的耳环、手镯，以及项链。记住，越简约越美观。
- 上班时尽量化淡妆。也就是说，不要戴假睫毛，不要涂厚厚的睫毛膏，或者抹过厚的眼影，当然更不能画颜色怪异的眼线。不要涂颜色怪异的指甲油，也不要在指甲上装饰图案！

- 在办公室不要穿性感、紧身的衣服。有人可能因此请你吃晚餐，但你也可能因此丢掉了饭碗。
- 千万不要在办公室打扮成“老淑女”。
- 也不要把自己打扮成毫无女人味的男人模样。
- 给自己买几件色泽明亮或图案别致的上衣，还可以买一条大围巾，并在翻领上别一个漂亮的别针。
- 你的双脚也非常重要。你肯定不想穿得像个妓女，也不希望被别人当做正在值班的护士！如果一位女经理穿着流行的细高跟鞋摇摇摆摆地走路，她看起来更像是一个“做出错误决策”的主管，而不像是位精明的主管。

衣服穿在自己身上要得体好看，而不土里土气；衣服要非常适合自己，而不是盲目追随流行。

男士的得体装束

在进行正式讨论之前，我首先必须强调，以下内容纯属我个人的好恶，并非放之四海而皆准的法则。

- 如果你就职的公司比较保守，在穿着方面你最好向其他的男同事看齐，着装风格也要保守。如果你有前卫的意大利风格服装，只能等到周末再穿了。
- 如果你身材偏胖，黑色、单排扣的衣服是你的最佳选择。
- 炎热的夏天自然要穿轻薄的服装。如果此时选择冬天质地厚重、色调深暖的衣服，连别人看了也会觉得闷热，更不用说穿衣者本人了。
- 褐色的衣服只适合那些对时尚颇有信心的人。褐色的服装非常抢眼，如果你平常穿衣保守，这时却选择了一件配有褐色图案的扎眼的衣服，那么这件衣服看上去会如同一个生锈的船壳。
- 由上衣、背心和长裤组成的三件套服装是所有款式中最保守的一种。

这种款式时而流行,时而又销声匿迹。这种三件套服装只有质地优良、剪裁得体,才能让主人看起来干净整洁。

- 周末要出席一个非正式的聚会,如果你对着装感到为难,不妨套一件深蓝色的运动上衣,或一件潇洒的运动外套,里面穿一件彩色衬衣或马球衫,下面配一条灰色羊毛休闲裤,这样一定错不了。事先询问主人,男士是否一定要系领带。如果你是职位较低的主管,根本不必在衣领上系一条绸布巾。只有职位较高的主管或是布拉德·皮特之类的影星才需要这种装扮。
- 除非出席极端保守的商务活动,否则夏天身着白色的卡其裤可以应付各种场合。牛仔裤搭配粗呢夹克也非常潇洒,这身行头更适合男士,女士们不要轻易尝试。
- 出席非正式场合,穿上马球衫或毛衣,再配一条休闲裤,会让你看上去非常帅气。
- 男士开领里面露出衬衣不雅观。衬衫扣没系完,露出胸毛、项链或奖章也不是文雅之举。
- 无论何种款式或质地的裤子,背带都是非常时尚的选择,对于穿套装的男士来说,配上一副背带会非常不错。
- 切记,你可能花 2 000 美元购买了一套上好的衣服,却因为蓬头乱发而使衣服黯然失色。换句话说,头发和胡须一定要保持整洁。
- 如果上半身穿了商务装,下半身一定不要搭配休闲裤。这种搭配不太得体。如果要想让自己看起来有休闲的感觉,只有穿上运动夹克、粗呢夹克或毛衣。
- 休闲度假时,穿休闲鞋、运动鞋或跑鞋,配上短裤和白色的运动袜,会既精神又帅气。但是在其他场合不要这么穿。

▶穿凉鞋的注意事项◀

随着时光从 20 世纪流转到 21 世纪,凉鞋逐渐变成一种时尚,成为众多女性颇为推崇的服饰。令人惊讶的是,如今男士穿凉鞋也备受追捧。如果住在深山丛林，没人会在意你脚上的凉鞋，但处在繁华都市中，男士赤脚穿凉鞋，仍然会引起别人的注意。

哪种场合适宜穿凉鞋，需要考虑如下因素：

- 天气状况（在寒冷的天气穿凉鞋，人们会觉得你有点傻，而在凉鞋里套双羊毛袜则更加不合时宜）。
- 你所在地区的生活方式（在阳光小镇圣达菲的街头穿凉鞋，比在大城市明尼阿波利斯穿凉鞋看上去要好得多）。
- 你的工作性质（如果你在金融界工作，你的客户很可能更希望看到你穿一双与商务装相匹配的皮鞋）。
- 你的双脚和脚趾甲的情况（如果赤脚穿凉鞋，脚上的鸡眼、肿块和趾甲真菌病会非常明显，这在旁人眼中非常不雅）。
- 还有你的年龄（年轻的赤足比年老的赤足要好看得多）。一般人都认为，凉鞋是在炎热夏天赤着双腿穿的，一般在海滨旅游胜地或各种体育场馆、运动中心比较常见。虽然在大城市，有很多人也喜欢穿着凉鞋、短裤和裙子去上班，并振振有词地说，“每个人都这么穿”，但这个理由无论从审美，还是合宜的角度都不足以让人接受。一位年轻的主管如果赤着双脚，穿一双宽带的皮凉鞋，他的形象将会与保守的办公室风格非常不协调。

我曾经就此问题在报纸上发表了一篇专栏文章，后来两位年轻人在会上与我展开了一场不太友好的谈话：

“上班时穿凉鞋有什么不对？你为什么说这种做法是错的？”

“我并没说穿凉鞋‘错了’，我只是说穿戴应该庄重，特别是公司里的年轻人，要是你自己开公司当老板就更应该如此。”

其中一位低头看了看自己的双脚说：“我这副打扮在公司有什么不妥吗？”

“如果你能把你的脚趾甲清理干净会更好，”我回答道：“并且拿掉你脚趾上的长发。因为你的脚趾看上去好像长了胡子。”

女士穿细跟凉鞋是另一码事。没错，这让她们看上去非常性感。但是如果一位女士更在意自己在事业上的发展，她就完全没有必要承担因穿高跟鞋而导致骨折的风险。无论是参加非正式商务活动，还是在一个重要的研讨会上发表演讲，穿高跟凉鞋都有跌倒崴脚的危险。其实，想在公司中保持时尚的形象，不一定非要穿凉鞋。有很多款式的鞋子既别致现代，又舒适安全。现在的超模们每天穿着摩天大楼一般高的细跟鞋走来走去，我不敢想象若干年以后她们的脚会变成什么样子。

▶男士着装大忌◀

- 坐下的时候看看你的小腿。如果在袜子和裤腿之间露出一截毛茸茸的小腿，你就要想办法弥补了。例如，赶快去商店买几双高过小腿的袜子，或许还需要买几副吊袜带！
- 袜子上有破洞也不能视而不见。如果你穿了双有破洞的袜子，鞋子也破损得不成样子，那可真有些丢脸面。
- 很多人打心底里认为，在办公室只穿一件短袖衬衫，而不罩一件外套，这种穿着实在不够得体。如果天气炎热又没外套可穿，你可以把长袖衬衫的袖子卷到胳膊肘上。
- 白色袜子：
  - 配一身全白的夏装是不错的搭配。
  - 如果搭配黑色或褐色的皮鞋和西装，则有些不妥。
  - 如果搭配黑色鞋和短裤前往度假胜地，则更加不妥。
- 另外一种大煞风景的情况是，穿着太小的衬衫，以致纽扣与纽扣之间凸出一圈一圈的肥肉。
- 那些花哨的彩格披肩是歌舞之王弗雷德·阿斯泰尔的专利，一般人不要轻易尝试。

▶如何选择领带◀

如果人们总是拿你的领带开玩笑，下次要选购领带时，最好请别人代劳。

- 身材魁梧的人要系超长的领带；体型偏胖的人则需要打比较宽的领带。

- 切记，如果你穿一件发亮的深灰色衬衫，一套深色的西装，再搭配一条纯黑色的领带，别人会把你当做黑帮老大。
- 如果你身上穿了一套款式或色调都比较醒目的西装，应该搭配样式最保守的领带；相反，如果你穿了一套样式保守的西装，则应系上一条色泽鲜艳或款式活泼的领带。
- 先选好衬衫，再决定搭配那种颜色的领带，反之亦然，要让衬衫和领带的颜色可以相互搭配。

▶饰品的佩戴◀

佩戴饰品时，简约即美观。如果右手佩戴一只手表、一只金手镯或一枚金图章戒指，则左手佩戴一枚结婚戒指足矣。手腕上戴一个金镯子就够了，多戴就有炫耀之嫌。至于在胸前挂一大串金链子，就更是俗不可耐。

▶参加半正式宴会的装扮◀

传统的黑色宴会礼服（如男士无尾半正式晚礼服）一向都是最得体的服装。在休闲度假场合，男士穿上白色无尾礼服搭配黑色西裤，看起来非常不错，不过穿上全黑礼服会更整齐挺拔，也更加潇洒。这种场合穿黑色衣服一定不会错。

- 男士们常常将手帕（白色为佳）或是有花纹的丝质手巾折叠后，插放在礼服左上方的口袋里，这让人觉得非常体面。
- 千万不要穿锦缎、绸缎面料的礼服，或是有图案的礼服。我最近遇到一位男士，穿着一件缀有金属亮片的外套参加宴会，我误以为他不是来宾，而是乐队成员。

冬天出席半正式宴会的穿着

只有在出席私人家庭聚会时，才可以选择暗宝石色或黑色天鹅绒质地的礼服搭配黑色长裤，在公共场合则不宜这么穿。

- 衬衫的选择：

- 白色、米白色或其他浅色的衬衫。
- 有褶纹但不可有皱痕。
- 搭配罗缎、绸缎或天鹅绒质地的黑色领带。假日里有时可以系红色或锦缎质地的领带。

有些男士喜欢穿带硬翻领的礼服衬衫，并系上黑色小蝴蝶结。我对这种打扮实在不敢苟同，不过我倒认为，服务生穿上这种衣服，看上去效果不错。

- 可以选择两边有黑色绸缎条纹的长裤。有松紧设计，免系腰带的长裤，或者吊带裤也不错。
- 也可以穿黑色丝质、天鹅绒或绸缎质地的西服背心或围上腰巾（腰巾通常搭配蝴蝶结领结）。
- 鞋子和袜子：黑色漆皮无带皮鞋或牛津有带浅帮皮鞋是最佳选择。很多人也会穿黑色漆皮休闲鞋，不过不如前两者显得优雅。袜子则以黑色丝质袜为佳。
- 珠宝饰品：如果喜欢，可以戴上黄金、珠宝链扣或饰钮，并镶上小颗钻石。
- 穿灰色或黑色大衣，戴手套。如果你有灰色浅顶软呢帽，不妨戴上！千万不要戴黑色大礼帽，有人可能会把你当做门童。

夏天出席半正式宴会的穿着

夏天或休闲度假时，男士们经常会选择带有彩格花纹、条纹或颜色明亮的礼服，搭配黑色裤子；如果裤子的颜色比较特别、图案比较夸张，不妨搭配一件黑色的外套，外加一件白色衬衫和一个黑领结，便大功告成了。不过，许多男士夏天时会系上彩色的腰巾或腰带，或选择系上领结，来让黑色的礼服看起来比较活泼。夏天是男士们可以在服装上展现创意、色彩和花样的时节。

▶参加正式宴会的装扮◀

在 1960 年以前，正式宴会通常是指正式而隆重的大型晚宴。虽然你穿上正式礼服来出席这种场合的机会并不多（除非你穿上燕尾服、系着白色领带举行结婚典礼），但稍作了解也不失为一种乐趣。

- 羊毛和丝质的黑色燕尾服。
- 硬翻领，系上白色珠地面料的领带。
- 正面硬挺的白色衬衫。
- 白色吊袜带或吊裤带。
- 白色马甲。
- 黑色漆皮无带皮鞋或牛津有带短帮皮鞋，配上黑色丝袜。
- 镶有珍珠、钻石或缟玛瑙的饰钮或链扣。
- 白色小山羊皮手套。
- 如果特别讲究，可以戴一顶黑色丝质礼帽。

▶几点建议◀

男士们也应该仔细留意我对女士所提出的一项建议："在购买大件服饰之前，找一位你信得过的、品味高的人帮你出主意。"

总而言之，所谓衣着出色的人，就是在工作和社交生活中打扮得体的人；就是买衣服时除了依据时尚潮流，也能顾及自己身材和年龄的人；就是具有超强的观察力，能从别人那里学习良好品味的人；就是在花钱买衣服之前，能在镜子前面严格审视自己的人；就是绝不会因为不良仪态或疏于保养而使美观衣饰黯然失色的人。

刚开始你可能觉得这一切做起来非常困难，但经过反复练习，你会驾轻就熟，继而你会听到别人赞美你是位真正懂得如何穿衣的人。

◀ 03 ▶

在公共场合保持良好的礼仪

现代通行的礼仪，并不是由历史上名不见经传的人物杜撰出来的一堆规则，而是由一套早就确立的待人接物的准则发展而来的（虽然这些准则的外在表现形式随着时间的推移有了一些改变）。了解这一点，我们心里就会轻松许多。

乔治·华盛顿早在15岁的时候就誊编过一本小书，对上述的道理进行了明白的阐述。这本小册子叫做《恭敬待人处世言行守则》。我很荣幸受邀为该书最新版本撰写了一篇介绍。该书中对一些常用礼仪的介绍，在今天看来仍然很有道理，而且十分有用。以下摘录若干准则以共勉：

- ○“自己不熟悉的场合，不确定自己是否受欢迎的场合，切勿前去。”警告我们不要成为破坏聚会气氛的人。
- ○“他人有过失不要加以责难，因为这属于家长、老师和监护人的责任。”告诉我们不要对别人过于苛刻。
- ○“如果遇到地位比你高的人，无论对方是男是女，要立即停下脚步。如果是在门口或任何笔直的通道里，则应退让一步让其先行。”教育我们要尊敬师长，年轻主管遇到更高级别的主管时更要注意这一礼节。
- ○“即使对方是你的仇敌，也不应该幸灾乐祸。”崇尚友爱仁慈。
- ○“在任何公共场所都不要高声交谈或大笑不止。”倡导在公共场合言行谨慎。

- “在书写或交谈时，根据对方的地位和当地的习俗，给每个人以适当的头衔。”提倡在书写商业信函或引荐介绍时，使用正确的称呼用语。
- “如果珍惜自己的名誉，就与品行端正的人结交朋友；如果与坏人为友，不如孤单独处。”警告我们不与坏人为友。
- “无论与人交谈还是读书看报，都不要喋喋不休，除非你发现对方乐在其中。”警惕自己成为令人讨厌的人。

华盛顿在青少年时代编辑的这本《恭敬待人处世言行守则》，使他得到当时弗吉尼亚有权有势的英国地主费尔法克斯（Fairfax）的关注。这位地主不但让他担任土地测量员，而且邀请他和其他英国贵族一同参加在自己宅邸举行的重要社交活动。华盛顿正是在这样的场合学会了良好的礼仪和灵活的社交技巧，而这些个人才干不但帮他取得了军队的领导权，而且最终赢得国家领袖的地位。他在小书中罗列的守则向我们证明了，良好的礼仪、道德准则、伦理规范和真诚的价值观实际上是有机的统一体，在本质上是完全相同的事物。现代作家在讨论这些问题时，不过是用现代的术语对他的真知灼见进行巩固和补充。如果华盛顿还健在的话，他或许仍然会对礼仪问题发表高见吧！

◀出门在外的礼仪▶

▶行人和驾驶员的注意事项◀

- 红灯亮时，擅自横穿马路不但违法，很可能造成人员伤亡，而且这是一种粗鲁无礼的行为。一个不遵守交通规则的行人，不但会迫使汽车司机紧急刹车，让他们大发雷霆，而且有时候会让驾驶员产生好好教训他的念头，想着把他撞个人仰马翻、倒地不起，看他以后还敢不敢乱闯！

  如果华盛顿仍然健在，可能会沿袭他一贯的作风，这样写道，“行人在穿越马路之前，应该在拐角或人行横道上耐心等待绿灯亮起，即使绿灯亮了，也要小心观看看两头是否有来往车辆，然后再过马路。”

○ 如果司机在转弯时，不顾一切地把车开到人群里，就会在行人中引发民愤。驾驶员在拐弯时应保持冷静，耐心等待，等绿灯亮起，所有的人都穿过马路后再踩油门。如果后面有车子也要转弯，而开车的是个鲁莽急躁的家伙，他不停地高声按喇叭示意自己的不耐，那么前面车子的驾驶员就要有超常的自制力，方能沉得住气。

○ 泊车时要为他人着想。一位随便停车的驾驶员会给他人带来很多麻烦。停车时，自然要预留出足够的空间便于自己离开，但也不可只顾一己之便而随便乱停，让原来可以停两辆车的空间只能停你一辆车。

○ 除非遇到紧急情况，否则不要按喇叭。因为一点小事就心情急躁、乱按喇叭，不仅会干扰触怒你自己，而且会破坏你周围数百人平静的心情。如果遇到交通堵塞、无法前行，猛按喇叭会让每个人都烦躁不安。

○ 夜间行车时，如果遇到反向驶来的车，把车灯光线调弱。当对面有来车时，如果继续开着强光，会让对方司机无法辨清方向，这种行为不仅无礼，而且非常危险。

○ 如果你开车速度较慢（开车速度缓慢并没有错，不过如果慢如乌龟挪步就不太合适了），请选择右边外侧车道。否则，后面的司机为了超车来回变换车道，很容易引发交通混乱。

▶搭乘公共交通工具时◀

○ 上公交车时，同司机愉快地打招呼，下车时说声再见。我们应该对公车司机的工作表示肯定和感激，因为我们的生命有一小段时间是掌握在他手中的。

○ 上车后，如果看到有人奋力奔跑，想要赶上这趟车，告诉司机，请他稍等片刻。（同样，在搭乘电梯时，如果看到有人快跑，想要赶搭电梯，也要把门打开，稍等一下。）

○ 在公交车上应该把位置主动让给虚弱的老人、病残乘客（无论对方是男是女）和孕妇。20 世纪 60 年代中期以前，这一准则根本无须在礼仪书上明确提出。大家都认为这是理所当然的事情。但现在情况大不一样了!

- 在搭乘公交、火车或地铁时，遵循沉默是金的准则。这就是说，在携带儿童乘车时，要对孩子加以约束，让他们在车上保持安静，不要大声吵闹。

▶在电影院和剧院中◀

- 在电影上演或演出进行时，谨记沉默是金的准则。不要嚼口香糖，不要发出各种噪音，也不要低声交谈。
- 准时入场，以免就座时影响他人观看演出、破坏现场气氛。
- 演出结束之后再离席。演员在舞台上看到或听到观众提前起身离席，无论是何原因,总会感到有些沮丧。如果你实在有事不得不提前离场，可以在演出最后一幕或最后一个节目开始前，先坐到最后一排，这样你在离开时就不会引起别人的注意了。
- 就座时，如果你所在的那一排已经坐满了人，你又不得不从中穿过才能坐到座位，那么穿过时应该面向他们，而不是面向舞台。这样你在表达歉意时，就能面对被你打扰的人，而不是用屁股对着他们。
- 演出结束离场时，把糖果包装纸、吃空的爆米花盒子和空汽水瓶随身带走，扔到走廊的垃圾桶里。你会因此得到大家的尊重，而那些离场后把垃圾留在原地，任其散落到地板上的人则会受人鄙夷。

▶在超市里◀

- 当你推着购物车在货架间狭窄的通道里来回穿梭时，防止你的小孩随意乱抓货架上的商品。不要让你的孩子把货品随意丢在地板上，又或者还没有到收银台付账就打开食品包装，径自吃起来。
- 有东西掉到通道地板上时，不管是纯属偶然还是有人恶意为之，都要把它捡起来放回原处。这样可为其他购物者省去很多麻烦，他们便不用推着购物车绕道而行。

- ○推购物车时，要扶稳，而且要顾及他人。在货架旁停下看商品时，要把购物车停在合适的位置，以便其他购物者能够轻松推车通过。
- ○排队结账时，如果你的购物车内装满了大大小小的商品，而排在你后面的人只有两三件物品需要付账，示意他排在你前面。这种善举正印证了《圣经》中的一句话："你们希望别人怎么对待你们，你们也要怎样待人。"
- ○把购买的东西装进车子后，将购物车从停车场推回超市的购物车存放处。如果把购物车留在停车场、不推回原处，会给其他顾客停车造成了很大麻烦。到时候超市工作员就不得不停下手中的工作，跑来处理这混乱的局面。

▶在海滩戏水或野外露营时◀

海滩、森林、山间小径、湖畔风光，都是弥足珍贵的自然资源，我们每一个人都应该妥善保护，唯有如此，我们的子孙后代才能继续享用。对周围的游客也应该满怀尊敬，他们来到此地只是为了度假，享受几个钟头的闲暇时光，或者体验垂钓的乐趣，或者感悟沉思、冥想和观鸟的愉悦。对大自然以礼相待，就是对人加倍尊重。

- ○无论到哪里休闲观光，离开时都不应留下任何痕迹。所有垃圾都要装进塑料袋里随手带走，如果找不到合适的地方丢掉，就带回家再扔。
- ○为了不打扰他人，听音乐时应尽量把音量放低，哪怕正在播放你最喜欢的曲目。
- ○如果生了火，务必按照安全规定将火熄灭。不能只在煤炭或余烬上覆盖一层沙子了事。务必先浇水，并彻底扑灭。
- ○乘气垫、冲浪板、风浪板，或者任何形式的船艇时，请密切注意前方和操作动作。当你正乘着气垫兴高采烈地乘风破浪时，撞上了正在附近安静游泳的人，这种行为不但粗鲁，而且非常危险，很容易引发一场严重事故。

应该教育自己的孩子，那些只顾率性行事，只图自己冲浪快活而威胁周围游客安全的年轻人，他们的行为完全是年少轻狂的炫耀之举，根本不值得崇拜、爱慕或效仿。

▶ 在朋友家的游泳池玩耍时 ◀

- 如果朋友家中有游泳池，你要遵循的第一条准则就是，不要主动要求去游泳，而是等待朋友的邀请。家中有游泳池的人常常抱怨，他和朋友之间的友谊正面临严峻的考验，他们有些"朋友"一年到头都想用他家的游泳池，每次来都带上孩子、客人，甚至是朋友的朋友。其实泳池的主人多数时候希望能独自躺在泳池里，享受静谧惬意的时光。
- 如果你有幸接到朋友的邀请，未经允许不要随意在房子里走来走去，游泳池的主人经常抱怨说，受邀来家里"游个泳"的朋友经常未经主人同意就在房子里四下走动，随意使用电话、厨房甚至浴室。有位朋友气愤地告诉我，有些人未经允许就用她的洗衣机，还打开电视看肥皂剧。
- 切记，在不清楚什么时间对主人比较方便，或主人尚未同意（包括你的孩子）下水之前，千万不要擅自使用游泳池。一位家中有游泳池的朋友曾经告诉我，要是谁再带着一条吵得要死的狗来游泳，他就报警。
- 在下水之前务必先冲个澡，如果泳池边没有淋浴，就用浇花的水管冲洗全身。要是看到朋友全身涂满防晒油、享受了几个小时的日光浴之后，纵身跳进泳池，防晒油和汗水交织在水中，游泳池主人肯定气得真想一头撞死。
- 不要使用主人的毛巾。主动提出随身携带自己的毛巾。有些主人会告诉你不必这么麻烦，有些则会认为，你是他们见到的最体贴的客人。
- 在游泳池边躺着休息时，注意观察周围的人是想聊天、阅读还是休息。如果旁边的人都不想讲话，或者都埋头读书，克制一下自己的热情，把话留到以后再说吧。

- ○在游泳季结束之后，给游泳池主人写一封致谢函，并赠送一份礼物。你可以选择对游泳池有实用价值的礼物，比如，一只新的冰桶、晚上能够照亮游泳池的照明设备、客人用的手巾、更衣浴室里用的肥皂架、盛放洗浴肥皂的盒子，或者能够挂在浴室墙壁上的洗发香波。
- ○无论何时都不要让孩子离开你的视线。不仅要让他们保持安静，还要保障他们的安全。告诉他们不要上演“狼来了”的故事，不要在安全问题上欺骗他人，这是他们在人生中需要学会的重要一课。

▶在魅力无穷的高尔夫运动中◀

毫无疑问，高尔夫球已经成为美国人最热衷的娱乐项目之一。不管其兴起是因为受到世界高尔夫球第一人老虎•伍兹的启发，还是源于很多密切的商务关系都是在高尔夫球场上建立，总之这项运动在这个国家受到了迅速、广泛的欢迎。现在很多女士也参与其中，她们可以借此与商业圈的重量级人物结交。

当你终于从繁忙的工作中脱身，到高尔夫球场一试身手时，打球过程中就不要再谈及商业话题了。这项运动为人们提供建立友好关系的机会，而不是洽谈生意的机会。一位著名的商界名流有一套很好的策略，专门对付那些试图利用打球机会与他谈生意的人。“你看，”他头也不回地说，“我助手的电话是000-000-0000。”这一招果然屡试不爽。

宾夕法尼亚州营山市有一个西海岸乡村俱乐部，迪安•沃顿专门为这个俱乐部撰写专栏文章，他所负责的专栏叫做“高尔夫球手一隅”。他在文章中提到，了解一些运动礼仪方面的知识，非常有助于提升个人形象。如果你的客人对高尔夫球运动礼仪一无所知，你不必直接邀请他们一起运动，可以先帮助他们了解相关的知识，向他们介绍一些迪安•沃顿有关高尔夫球礼仪的建议：

- ○到达俱乐部之后应该在哪里与你见面。
- ○知道把高尔夫球包放在哪里以及在哪里泊车。
- ○在着装方面的要求。
- ○如果你邀请来一起打球的客人彼此不认识，事先给他们透露一些相关的个人信息，这样他们在谈话时就不会觉得非常吃力。

完美的高尔夫球主人应该做到以下几点：

- 提前 45 分钟到达俱乐部，以便在高尔夫用品专卖店付款。（高尔夫轻击区是个不错的碰头地点，早来的人可以在此先练习击球。）
- 让专业人员知道，哪两个人为一组用一个手推车，这样他可以把高尔夫球包放在相应的手推车上。
- 检查高尔夫球手推车上的毛巾、饮料和记分卡是否齐全。
- 确定客人们是否已经把贵重物品，例如手机、掌上电脑和其他小玩意儿放在事先为他们准备好的锁柜中了。如果他们将上述物品带进高尔夫球场，主人可要做好挨骂的准备了。

打球时应该注意各种违规行为，比如，避免在高尔夫球选手击球或推杆时站错位置；不应站在另一位球员的视野之内，因为这样很容易分散他的注意力等。

一名老练的高尔夫球员应该这样做：

- 在你开始从事这项运动之前，绝不可能对它一无所知。你上了几堂入门课，读了一两本相关书籍，在果岭上做过练习，对运动规则了然于胸，请已有三年球龄的邻居带你到高尔夫球场参观过几次，所以你不是纯粹的新手。
- 不要自诩是高尔夫球高手。为人谦虚，找与自己水平相当的球员一起打球，否则作好被别人拒绝的准备。（好事不出门，坏事传千里。）
- 别人约你一起打球，一定要认真对待。如果你确实有事无法脱身，不得不放弃约定好的双打比赛，要找另外一个人替补。
- 你不仅要准时到达高尔夫球场，而且要提前 30 分钟到达，以便充分做好准备工作。
- 既然大家都非常珍惜自己的时间，你就应该尽可能加快球赛的进程。
- 在别人练习推杆或完成击球的时候，你应该抓紧时间练习击球动作。
- 人要跟着球走，而且要以球场上一个固定的物体为参照物，在脑海中标记球的位置。
- 离开球车向球走近的时候，多带几根球杆。

- ○到达果岭之后，把球车放好，使之与下一个球座呈直线。
- ○请距离旗杆较近（但在果岭之外）的选手首先发球。
- ○如果你“有幸”首先发球，到达球座之后立即做好击球的准备。
- ○直接从与球洞相反的方向推球。不要试图仔细研究推球路线，然后绕着设计好的路线走来走去。
- ○在别人等待你击球的时候，不要因为忙于计分而耽误比赛时间。
- ○如果你所在的4人小组进程较慢，不妨让速度快的一组先打完比赛。
- ○打球入洞之后，第一步先要用高尔夫果岭叉修复草皮端片，然后再把球杆放回高尔夫球包中。
- ○进入果岭区域以后，先调整球位标志，然后再开始推球。
- ○如果球被击进沙坑，立即用耙子把沙坑整理平整。
- ○不要为表现不佳寻找任何借口。没人在乎你的理由，包括心情不好，眼睛有问题，高尔夫球鞋不合脚等。如果球没打好，千万不要在球场上发脾气。其他人看到你怒火冲天的样子，只会给你冠以“年度怪人大奖”之名。
- ○打球期间保持安静，以平时说话的声调或高声交谈让人无法接受。
- ○自己带球参加比赛。多带几个新球，在球友需要的时候慷慨赠送，这种行为会让你更受欢迎。
- ○比赛结束后，真诚地感谢每个人。给主人送上一张致谢函，感谢他在俱乐部为大家所做的一切，包括购买饮料、支付果岭费用。不要忘记夸奖与你同组的其他球员，表示与他们合作你感到非常愉快。

我对高尔夫运动一无所知。有一次我们在位于森林湖的欧文西亚俱乐部观看高尔夫球公开赛，我向一位出色的高尔夫球女选手请教了一个问题。

“依你所见，夸奖一名女性高尔夫运动员的最好方法是什么？我是说，她最希望接受什么样的赞美？”

“很简单，”她回答我，“如果我说，‘天哪，我竟然不知道玛莎今天也参加了比赛’，这就是对她的最高赞美。就是说，她是俱乐部里最安静、最有教养、行为举止最为得体的高尔夫球员。她没有侵犯任何人的时间、场地或比赛。”

我们都应该向玛莎学习。

◀人际相处之道▶

▶与专业人士相处的礼节◀

面对专业人士的时，客户自然希望能够花钱买到最好的服务。但是不要忘记，专业人士也是凡人一个，他们希望得到客户的尊重。可以确定的是，客户如果能够与这些专业人士建立起友好和善的关系，肯定会得到最好的服务。

- 尊重专业人士的教育背景和个人经验，无论对方是律师、医生还是金融业人士。
- 如果你认为一位专业人士为你提供的服务非常出色，向他表达你的赞美。虽然你为这项服务付出了钱，你仍然可以在众人面前表达你对他的欣赏和谢意，这可以显示出你的风度和格调。（在其他问题上也是如此，例如室内设计师让你的房子与众不同，你的投资顾问帮你大赚了一笔，或者你的牙科医生为你补了颗漂亮的牙齿。）
- 准时赴约。对于专业人士而言，时间就是金钱。因此，当你与律师或外科医生见面时，天南海北地同他们侃大山是不得体的行为。
- 不要以为对方是你的私友，就应该理所当然地为你提供服务。更不要企图在社交场合获得免费的专业服务（例如在打高尔夫球时，私下里向律师请教法律问题，或在鸡尾酒会上追着一名医生咨询健康问题）。你应该首先预约，然后支付专业服务的费用。

▶与服务生如何沟通◀

- 不要怂恿服务生向客人讲述他们的人生境遇。
- 服务生走过来向你推荐、介绍菜肴，或为你点餐时，请给予应有的注意和尊重。只顾着谈笑，丝毫不在意服务生的工作的行为，很不尊重他人。

- 如果因为你一再改变主意而导致上错菜品，不要发脾气。这不是服务生的错。
- 称呼他们为“服务生”（或“女服务员”）。示意他们过来时，不要冲着他们打响指。
- 如果点的东西出了差错，不要大声责怪服务生，这会引起在场所有的注意。造成差错的原因可能不在他，也可能是帮厨犯了错误。遇到这种情况，小声告诉服务生，不要让其他人听到。
- 如果你对服务生的工作非常满意，不要忘记称赞并感谢他。告诉老板或经理，“你们的服务生今天晚上服务非常周到。”

▶与店员和售货员如何交际◀

任何开店经营的人，都希望获得他人的尊重和友善相待，人们也确实应该这样对待他们。只要你以礼相待，他们必定以更好的服务来回报你，并且也会因此更加热爱他们的工作。

- 不要用命令的语气冲营业员大呼小叫。先面带微笑向对方问好，然后明确地说出你想买的商品。有些客人一心只想着要买的东西，连店员亲切地向他问候“早上好”都没有听到。即使店员没有向你问好，你也应该冲她打个招呼。这会让对方心情愉快，并乐于为你提供周到的服务。
- 如果你知道店员的名字，或者在胸牌上看到他的名字，不妨直接称呼其名。在别人为你服务时，如果你能记住对方的名字，这显示出你对此人的尊重。
- 完整清楚地说出你所需要的服务。不要指望美发店里的染发师傅是位精神分析师，如果你不直截了当地告诉他，他不可能知道你今天究竟是想染金色还是灰金色。不要期望售货员会猜中你今天想买的是弹力长袜，而不是普通的袜子。我们通常只给别人一点细节，却奢望对方能够了解全貌。务必把每件事情都仔细、和缓地解释清楚，使对方能够给你提供最好的服务。

- 不要用高高在上的语气说话。站在柜台另一边的人，或为你家修理厨房水槽的水管工人，并不觉得他的地位不如你，而事实也的确如此。
- 在对方为你提供服务之前，先和他友好地聊上几句。保持沉默只会在两人中间筑起一道鸿沟。与对方随意聊点什么，不管是天气情况，还是这个赛季各个俱乐部的战绩，都会创设一种轻松平等的氛围。
- 得到任何形式的服务，哪怕是举手之劳，都要向对方表示感谢，并且在致谢时不要忘记面带笑容。无论是赞许的笑容，还是友善的笑容都无妨。
- 如果对方提供的服务帮了你一个大忙，要写信告诉他的上司。这件事会保存在她的个人档案中，而且她有可能因此而得到晋升。

▶与陌生人相处的哲学◀

无论你是在上学、工作还是持家，你几乎每天都会遇到一些你不知道名字，甚至永远都不会相识的人，他们恰好在同一个时间与你同处一地。

与这些人交流的方式，能体现出你的基本性格特征。你可以转移目光，对你遇到的陌生人不加理会。你也可以偶尔做些善意的举动，为他人的生活增添一些乐趣。比如：

- 如果你主动给别人送上温暖的微笑，会让一个情绪低落的人为之一振。
- 如果有人因旋转门转速太快而无法通过，而你主动帮忙使门放慢速度，使她顺利通过，你可能带给她一天当中最愉快的一刻。
- 如果你在公车上遇到一位孱弱而疲惫的老人，主动站起来把座位让给他。他会对你心存感激。
- 如果看到前面有人东西多得快拿不住了，或者大包小包一大堆，你主动走上前去帮她拦下出租车，打开车门并把东西拿上车，对方的欣喜感激之情将远远超出你的想象。
- 如果你从出租车上下来时，看见有人正朝着这个方向跑过来要拦车，你可以主动敞开车门，并告诉司机等一下。即使他赶到时你已经离开，对方也会感激你的善行。

- ○进入电梯后，你看到有人从走廊一路跑过来想要搭乘电梯，而你继续按住电梯门，直到他走进来，你就要自我奖励一枚奖章，以表彰你的善行。
- ○当你从拥挤不堪的地铁楼梯匆忙走上来时，不小心撞到了一位女士，要马上诚心诚意地向对方道歉，这会让她带着比较愉悦的心情去上班。
- ○在超市里看到一位身材矮小的顾客努力够顶层货架上的商品时，你走上前去主动对他说，“我来帮你拿，”你不仅展示了身高，还表现了良好的修养。
- ○你在超市收银台排队付账时，礼让只买了一两件商品的人先结账，这种行为可以缓解对方一天的压力。

萍水相逢，哪怕只是短暂的友好交流也非常美好。有人为你按住电梯门，你答以一声温暖的“谢谢”；稍稍叨扰了别人，你真诚地说一句“对不起”；有人需要帮助，不管他身在何方、是男是女、年龄多大、长相如何，你都倾力相助，那么你便通过这些具体的细节展现了善良的性格和良好的礼仪，每个人都乐于与你为友！

如果我们每个人都能花一点心思为周围的人着想，无论我们是否认识对方，这个世界将会多么可爱！只要花那么一点点心思，我们就能让他人的面庞绽放笑容，脸上的愁云无影无踪。

04
恰当的两性相处礼仪

约会礼仪

真正的约会是指两个人在特定的日期、特定的时间（事先约定、提前计划）相约做一件特别的事情。当某人邀请你“下周三晚上到我家吃饭”，或者有人对你说“我有两张星期五晚上的足球票。你想去看吗？”这是一种约会。当有人邀请你“一起去新开业的购物中心逛逛，然后一起吃点东西”，这是一种约会。当一位异性朋友说，“下周六晚上和我一起溜冰，然后一起吃汉堡如何？”这也是一种约会。某人邀请你前往餐厅，并设宴款待，向你表达谢意，又或者有人提议，到树林里走走，观赏秋天的落叶，这些都是约会。

约会可能是与朋友愉快地小聚，可能是为感谢对方而准备的答谢宴，也可能是为追求心中的爱人而精心设计的会面。约会是非常美好的事情，是一剂医治孤独的良方。但你首先要面临这样一个问题：如果对方没有约会的意愿，你该如何说服对方，才能让他/她如期赴约？

▶邀请对方赴约◀

有些人生性腼腆，他们宁愿终日生活在洞穴里，也不愿意接受被别人约会的痛苦。以下是几点建议：

- ○邀请别人遭到拒绝时要坦然面对，这才是明智的做法。因为你邀请的对象可能正忙，可能正和别人交往，也可能过于专注工作，根本没时间约会。还有可能对方根本就不想与你约会。在这种情况下遭到拒绝，并不是特别严重的事情。每个人都会有这样的经历，你不是唯一的可怜虫。你的生活目标是找到一个愿意与你约会,并如期赴约的对象。那个人就在世界的某个角落，但是只有你能找得到。如果你能放眼整个海面，你会欣赏从身边游过的每一条鱼儿，而不是只把目光和希望锁定在一条鱼身上。
- ○既要周密安排又要不落俗套。首先要制定一个颇有诱惑力的计划，让邀约对象对你的计划兴奋不已。计划的内容要引人入胜，让对方无法拒绝。或许你拿到了两张热门抢手的门票；或者是受邀参加一个盛大的活动，例如一家餐馆的开业庆典；或俄国波修瓦芭蕾舞团的特别演出；又或许是认识一位“很厉害的算命先生，我们可以一同前去拜访”，然后“在我最喜欢的泰国餐馆共进晚餐。”可能在你所居住的小镇上，永远看不到波修瓦芭蕾舞团的演出，也吃不到泰国菜，但你仍然可以设计一些可以在社区内进行的活动。想消息特别灵通，要做到眼观六路、耳听八方，这样你才能先于别人知道那些新奇的事情，那些好玩的地方。
- ○以写信的方式邀约对方，仔细描述约会的内容，要听上去颇具吸引力。这一点在电话邀请中很难做到。如果你用电话邀请对方，可能因为你吞吞吐吐、笨拙不堪的表达，让对方轻率地拒绝了你的邀请；也可能对方当时很忙，根本没时间听完你的邀请。

  试着用漂亮的信纸写一封言辞恳切的邀请信，寄给对方，在信中对你所做的活动安排进行生动地描述，并热情邀请对方参加。这样一封文辞并茂的信件，很可能会说服对方接受你的邀请，而如果在聚会或电话中发出邀请，同一个人可能得到截然相反的答案。

比如，你可以准备类似下面的一封短笺，语气热情友好、轻松活泼，同时描绘出一个趣味盎然的夜晚。

亲爱的杰瑞：

听说你是一位现代经典音乐迷。咱们俩在这一点上不谋而合。美国作家交响乐团将于5月23日晚八点在埃弗里•费希尔厅音乐厅举办一场精彩的音乐会，上演的曲目全都是最新作品。我刚好有两张音乐会的门票。

除了喜欢欣赏现代音乐，我的厨艺也说得过去。所以我真诚地邀请你在音乐会开始之前，晚上六点钟，来我家，品尝一下我亲手做的咖喱鸡。

请打电话到我办公室，告诉我你的决定。我的办公电话是000-0000，我希望能够与你共度美好夜晚！

- 安排好约会的种种细节之后，你要表现得自然而体贴，这样对方才会在接受邀请之后，感到非常愉悦。自20世纪90年代以来，男女双方相互邀约的情况越来越普遍。特别是如果双方都有工作，在安排约会时更会分担约会所需的金钱、时间和精力。

▶约会的12个细则◀

- 邀请对方赴约时，至少要提前三天通知对方，以便受邀对象有充分的准备时间（比如预约做头发，把外套拿去干洗等）。提前两个小时通知别人赴约，实在是一种不尊重他人的行为。
- 安排约会计划时，要充分考虑对方的兴趣所在（比如，不要强迫一个只对篮球感冒的人去欣赏芭蕾舞）。
- 不要临近约会又突然改变计划。
- 选择约会的地点和内容时，要富有创意。
- 准时赴约。
- 穿戴得体，不要让对方难堪。（一个人希望约会对象穿着突出、打扮出众，是非常正常的想法。）

- 不要在大庭广众之下出洋相。
- 如果是对方买单，要照顾对方的经济承受能力。
- 如果事情出了差错，能够包容对方，不要批评对方的创意和策划能力。遇事要乐观，想想约会的地点、品尝的食物、观看的比赛和演出，以及那些值得留恋和赞赏之处。（即使事情非常糟糕，只要你持积极乐观的态度，总能发现美好的一面！）
- 如果你感到身体不适或有些疲劳，不要没完没了地抱怨。（这种举动实在大煞风景。）
- 约会结束后向对方致谢。无论是感谢对方为约会所支付的金钱，还是称赞对方所做的周到安排，或者仅仅因为对方陪你度过了一个美好的夜晚，只要是表达你内心的愉悦都可以。
- 想在第一次约会给对方留下良好的印象，最好的方法就是保持幽默感。想努力展示自我魅力、急于求好的人，容易在事情出现差错的时候变得焦躁不安，这样反而不利于事情的发展。我的干女儿最近主动邀请别人赴约，她向我叙述了约会时所遭遇的接二连三的惨况：餐馆没有保留她预订的座位；他们还没来得及买票电影院的票就卖完了；在酒吧喝东西时，约会对象的外套却在衣帽间被偷走了。当我向她暗示，她可能再也见不到那个年轻人的时候，她咧开嘴笑着说，“我现在经常和他见面。那天晚上我们一直笑个不停。我不断问他，‘接下来还有什么糟糕的事情发生？’糟糕的事情果然又发生了。他最后笑着说，我是那种把中奖的彩票弄丢了，还会笑出来的女孩，而他喜欢的正是这种类型。”

▶约会时的花费由谁支付◀

按照传统的做法，约会时所产生的所有费用都应该由男方支付。但与其他很多传统一样，为适应当代价值观，这一成规也随着时代的发展而有所改变。现在，随着男女地位逐渐平等，女性也有了自己的经济收入，约会的费用一般由双方共同承担。没有变的一点是，第一次约会时发出邀请的一方应该支付约会的所有费用。如果第一次邀请是由女方发出，那么女方应该承担包括停车费、寄存费在内的所有费用。在以后的约会中,双方可以根据自己的感觉和经济状况，相互协调，分摊费用。有钱的男人应该支付约会的所有费用，有钱的女士邀请经济状况不佳的男伴外出赴约时，也应该为同伴支付所有的花费，但如果她足够聪明的话，一定不会让其他任何人知道这件事，以保护男伴的自尊心。

重要的一点是，双方应该在约会之前明确，约会中所产生的种种花费，应该由谁支付。约会时千万不要出现令人不快的意外，或者类似"我能向你借点钱吗？"的尴尬时刻。在餐厅就餐时，最煞风景的一幕莫过于付账时双方相互争吵，无论争吵的原因是一方想把账单推给另一方，还是双方挣着付钱，总归不是件愉快的事。

在安排约会时，手头拮据的人应该诚实地向对方说明情况。例如：

- 还在学校读书的年轻小伙子可以这样和他的约会对象说，"我能买到两张星期五晚上那场比赛的门票。我很想和你一起去看，但我现在手头有点紧，你能支付一张票钱吗？"
- 女士被男方邀约过三次，可以这样对他说，"现在应该是我对你有所回报的时候了！我做意大利面条非常拿手，星期六晚上先请你吃意大利面，然后再请你看电影怎么样？"
- 一位刚就职的男主管可以对一名女同事这样说，"我想星期五晚上与你共进晚餐。如果去乔家餐馆，我可以请你吃比萨，如果去法国餐厅吃大餐，我们需要各自付款。你喜欢哪一种？"遇到这种情况，对方很可能选择一家好餐厅，然后自己付款。

由于男士对于女士在公共场合为他们付账非常敏感，女士在处理这类事情时也应该谨慎。可以在餐桌下悄悄地把自己应付的那份钱递给对方，或者在约会之前就把钱付清，还可以在侍者拿来账单时，细心地把自己的信用卡交给侍者，而不让对方为自己垫付费用。

上了年纪的女士，由于一直受到男士付费传统的影响，认为当面为男同伴买单或购买门票甚为尴尬。遇到这种情况，她们可以事先与餐馆商定，在她们与邀请的男士进餐完毕后，由餐馆将账单寄送给她们之后再付账。她们还可以提前购买体育比赛和音乐会的入场券，邀请男士一同观看。总之要提前进行安排。

▶如何面对令人不快的约会◀

如果约会时对方做出不雅的肢体动作（例如他酒醉后对你进行辱骂、性骚扰，或者强行拥抱你），你要尽快离开现场。你不必出于礼貌而留在原地，也不必因为是对方埋单而屈从于这种行为。采取一切可能的措施逃离窘境。你可以叫辆出租车送你回家，或者向餐厅经理求助，如果情况非常棘手也可以叫警察，还可以跑到大街上找一处人多的地方避开他。

不过，这种情况危急的约会发生概率，比起沉闷无聊的约会实在小得多。你可能非常讨厌约会对象，感到失望、焦虑，甚至羞于让别人看见你和对方正在约会，也可能对方吞云吐雾的行为让你忍无可忍。遇到这种情况，不要逃跑，按捺住怒火，耐心地等待约会结束，时间不会太久。你不妨将此次约会视为一次良好的训练机会，因为这是训练自我约束力的绝佳时机，以后很可能有用得上的地方。

除非对方在约会时有粗鲁无礼的行为，否则约会结束后通常要向对方表示感谢。你大可不必矫揉造作地说出违心话。你只需这么说，“感谢你为约会所付出的所有努力，”或者你觉得甜点很美味，可以说，“那家餐厅的甜点非常可口。”我记得有位朋友经人介绍与别人约会，那次约会实在无聊至极，于是她只好称赞餐厅中唯一值得一提的东西——“这家餐厅的冰水非常不错！”虽然那天晚上的约会在她眼中糟糕透顶，但她仍然向约会的对象表示感谢。

在整个约会过程中，你总会发现值得称赞的东西。提及正面的事物，绝口不提负面的事物，这是一种礼貌行为。你坦率直言尽管很有道理，却会伤及对方的感情，因此不值得这么做。

约会结束之后，对方可能会这样对你说，“我会尽快再打电话给你”或者“我们应该尽快再安排一次这样的约会。”这时，你不要惊慌，深吸一口气，这样回答，“不，我不这么认为。”你还可以接着说，“我觉得你应该邀请一位更适合你的人。你看，我不太适合你。这不是你的错。你没做错任何事情。只是你我兴趣不同、看法不一。我很抱歉，不过，今天晚上谢谢你的邀请。”然后把门关上，结束糟糕的约会，也结束对方的期待，不给对方留下任何希望。

▶不要排斥相亲◀

经第三方介绍安排，与未曾谋面的异性约会见面，这种形式的相亲应该接受吗？答案是肯定的。即使你在过去的一年中已经接受了 18 次类似的约会，而且次次都非常糟糕，也不要拒绝这样的机会。因为要知道，第 21 个约会对象很可能会成为你的终身伴侣。

即使兴致不高，也要以开放的心态前去赴约。**以下几点可以鼓起你相亲的勇气：**

- 即使你认为你的朋友品味不高，而且根本不了解你对异性的喜好，但他们愿意费心为你安排相亲，就是热心相助的表现，对此你要心存感激。如果他们懒得关心你的终身大事，那才更加糟糕。
- 不要忘记真实的数据。全世界有相当一部分人是通过相亲的方式与爱人喜结连理的。因此你也有可能成为其中的一员。
- 你要记住，只要不是无可救药，你约会的对象总会有一些朋友。很多人都是通过朋友间的辗转介绍，找到真爱的。
- 你可以通过相亲游历一些好玩的地方，而这些地方可能是其他朋友不会带你去的。我在印度时，有人帮我安排了一次相亲，对方驾车把我从新德里带到泰姬陵。如果不是那次相亲的经历，我可能永远都没有机会去那里参观。现在我已经不记得驾车的男人是谁，但在几十年后的今天，我仍然清晰地记得泰姬陵！
- 你将来宴请宾客时，很可能需要这样一位约会对象。为使餐桌上男女宾客的比例相当，要多找一些男宾，可不是件容易的事。即使你对对方毫无感觉，餐桌上的其他客人却有可能在他身上发现一些可取，甚至可爱之处。
- 不要过于相信第一次留下的负面印象。这种主观判断很有可能不够全面。

◀性爱礼仪▶

在当代社会，“性”这个词有很多内涵，影射和解读方法多种，也很容易引起误解。艾斯本研究所[①]一位著名的演讲人发表过这样的演说，“性别歧视对人们的职业和追求有害，对人类的进程有害，而且，”他加重语气说道，“对商业发展尤其有害！”

每个人对性都有自己的解读，有关性的现象也一再被讨论。一个4岁的孩子一本正经地向我解释，“性是爸爸妈妈在卧室里正在做，而不让我进去看的事情。”一个9岁的男孩这样定义，“性是哥哥藏在床下的杂志，他还贿赂我让我不要告诉父母。”

▶谈及有关性的话题时◀

- 任何人都不应该传播两性关系的话题，包括与自己有关的两性话题。性爱完全是私密事件，随便谈及这一话题是一种低俗、轻薄的行为，也会因此失去他人的尊重。无论是兴致勃勃地谈论自己的性生活，还是拿自己的性生活打趣、吹牛，谈及时都要谨慎，绝不可以作为公众的谈资。根据《牛津英语大词典》的定义，所谓“谨慎”，即“说话或行动时避免冒犯别人，或透露私人信息”。
- 我们不但不应该传播有关他人两性关系的闲言碎语，而且有能力在这种传闻有可能伤及他人之前将其扼杀掉。我们要充分运用这种能力。
- 孩子询问有关性的问题时，应该把这些问题留给他们的父母解答。
- 别人是否采取避孕措施是私人问题。但我有一次恰好听到一位父亲和他的三个儿子、两个女儿之间的谈话，内容有关避孕和节育：

  “我听到很多人说，他们不喜欢使用安全套，因为戴上之后会减少性爱带来的愉悦感，于是女孩子们就放弃立场，在性生活中不使

① 艾斯本研究所（Aspen Institute）是美国当代最著名的学术思想机构之一。——译者注

用安全套。但是男士的这种不负责任的行为会带来非常恶劣的后果。我知道一个办法可以解决这个问题，那就是：禁欲。女孩子经常成为性交易的牺牲品，比如未婚先孕，或者更糟糕，孩子出生之前就携带了艾滋病毒。”

这一席言词让我想起年轻时父亲给我和兄弟们说过的话，只是那时候我们并不惧怕性传染病，因为在那个年代我们根本不知性传染病为何物。母亲把对孩子进行性教育的责任全部推给父亲，但她让我知道她在这个问题上的立场。如果我同一个男孩发生了性关系，我就会直接进入装满司炉的地狱，我会被雇主炒鱿鱼，我们家会在全城名誉扫地，我所有的朋友也会对我避之不及。

我朋友的丈夫在厨房里继续与他的 5 个孩子交谈。

“当你们与异性交往的时候，我要求你们想象出一个交通灯。绿灯的时候，你们可以拥抱、亲吻，那种感觉非常浪漫、甜蜜、柔情。但是当黄灯突然闪烁的时候，这个信号表明你得走了，我不希望有人告诉我，说你不知道什么时候是黄灯，你的道德心会告诉你。我想你们 5 个人都有一颗道德心。那么现在要怎么做？立即停止，当机立断。无论你在做什么，无论多么甜蜜，都要立即离开。因为交通灯正在变红。”

听完他的话，其中一个女儿大声说：“如果我是和一个男子一同驾车到乡下郊游，离开意味着要在黑夜中独自走一条人迹罕至的小路，怎么办？”

听到这个想法大家都笑了。一个男孩起哄说：“你认识的任何一个男子都能被你剁烂。你的体形比摔跤队员还棒。”孩子们笑得更厉害了。

这时候爸爸说话了：“拿出手机，拨打 9-1-1。”然后他以下面这句话结束了当天的讨论：“根据这些年你所积累的经验，我想你还不至于傻到与那种人单独驾车去乡下。”

其中一个男孩子意犹未尽，他又补充了一句：“即使要约会，也要选择完美的绅士，像你完美的兄弟们一样的绅士。”

这种感觉是那么熟悉。一位年轻女性需要从幸福、安全的家庭生活中不断积累自信。这段发生在父亲和子女间的对话不断在我心中产生共鸣。拥有这样的父母和兄弟姐妹，实在是一个女孩的荣幸。

▶女士如何在家中摆脱危险◀

如果你是一位女士，并且已经邀请了一位男士到家中，与你单独共进晚餐。这时你突然产生一种不安的感觉，那就不要按照原计划与他单独相处。你可以邀请另外一对男女加入，或者改变计划，带他到餐厅进餐。你的惊慌并非空穴来风。你可能目睹过这个男人的行为举止，见过他酗酒过度，或者是他追求你的速度过于轻率,也可能听另外一个女人说过他有些鲁莽粗暴。大多数强暴案件，都发生在一对相识的男女单独相处的时候。

这位你并不非常了解，但已经邀请到家中，将要与你单独相处的男士，可能是世界上最正派的男人，但是如果你对他有所疑虑，务必相信自己的直觉，谨慎行事。

出于安全考虑，除了这位男宾，你还另外邀请了一对男女作陪。在他们提出要离开的时候,你可以对在场的客人这样说,“我想今天就到这里结束吧。吉姆，如果现在宣布到此结束，希望你不要介意。”他可能回答，“只待十分钟，喝完这杯就走。”面对这种情况，你可以向他表示，你需要休息，下周还有繁忙、重要的工作等你完成。如果你一直保持谈笑的状态,你的男性宾客一般不会冒犯你。关键的一点是不要面露紧张害怕的神色。

你也可以事先告诉另一对男女客人，如果他们离开时，能够想办法说服男宾客也一同离开，对此你将非常感激。

面对自己不熟悉的男人，无论是交情尚浅还是对其声名知之不多，女士们都不应该让自己处于危险的境地。如果有人对你展开攻势，而你对对方不甚了解，不妨与他共进午餐，然后在公开场合与他交往一段时间。等到你慢慢熟悉他，并对他产生信任，才开始惬意的“在家”约会也不迟。

▶朋友的另一半在外寻花问柳，你是否要告知◀

每当我参加电台或电视台的访谈节目时，总有人打电话问我“如果你朋友的丈夫或妻子在外不忠，你是否会把这个坏消息告诉你的朋友？”。我开办讲座时，最后总有人递给我匿名纸条，上面也写着相同的问题。

面对这类问题，我总是这样回答，“首先，这种指控要有确凿的证据，要做到这一点已经很难了。其次，让你的朋友通过其他的渠道了解事情的真相，而不是通过你知道这件事。”你也不应该再同别人谈起这件事。

办公室恋情的利与弊

对于很多工作时间过长、全身心投入事业的人来说，在办公室以外与异性见面的机会非常有限。此外，在同一个工作环境中朝夕相处，办公室很容易成为滋生恋情的温床。

我在政府和企业工作了 40 年之久，在这些年中我日睹了办公室恋情的不同结局：

- 正如众人所期待的那样，办公室恋情的两位主角最终走进了婚姻的殿堂。而且他们的婚姻非但没有阻碍事业的发展，反而促进了他们在职场的进展。虽然依照公司规定，他们不能继续待在同一个部门，甚至其中一人要被迫辞职，他们依旧获得了婚姻和事业的双丰收。
- 已婚老板或上司与单身女主管的办公室恋情。结局通常是女方成为牺牲品、境况悲惨，最后被公司解雇。
- 持续很长一段时间的办公室恋情最后通常以牺牲女方利益收场。（当然，在今天的职场上，握有大权的女老板也不占少数。）
- 大家都相当看好的一段办公室恋情，却迟迟没有传来结婚的喜讯。这种情况对于恋爱双方的工作都会产生有害的影响，因为每次看到他们，办公室里的同事就会对两人的关系进行猜测、谈论、幻想，甚至传播谣言。而这会大大降低整个办公室的工作效率。因为突然之间，同事们对两位主人公的注意力全都集中在他们的恋爱关系上，而不是他们的工作能力上。这种情况持续了数月之后，两人就会发现他们不再被视为晋升的对象，公司也不再对他俩委以重任。高级主管会这样想，“两个人交往了这么长时间，居然没有办法对彼此的关系做出决定，如此看来，他们对任何事情都没法做出决定了。”

- ○ 两人在相爱、订婚和结婚的过程中，学会如何避免恋爱对各自工作的影响，对双方的事业发展相当重要。两个人在办公室动作亲密、在工作时间发送暧昧短信、在电话中情话绵绵、在复印机旁频繁幽会、在同事面前深情对视、利用电脑互通情意，凡此种种都不利于提高公司的工作效率。有对在众人面前过分亲昵的情侣，主管在批评他们时这样说，"想要谈情说爱，用你们自己的时间。在办公室就要努力工作！"
- ○ 一个女人如果与有妇之夫产生办公室恋情，这种女人真是愚蠢之至，我对她毫无怜悯之心。她永远都是受伤害、被抛弃的一方。男方可以继续留在公司工作，而她却不能。这种情况与我们所提倡的妇女地位提高毫无干系！

办公室确实是寻找婚姻伴侣的理想之地，但现在很多人只想在办公室发展"暧昧"的恋情。办公室恋情只有以结婚为目标，才会产生美好的结局。

◀如何应对性别歧视和性骚扰▶

人人都在宣扬，当今是男女平等的时代。但在失败的办公室恋爱事件中，女性的结局往往比较悲惨，被迫离开公司的总是女方。如果发生了不正当的两性关系，人们对于女方的道德谴责也更加苛刻。虽然有些不公平，但事实就是如此，而且很可能将来也是如此。

因此，女性应该做出选择：哪一个对她来说更重要，是发展一段恋情，还是追求事业上的成功？如果一位有妻有子的男人卷入了办公室桃色事件，他的同事和老板只会哈哈一笑，连续几个月拿此事打趣。但如果是一位有孩子的女主管卷入了这种事件，借用一个比喻，她会被绑在火刑柱上烧死。这个世界公平吗？当然不公平！

如果公司职员因为性暗示或在公众场合言行举止不够谨慎而影响了事业的发展，无论他是聪明能干、颇受爱戴的主管，还是恪尽职守的员工，对本人来说都是一出悲剧。

▶注意自己的语言◀

○避免使用带有性别歧视性的语言。在谈到女性雇员时，不要说“女的”（gal），而要说“女性”（women）。如果你使用了“先生们”（gentlemen）这个词，也要相应地使用“女士们”（ladies），而不是“姑娘们”（girls）。搭配使用时，语体也要一致，要说“男人和女人”（men and women），而不说“男人和女士”（men and ladies）或者“伙计们和女人们”（the guys and the women）。

○由于多年来一直参加公司举办的各种会议，因此我对下列问题也形成了自己的看法：不要有意改变头衔，使自己听上去没有性别歧视倾向。实际上头衔本身并无这种倾向。称呼女性法官为“法官”（judge），而不要称其为“女法官”（judgess）。称呼大使为“大使”（ambassador）。“大使夫人”（ambassadress）指的是男性大使的妻子，所以女性大使可以直接称为大使。而女性大使的丈夫就是其“配偶”。在称呼女性作家或作者的时候，直接称其为“作家”（writer）、“作者”（author），而不要称她们为“女作家”（writeress）、“女作者”（authoress）。

当然，我们的语言本身就有矛盾之处。英语词汇中有特别指代女性的“女雕塑家”（sculptress）、“女诗人”（poetess) 和“女演员”（actress)，但我谈到她们时一律都会用“雕塑家”（sculptor）、“诗人”（poet)、“演员”（actor)。

我想我们应该摈弃“女主席”（chairlady）这样的词汇。直接称“主席”（chairman），以此代表两种性别，就像“总统”（president）、“艺术家”（artist）、“邮递员”（postman）和“医生”（doctor）一样。

除了注意称呼头衔时所用的语言，我们在工作中还应该摈弃下列语言：宝贝儿、甜心、亲爱的、小乖乖和一切娃娃腔调。在卧室或幼稚园使用的语言毕竟与办公室语言相距甚远。

▶女性在出差时遭遇性骚扰◀

○出差时，如有男同事向你做出调情的小动作，不要小题大做。你很快就会忘记这件事，而且你也不希望一位同事因为偶尔的越矩而遭受麻烦。

- 但如果在差旅途中，你感到有位男士要对你进行严重的侵犯，就要保持警惕了。首先，坚绝不能喝酒。万一出现状况，你肯定希望自己保持冷静，心态镇定。同时，如果对方在事业上能够助你一臂之力，你也不必非要和他成为死对头。在聚会上喝酒的人经常会做出错误的主观判断。此外，你要保持幽默感。幽默是阻止对方又不激怒对方的最好武器。
- 如果你从他的呼吸中闻到了酒气，而且对方开始对你动手动脚，要立即挣脱他的纠缠，尽快走到另一个房间。不要和他说话。如果有必要的话，马上离开聚会场所。
- 如果你预感对方是个危险人物，要相信自己的直觉。永远不要让自己处于完全被动的境地，比如出差住旅店时，答应一位男士到他的房间或你的房间“讨论商务”。如果他把其他人全部支开，你就要特别警惕，并马上离开他的房间。如果在你的房间，马上打开房门，站在走廊上，示意他出来。“抱歉，丹，我觉得这并不是我想象的商务会议。明天的委员会会议上我再和你碰头吧。”如果他喝醉了，对你穷追不舍，你就要求助走廊上的人，告诉他们你“有麻烦”，请他们叫保安。这一招足以使他退却。

  如果他继续纠缠，说，“我们还有很多商务上的事情需要商量，你难道忘了吗？”你可以这样回答，“好吧，我们可以在大厅或咖啡店里继续讨论。”如果他强迫你和他见面，你甚至可以央求一位同事和你一同前往，但是不要四处宣扬这种丑事。

▶女性并非性骚扰的唯一受害者◀

越来越多的男性在工作中受到性骚扰，这是一个不争的事实。侵害他们的对象往往是咄咄逼人、大权在握，对他们有性企图的女老板或女上司。这一现象和女性受到性骚扰的情况一样严重，因此公司高层必须尽早查办、严惩不贷。如果实施侵犯的女性是公司大老板，那么受害的男员工有一个很好的解决办法：

离开公司，放弃工作。如此他就能够医治内心的创伤，到一个完全不同的工作环境中另谋职业。受害者当然可以寻求法律赔偿，但履行法律程序需要的时间太长，往往会贻误受害者再谋职业的机会。

采取这个方法时，务必要谨慎行事。他应该聘请一位好律师给他出谋划策，并坚决维护其利益。在离开公司之前，他应该找几个关系不错，愿意为他辩护的同事向高层申明，他确实遭受了某位女主管的性骚扰。

分手时的礼仪

对于劳燕分飞的恋人来说，唯一的慰藉就是，他们还没有结婚，离婚的过程比起分手要复杂一万倍。

当恋爱中的男女对彼此失去了兴趣，觉得没有必要再维系恋爱关系的时候，两人就会分手，通常双方都会觉得若有所失。但更常见的情况是，一方弃另一方而去，这种情况给被抛弃的一方带来的情感波动，比火山爆发还要剧烈。你或许要问，在这种情况下，礼仪还有用武之地吗？礼仪在任何情况下都能派上用场。礼仪意味着要关心、顾虑他人的幸福和感受。从公平的角度来看，提议分手的一方应该尽可能给予对方体恤和同情。

- 提出分手的一方应该低调地向外界表明，分手是双方经过协商后的决定,而不应该大肆吹嘘是自己把对方甩了（如果他开始了新的恋情，分手的原因会不言自明）。不要急于向分手的朋友表达同情之心，因为这未必是真正的分手。我曾经有过两次类似的遭遇。听说朋友分手之后，我迫不及待地向女方表达了深切的同情，并强烈谴责她们的男友，结果一周后却发现这对情侣重归于好了。她们重新获得了爱情，我却失去了珍贵的友情！
- 不要在公开场合批评以前的恋人，也不要回应好事者的八卦问题。如果有人想知道你们分手的原因，你可以这样回答："我们为什么分手？对于这个问题，我们不想做任何解释。"言下之意是："这件事与你无关！"

- 分手双方应该理清所有的财务问题。（我总是建议被动的一方立即聘请一位好律师，即使双方没有履行法定的结婚程序也是如此。）人们每天都会听到耸人听闻的事件。有一对同为主管的情侣刚开始花重金重新装修他们的公寓，女方突然决定分手，并把昂贵的装修费用留给男方独自承担。男方一气之下将她告上法庭，让她支付她应该支付的部分，这一举动让双方的朋友都人心大快。在现实生活中，爱情和婚姻往往要让位于经济。
- 提出分手的一方应该将对方的种种可爱之处诉诸文字。这种信件可以为被抛弃的一方带来很大的慰藉，并帮助对方医治心灵的创伤。提议分手的一方一定可以找到书写这种信件的两全其美之策，既能为对方挽回自尊，又能避免对方据以提出违反承诺的法律诉讼。（你可以就此问题咨询你的法律顾问，我们现在处于一个诉讼的时代，卷入诉讼当然不幸，但有时又不可避免。）

05 旅行中保持礼仪更愉快

旅行是一种弥足珍贵的经历。的确，旅行会带来不便，有时甚至让人感觉不适，但即使像我这样必须经常旅行，经常为此抱怨的人也明白，如果真的失去了这些旅行机会，我们肯定会感到怅然若失。

走到其他地方，看看别人在做什么，了解他们的切身感受，看看他们的相貌和穿着，听听他们的谈话，接触他们的文化，是一种美好而难得的经历。无论是到美国的小城镇旅行，还是到国际大都市参观，你都可以享有这种美好的经历。对于旅行者和旅行目的地的居民而言，双方能否进行成功的交流互动，关键在于是否具备良好的礼仪。礼仪周全的旅行者是最成功的旅行者。

怎样确保旅行愉快

与旅伴分享美好时光

两个旅伴可能原来就是一对好朋友，但是一起旅行之后，她们将会惊异地发现，两个人对彼此的认识加深了许多。日复一日地朝夕相处，多次同住一家旅店或汽车旅馆，甚至在同一个房间用餐，共用一间浴室；一起就餐时，不得不互相适应对方的口味；依据双方的好恶，共同协商参加什么活动；在异国城市旅行时，一同克服肠胃炎的侵袭，或者照料患病的同伴。以上种种都是与人结伴旅行会享受到的乐趣或面临的挑战。你和同伴如何处理这些细节，将决定你们的旅行是妙趣横生还是失败无聊。结伴旅行是否美好愉快，关键取决于你们是否具有坚强的意志力，是否能够彼此迁就，是否能够为对方着想。

任何一次旅行都可能是成功的旅行，关键在于旅行者的心态。常言道，"凡事往好处想"，这句话在旅行时确实能发挥作用。如果你们来到一家奥地利小旅馆，发现屋内设施简陋，毫无舒适可言，而你们这时感到又热又累又脏。你从窗户看出去，并对你的旅伴说，"这真是个漂亮的小镇子，不是吗？很迷人，很古雅！你听，这是古老的钟楼上传出的钟声。快来这里看看吧！"你也可能望着窗外对旅伴说，"过来看看这个又脏又破的地方。这个镇子简直是个垃圾场！"不用说，第一种反应会让你的同伴觉得，与你一同出游是件快乐的事情，而且对方希望像你那样，用欣赏的眼光看待周围的事物。一个人的情绪既能让整个团体消沉失落，也能让团体成员兴高采烈。

如果你下定决心要享有一个快乐的旅程，你就一定能够做到。还是那句老话，"凡事往好处想"。

▶与旅伴做好行程安排◀

- 事前将所有的费用支出安排妥当。旅行费用务必让所有成员平均分摊。一种做法就是每人拿出相同金额，筹集一笔共用款项来支付当天的消费。
- 在筹划阶段，所有人应该对下列事项达成共识：
  - 选定一人负责行程安排、费用支出、与旅行社接洽、预订食宿及交通等事项。
  - 预算额度。比如预订哪一级别的酒店，豪华、中等还是经济型。
  - 计划在每个国家的主要行程。有些人喜欢在海滩嬉戏，有的偏爱咖啡雅座，还有些人酷爱游览名胜。在旅行开始之前，应该根据各人的喜好达成一项妥协方案。

- ■ 确定使用哪些交通工具：汽车、火车、飞机、轮船、租车或有人代为驾驶的汽车。
- ■ 对要参加或观赏哪些体育运动，包括需购买门票的比赛，也要事先达成共识。

○ 建议每人准备一本消费日志，仔细地记录当天各人的消费款项（包括洗衣和熨烫费用、房间服务支出、长途电话消费、发传真开支以及进餐时的酒水价格等），这样大家就能清楚地知道自己在总消费中的比重。这种做法对每个人都公平合理。

○ 每天晚上对次日的旅行计划达成一致。轮流执行每位旅伴的旅行计划，这样每个人都有机会决定两个人或整个团队第二天的行程。如果意见分歧较大，无法达成统一，那么就分头行动。这种做法避免了事事屈就，是个不错的主意。

○ 如果你的旅伴身体不适，应该立即就医。等他看了医生，吃过药，而且经医生诊断可以独自一人留在旅店修养后，你就可以独自一人出去，好好玩上一天了。不过，记得带一份小礼物回来送给同伴，因为他可能会因错失了一天的旅程而感觉闷闷不乐。

○ 记得在旅行箱里放几本好书。在旅途中遇到无聊、失眠，或者与旅伴意见产生分歧的时候,读书可以作为很好的消遣。但是旅行结束后，就不要再把这些书重新放回旅行箱里了。无论你身处何方，把书赠送给当地的朋友都不失为一种交友之道。

○ 如果有人无理地对另一个人发脾气，双方应该开诚布公地探讨其动怒的原因。朝夕挤在狭窄空间里的旅伴，难免因为这样那样的原因而情绪失控。如果双方能平心静气地坐下来沟通，或者暂时分开两三个小时，让两个人冷静地回想一下彼此的友谊，这种不愉快就会得到化解。我还记得有一次旅行，我和同行的朋友之间开始出现不愉快之后，她最终向我坦白，我每到一处就和老朋友在电话里聊个没完，这让她非常恼火；而我也坦言，无论我们住在哪一家酒店，她总是把内衣挂晒在窗口，这让我觉得非常不舒服。说完之后我们相视而笑，握手言和。此后在那次夏季旅行中，我们都没有再做出让对方恼火的举动。

○ 旅行时携带行李过多，以致延误整个行程，理应受到其他旅伴的指责。其实，你只需携带一只可以伸缩加大的旅行袋，每次搭乘飞机时可以随机托运，外加一只可以放进飞机座位下或头顶行李舱中的手提袋，用于盛放随身携带的药物、护肤品和化妆品就可以了。此外你要确定，在情况需要时，你能提得动这两件行李。

○ 当同行的旅伴接到朋友邀请，而你不在受邀之列时，不要心生怨恨。不要理所当然地以为，你的朋友受到邀请，你也应该同时受邀。

我记得还在大学读书时，曾和一位漂亮迷人的朋友一起到欧洲旅行。旅途中她不断结识同样来自美国的男孩，这些男孩随即邀请她外出共进晚餐。我感到备受冷落，心中愤愤不平。不过，自从我学会控制自己的情绪，独自一人去听音乐会或到剧院观看表演之后，这种情况有了改变。每次中场休息时，我都会在走廊上结识一些当地的欧洲朋友。他们看到一个年轻的美国女孩独自观看表演，都觉得十分好奇，因此每晚都有一对夫妇或一个家庭邀请我一同去颇具当地特色的餐馆进餐。当我的朋友和美国男孩约会回来之后，我就兴高采烈地向她讲述当天的见闻和经历，她羡慕不已。对我来说，我的经历要比她的有趣多了！

○ 旅途中如果有人邀请你参加一项社交活动，要在事后 24 小时之内给邀请你的主人寄一封致谢短信。如果你的旅伴也一同受邀，那么他 / 她也应该写一封感谢的短信。如果你是受邀的贵宾，应当在第二天向主人赠送鲜花或礼物，并附上一张短笺。

○ 节假日是与在国外旅游期间结识的朋友联络感情的大好时机。寄给每位朋友一张圣诞卡片或新年卡片，附上亲切的问候，表明你是多么希望再次见到他们。在卡片里附上你的地址，并且提醒他们，如果来美国出差旅游，务必要通知你。如果你与旅途中的酒店经理或门卫结为朋友，也要给他们寄去贺卡。节日祝福卡片比电子邮件更能表现你的诚意。如果你付出真心，在节假日的时候记得他们，你会发现，他们将成为你一生的朋友。

▶搭乘飞机◀

- 身穿舒适得体的服装。很多富有的美国人在搭乘飞机时着装非常随便。一个人如果穿着破旧的T恤衫、锯短的牛仔裤、脚踩沙滩拖鞋到国外旅行，当他下了飞机抵达另一个国家，露出脏兮兮的脚趾甲时，好印象就与他无缘了。而如果穿着得体、考究，则会立即给外国朋友留下美好的印象。
- 把个人物品放在手提箱里，不要放在一个又一个的塑料袋里，好像刚从超市购物回来一样。这样做不仅有利于提升你自己的形象，而且也让每个看到你的人感觉舒服。
- 将大件行李随机托运，不要带上飞机。如果非带不可，注意通过机舱时不要碰到过道一侧的顾客，否则可能造成严重的擦伤。
- 如果坐在你旁边的乘客话非常多，而你一方面不想说话，一方面也有工作要做，或者有本好书要读，你可以礼貌地对他说，“很抱歉，我非常愿意和你继续聊天，但是下飞机之前我必须完成手头的工作。”或者说，“我必须要把这本书还给来接我的朋友，所以我要尽快读完。”或者找些其他合适的理由。等到用餐时间，则不妨表现出一点人情味，和邻座那位备感拘束的朋友聊聊天。
- 如果你带孩子搭乘飞机，不要让孩子在过道上跑来跑去。孩子乱跑不仅会给为乘客提供餐点服务的乘务员造成极大的不便，而且也会使其他乘客感到不安。此外，这种行为也非常危险，而且违反安全规定。（很多父母以为让孩子在过道里跑来跑去会引起其他乘客的注意，借以赢得别人的称赞，说孩子如何伶俐可爱，但事实并非如此。）聪明的父母带孩子旅行时，会为每个孩子准备一个手提袋，里面装有孩子最喜欢的玩具，可以让他们在座位上开心地玩耍。此外，还要准备一些点心和饮料，因为飞机上不可能随时提供餐点服务，即使有，也未必符合孩子的胃口。

○ 如果你带着婴儿搭乘飞机，需要换尿布时，要在洗手间这样的私密场所更换，不要在旁边的空位上更换！

○ 如果邻座是第一次乘坐飞机、感到有些恐慌的乘客，或者是常坐飞机但仍然十分害怕的乘客，帮忙抚慰他的情绪。你只需用平静沉稳的语调与对方交谈，就能大大缓和对方的恐惧情绪。搭乘飞机的确可能使人害怕。如果你能解释飞机为何突然发出巨大的声响，你将会得到邻座乘客由衷的敬意，比如你可以说："你刚才听到的摩擦声，是飞机起落架放下的声音。"如果对方捂住耳朵，抱怨耳朵疼，你可以这样说，"机舱内气压变化，确实会让人感到耳朵疼痛。我很同情你的感受。喝几口水可以减轻疼痛，你也可以嚼个口香糖，或者使用鼻腔喷雾剂。"如果有人出现身体明显不适的症状，主动询问是否可以帮忙，并呼叫空乘人员。

○ 空乘人员推着饮料车经过时，如果你购买了啤酒或葡萄酒，请付给她们零钱。很多人把空乘人员看成便利的银行，付给一些大额钞票，趁此机会换得需求量大的小额零钱。空乘人员在飞机上从事常规服务工作已经够辛苦了，如果每次有人购买饮料，都要在过道上来回奔走换零钱，她们的工作量就太大了。

○ 保持洗手间的干净整洁。使用完洗手间之后，把马桶冲干净，将水槽的水放掉，把用过的纸巾扔到垃圾桶里，使洗手间尽可能保持整洁，任何人对这种做法都会由衷感激。洗手间要保持干净整洁，需要所有人的配合，在飞往国外的长途航班上尤其如此。

○ 下飞机之前，把垃圾（如报纸、杂志、纸张、糖果和口香糖包装纸等）集中堆在座位上。这是体恤清洁人员的做法，因为在下一批乘客登机之前，她们只有很短的时间进行机舱内的清理工作。

○ 在离开机舱时，记得向列队相送的空乘人员表示感谢。很少有人向他们致谢，而她们在飞机上尽心尽力的服务，值得我们向她们致谢。如果机长或副机长正站在驾驶舱门口，也要向他们致谢，说一句"飞得很好"，"圆满完成任务"或者"降落得非常平稳"。很多乘客会忽视驾驶员和机组人员的辛劳，因此你只要稍微赞美几句，他们就会觉得非常受用。

◀美好旅行之住宿礼仪▶

▶入住酒店◀

如果你对酒店服务不满意

在酒店中的行为举止很能显示一个人的素养。显然，这种表现从办理入住手续的时候就开始了。如果排队等候的客人过多，如果房间的空调出现问题，如果住宿条件没有达到承诺的标准，如果房间挨着电梯噪音太大，如果居住的楼房正在施工，如果房间与大厅的自动贩卖机相邻，如果预定的是无烟房间、但现在只有一间吸烟的房间空着且屋里烟味很大……面对以上种种情况，登记入住的旅客如果别无选择，就只能自认倒霉了。大声埋怨无济于事。

我有过一次非常惨痛的经历。那次我迟迟无法入住房间，加上之前飞行时间一再延迟，旅途劳顿让我筋疲力尽。我忍无可忍，于是走到大厅角落，一个人对着墙壁低声咕哝自己的不快。这就是我控制情绪的方式，即使旁边的人以为我精神失控也无所谓。

如果因为酒店服务不周让你蒙受了一系列损失，你可以写一份清晰的列表，把不满意之处一一罗列出来，并确定能够交到总经理手中。把一腔怒火一股脑发泄在无辜的酒店工作人员身上对他们来说不公平。不如平心静气地写一封投诉信，详细地叙述事情的原委，这可能起到一定作用。也许他们还会主动提出，下次再到此地游览免收你的住宿费用。

人们经常在酒店登记处听到各种各样的抱怨。我曾经遇到过一位商务人士，当他得知房间还不能入住后，变得怒不可遏，实际上他完全有理由生气。他已经苦等了三个半小时，其间服务人员不断通知他，“先生，再等几分钟就好了。”后来现看了看手表，露出无比绝望的表情，然后无可奈何地在大厅地板上打开了他的手提箱。他以极快的动作脱下身上的灰色西装，换上了出席下一个重要活动要穿的燕尾服。他对围观的旅客解释说，他要在一个重要的活动中担任司仪，这个活动现在已经开始了，现在他必须换好衣服立即出发。在众目睽睽之下，有5秒钟的时间，他只穿了一件汗衫和一条拳击短裤，然后他迅速把法式反褶袖条纹衬衫换成了白色的礼服衬衫，并在外面套了一件燕尾服。他还熟练地把原来衬衫袖的链扣换到了白色衬衫的袖口上。然后以极快的速度庄重地穿上一条黑裤子，裤子两侧装饰了两条黑色的丝缎饰带，并在裤子上系上了一副锦缎背带。我们完全被他的表演迷住了，大厅里一片寂静。这完全可以作为男士服装公司的绝佳广告。还好没有保安人员前来制止，也可能是因为他动作飞快，保安还没来得及注意到他，况且他也没有裸奔。他坐在大厅柱子旁边的座椅上，脱下他那双饰有流苏的牛津鞋[1]，把棕色花纹短袜换成一双黑色的丝质长袜。然后穿上一双黑色的漆皮舞鞋。

这时他向围观的旅客求助，有谁可以帮他系上领结。“这里没有镜子，我没法系领结，”他并没有特定地看向某个人，只是说，“有人会系领结吗？有哪位能帮忙吗？”这时人群中有人出来帮忙，系得又快又好。然后这位商务人士把他的手提箱和酒店钥匙一并交给门童，向帮他系领结的朋友再次表示感谢，向每个观看他精彩表演的观众致以微笑。华盛顿酒店大厅的所有观众都向他报以热烈的掌声，而他已疾步走向出租车。

如果你对酒店服务非常满意

格外优质的酒店服务理应得到称赞，就像低劣的服务应该受到责难一样。如果你对酒店的服务非常满意，不妨写下一封热情洋溢的表扬信，赞扬该酒店经营有方，你的这一举动将会产生积极的效应。（如今人们只会提出这样那样的要求，却很少对别人的服务说声感谢！）请在表扬信中注明为你提供优质服务的工作人员的姓名。你或许想称赞门童的周到服务，或许想描述大厨为你奉上的一盘佳肴，哪怕只是一顿培根加鸡蛋的早餐，你也可以写下自己舒适的感受。服务人员受到的批评太多了，他们理应得到赞美，特别是书面的表扬。经理会

① 一种系带的皮鞋。——译者注

把表扬信展示给给大家看，也会在被表扬者的档案中保留一份副本。在某种程度上，顾客对他工作的认可几乎可以补偿他在薪酬方面的不公待遇。雇员可能因这封表扬信保住了工作，甚至获得晋升。

如果你得到的优良服务也有酒店总经理的功劳，不要忘记也为他记下一功。大部分旅行者都不会想起，酒店经理为他们舒适的旅行做出了很大贡献。

我曾经问过一位酒店经理，他最注重客人的什么行为。他的回答是："不要偷走我们的毛巾、毛毯、酒杯、垫子、吹风机和台灯。"

"真的假的？"我带着既吃惊又怀疑的口吻问他。

"千真万确。"他回答。

▶入住家庭旅馆◀

在只提供床位和早餐的小旅馆住宿，已经成为美国人旅游的乐趣之一。一般来说，这种家庭旅馆是由待人热情的夫妇，或同一性别的合作团队，或喜欢冒险的个人经营的。（要想在家庭旅馆业的激烈竞争中存活下来，必须要做到待人热情，招呼周到。）

我所居住过的每个家庭旅馆背后都有一段有趣的故事。有一次我为了给"山峰"筹集基金，到马萨诸塞州的雷诺克斯作演讲，"山峰"就在雷诺克斯附近，是美国女作家伊迪丝·华顿（Edith Wharton）在19世纪末20世纪初自己设计并修建的度假小屋。旅途中我在一间19世纪搭建的白房子里度过了周末，这间名叫"山墙"的房子非常可爱，让我觉得有很多快乐的精灵在它周围徘徊。后来我才发现，原来这是伊迪丝的丈夫特迪·华顿（Teddy Wharton）的祖屋。伊迪丝·华顿是19~20世纪最有才华的女性之一，我是她最忠实的粉丝，当我得知自己的栖息之地，竟是她夫婿幼年时期的居所时，我的演讲更添了很多灵感。

几年前，在怀俄明州的首府夏安，我同样选择了家庭旅馆，这一次却是一种完全不同的气氛。那是一间墙板房，是美国历史上一位著名牛仔的出生地。我已故的哥哥马尔科姆·鲍德瑞奇（Mac Baldrige）是一名牛仔竞技演员，他在有生之年，每个周末都参加表演，即使担任里根政府的商务部长期间也不例外。他想知道有关那个房子的所有细节。他不停地追问我：房间里有没有美国西部的典型物品？既然主人自己也具有绘画才能，屋里有没有悬挂查尔斯·罗素（Charles Russel）画的牛仔画像和印第安人画像？（屋里确实挂着一张，虽然是复制品，不过这丝毫不影响我哥哥的兴致。）有没有展出主人曾使用过的马鞍？（没错，客厅里确实有件展品，不过不是马鞍，而是一尊罗丹。）

显然人们可以带孩子去走访美国各地的历史遗迹，通过这种轻松的方式向他们讲述美国历史，无论家庭旅馆坐落在内布拉斯加州的牧场，还是靠近康涅狄格州迈斯狄克的海运中心；不管它邻近詹姆士河畔的南部大种植园，还是毗邻宾夕法尼亚州的阿门宗派聚集地；不论它濒临明尼苏达州的印第安保留地，还是背靠新奥尔良法语区的锻铁建筑。

家庭旅馆的居住礼仪

- 务必尊重家庭旅馆的主人。你所居住的地方并非奢华的宾馆，所以不要苛求家庭旅馆达到星级标准。旅馆不提供送酒菜到客房的服务，所以你要自己安排好餐点。
- 向旅馆主人询问当地的历史。他们通常乐意向客人讲述，而那些典故都非常有趣。
- 你通常会在餐厅享用一顿早餐，可能是简单的欧式早餐（咖啡或红茶，一杯果汁，外加水果和面包）。也可能是由华夫饼干、煎饼或煎蛋卷组成的美味早餐。
- 即使早餐不太可口，也不要对店主实话实说。他们通常对客人的评价都非常敏感，视顾客的评价高于一切。因为旅馆就是他们生活的全部。遇到这种情况，你不妨在离开旅馆之后给店主写一封友好的信函，除了提出哪些地方做得特别好之外，同时告诉他们哪些地方需要改进，哪些东西需要添加。
- 如果同行的旅伴想把房间里的一件纪念品拿走，立即打消他/她的念头。那件可爱的中国瓷篮可能是苏珊大婶的收藏品，它可能寄托了主人的感情。此外，这种行为无异于偷窃。

◀游轮度假中的礼仪▶

你可真是个幸运儿，要乘坐游轮去旅行度假啦！游轮航行有长途和短途之分，也有大船和小船之别。大多数航行都充满乐趣，但你也要做好准备，途中可能有些你无法控制的因素，导致你对航行感到失望，比如天气非常恶劣、同行的老年人过多、给你安排了与非常无趣的人共餐等（不过记住，更换餐桌非常容易）。很多游客更青睐小一些的航船，因为小船上更加安静，服务更加周到，没有太多的噪音和过于频繁的活动，想要搭讪的人也更少。此外，你在公众场合露面时也不用穿得非常正式，这一点对很多游客都颇具吸引力。

但这一部分主要谈论长途豪华游轮上的礼仪，因为对我而言，这种旅行与起来最有意思。当然，我会时不时回顾我在 20 世纪 40 年代末到 60 年代初那段时间度假时，多次乘坐游轮横渡大西洋的经历。政府为我安排了一等舱，以弥补我的低工资。游轮上尽显奢华：每天晚上，游客们都盛装出席晚宴，觥筹交错、珠光辉映，男士们舞步娴熟，女士们姿态优雅，大家合着管弦乐队演奏的美妙音乐翩翩起舞。每位来宾都是那么光鲜亮丽，旅客名单上也列满了社会名流，如大财团洛克菲勒、范德比尔特家族成员，如影星索菲亚•罗兰、玛琳•黛德丽、加里•库珀一家和吉米•史都华一家。我那时非常年轻，当亲眼见到那些家喻户晓的明星时，下巴差点掉下来。

▶如何享受愉快的航行◀

- 通过一家信誉良好的旅行社预订航线。这一点非常重要。如果旅行社刚好最近有这条航线的旅行就更好了。逐字逐句阅读宣传册上的所有信息。预订航行要先付一部分定金。如果可能的话，选择一条可以在港口停靠三天左右，并带有其他机动航行的航线，这样就可以避免在海上航行的时间太久。一味在海上航行会让人们感到厌倦，甚至会诱发幽闭恐惧症。
- 在航行开始之前就报名参加陆上旅行线路，最迟要在登上甲板后未打开行李之前做出决定。经典的陆上短程旅行非常抢手，会很快被其他旅客订满。

○ 在你的行李箱上做好标记，比如系一根丝带，这样你就能在堆积如山的行李中很容易找到自己的物品。我总是在每件行李上用鲜艳的红色指甲油写上大写的姓名首字母。虽然看起来俗气，但此法屡试不爽。由于使用了这种方法，我从没丢过行李，而且也没人想偷，因为看看行李的外表就可以推断，行李的主人想必不是高雅的富庶人家。

○ 记住，不用带毛巾（游船上的毛巾足够你使用），而且无论你忘记携带何种随身用品，都可以在游船上众多的商店中轻易买到。

○ 同样记住，如果你为了省钱，登船时随身携带酒水，那么你在餐厅和酒吧要支付相当数额的开瓶费，所以还是不带为妙。

○ 在预订航线的同时，你也要选择一间特等客舱。客舱在大小、位置、价格方面各有不同。位于上层甲板外侧的船舱价格较高，也最受欢迎，因为敞开的舷窗有利于空气流通。考虑到价格上的较大差异，位于上层甲板内侧的带空调客舱也是不错的选择，虽然房间内没有舷窗，但房内设施仍然非常豪华，富于人性化，而且在价格上要便宜很多。你完全可以在休闲时来甲板欣赏海景。

○ 登船之后要立即与轮船上的事务长联系，预约你的进餐时间（选择第一入席时间还是第二入席时间）。你也可以在出发前通过电话联系这一事宜。第一入席时间是下午六点，主要面向儿童游客，但很多成年人也偏爱在这一时间入席，因为此时的餐饮服务要快得多，而且他们想在饭后看场电影，或者吃完饭早点休息。如果你们是年轻的单身贵族，或者是一对年轻的夫妻，告诉事务长，你们选择第二时间入席，而且不希望被安排与“老顽固们”同桌吃饭。（事务长擅长变戏法，他们也有一颗包容的心，会尽力满足旅客的要求。）

对于多数游客来说，他们更喜欢乘坐进餐位置开放的游轮，这样可以避免每天晚上都与无趣的人狭路相逢，共进晚餐。我曾经乘坐伊丽莎白号邮轮旅行，记得某天晚上在更换餐桌之后，一个女人气势汹汹地来到餐厅，直接冲着我发出嘘声，并大声质问：“你为什么不回到我们的餐桌？难道我们对你不够友好吗？”（天哪！）.

我本想告诉她，她和她丈夫两个人非常粗暴，我宁愿少吃一顿饭，也不愿再和他们一同进餐，但是我这样回答她：“哦，我和另外几个人正在兴致勃勃地谈论商业话题，我们的谈话还没有结束，所以我必须坐在他们那边。这有可能是个很好的商业机会。”（没错，我说了一个白色的谎言，但至少我没有伤害她的感情。）

○ 如果进餐位置不固定，只要有空位，你可以在每次用餐时随意就座。人们正是通过这种方式结识新朋友的。你只需走近餐桌，向已经就座的朋友征求意见“我可以坐下一起用餐吗？”微笑着与就座的朋友一一握手，同时每次握手时清晰地告诉对方你的名字。你的同座们也会报上他们的姓名，这样你就可以问一些问题，而他们也会一一回应作答。等到享用甜点的时候，你已经同每个人都非常熟悉了。假如你愿意坐在那里闷闷不乐、一言不发，表现出一副居高临下的姿态也未尝不可。但如果你性情随和、待人亲切、笑容满面，你将发现同席进餐者中不乏才华横溢之人。

○ 对于一个正处于奋斗阶段的社会人来说，至少有一顿晚餐要在第二入席时间与船长同桌，这一点义不容辞。这顿饭被视为一次特殊的宴请，因为经常乘坐该航线的乘客，如船上的名流，他们都被安排与船长同桌进餐。我个人觉得这顿晚餐极其无聊，同席进餐者尽是些自命不凡的人。我总是在次日晚上迫不及待地回到原来的餐桌，在那里能找到更多的乐趣。当然，船长总是风度翩翩、颇具魅力的。他一定认为，每天晚上陪旅客吃饭的社交任务是他在海上最不愉快的工作。

○ 彬彬有礼的孩子在游轮上颇受欢迎。而表现差的孩子会让不用抚养孩子的年轻人和老年人备感庆幸。为你的孩子买几张“汽水卡”，这样他们就不会整天缠着你要钱买汽水了。白天各年龄段的孩子都可以选择不同的活动，包括在工作人员照料下游泳、打球、阅读、学习艺术课程、观赏适合少儿观看的电影等。如果你的孩子不听话、爱吵闹、表现差，不要带他们一起航行，因为游轮上所有的乘客都不喜欢这样的孩子。

- ○ 如果你在航行途中带了不止一个孩子，你和每个孩子都要配备一部无线电话机，这样，他们随时都能告诉你他们所处的位置，你也可以通知他们应该去哪里吃饭。
- ○ 与甲板上的乘务员商定之后，再确定轻便折叠躺椅的位置。你更喜欢轮船的阳面？还是无风的一面？如果你希望一个人待在躺椅上享受静谧时光，乘务员会尽量把你和喋喋不休的乘客隔开。

▶牢记你的礼仪◀

- ○ 特等客舱的墙壁隔音效果不太理想。当你与同伴出现分歧和争吵时，务必走到船尾解决，让嘈杂的声音淹没在水流中，不要影响隔壁的游客。
- ○ 尊重轮船上的工作人员，不要有任何轻视的举动。他们兢兢业业地为你服务，有时甚至超出了自己的职责范围，对此你理应表示感谢。
- ○ 时刻管住自己的孩子，并教导他们怀有感恩之心。
- ○ 不要白蹭旅伴的酒水饮料。在酒吧喝完酒后自己支付账单。
- ○ 对待他人要和颜悦色。如果有陌生人主动和你说话，不要表现出敌意。对人和善比对人粗鲁花费的时间要长，但你也不至于这点时间都抽不出来，你有足够的时间做个友善之人。
- ○ 不要因为别人一味抱怨而破坏了你的旅伴的兴致。这个问题你完全可以解决。对于发牢骚者所提出的每一条消极意见，你都可以通过称赞游轮，用积极的理由一一回应。你将成为旅伴心中的英雄。
- ○ 记住你收获的所有乐趣，以及你此行的目标。你参加这次航行是想减肥塑身吗？还是想日夜不停地吃东西？你想昼夜打牌消遣吗？你迫切需要补充睡眠吗？你希望弥补和伴侣或同伴之间出现的裂痕吗？或者你只是希望利用这宝贵的几天暂时忘却烦恼？如果你朝着既定的方向努力，那么一次好的航行能够帮你实现目标。

▶游轮上的着装◀

如果轮船上的游客全都梳洗整齐、穿戴得体，整个游轮就有种愉快的气氛，航行成功也有了保障。但有些人却整天身着运动服（如汗衫、T恤一类的衣服），即使参加非正式的晚宴也不例外，真是大错特错。（这类人往往根本不锻炼，却想给别人留下身体强壮的印象。）事实上，在晚宴上每个人都要注重自己的仪表。在普通游轮航行中，有些人穿着随便，他们辩解说，没有法律强迫他们非要穿戴整齐。但如果他们睁开眼睛，仔细观察周围的穿着高雅、考究的人们，他们可能也会受到启发，纷纷效仿。

- 男士在晚宴上一般要穿外套、系领带（在小船上除外）。
- 在出席半正式宴会时，男士应该在船上租一套无尾礼服。而在较小的轮船上，半正式宴会往往对宾客的服装没有严格的要求。
- 女士要记住，晚间甲板上的气温较低，因此参加活动应该带毛衣和丝巾。
- 在举办第二次半正式宴会时，女士只需带一件晚礼服，可以通过搭配上衣和配饰来改变服装（比如第一天晚上穿一件黑色绉绸长裙配一件丝质绣花上衣，上衣的绣花上缀了很多亮片；第二天还是同一件长裙，但可以配一件白色的绉绸无肩上衣，佩戴一件绿松石的珠宝）。
- 如果你身材很棒，会有很多机会向别人展示。你可以坐在游泳池边、在甲板上散步、在躺椅上晒日光浴。如果你能遵循谦逊之道，你会让旅伴羡慕不已，否则就会招来别人的厌恶。
- 最重要的是，尽量少带衣服。行李箱里的东西越少越好，因为放行李的地方很小。

▶在游轮上如何付小费◀

如果你参加的航行价格昂贵，已经包括了丰厚的小费，你就不用再考虑给多少小费、给谁小费的问题了。但如果你乘坐的游轮有规定，要求支付前一天晚上在船上的小费，你就要有所准备了。正如有航行经验的人所说，这将是“很大一笔零钱”，所以要提早把这笔费用纳入航行预算。小费的额度依据下列因素的变化而有所不同，如轮船种类、住宿条件、航行距离，以及轮船上工作人员的工作效率、态度品行和服务质量等。当然，如果你参加的是团队旅游，旅行社会明确地告诉你如何支付小费，你只需一次性交给导游一笔钱，由他/她代为支付即可。但如果你对支付小费的情况一无所知，你可以：

- ○ 咨询旅行代理人。
- ○ 如果有好朋友最近乘坐相同航线，向他们咨询。
- ○ 在预订航线的时候，向负责此航线的官员征求意见。
- ○ 上船之后询问轮船事务长，支付多少小费比较合适，你会从他那里得到坦率的回答。
- ○ 上船之后，通过分发一些小费，与服务人员建立起良好的关系。例如，第一次登船之后，船舱服务员给你帮了个小忙，给她 5 美元或 10 美元小费示感谢；第一次用餐过后，把 5 美元塞到餐厅服务员手中，并告诉他，你对他的服务感到非常满意。你的慷慨之举意味着，你在船上将会得到额外的照顾，而这样做并没有什么不好的！
- ○ 在短途航行即将结束时，每天给你的船舱服务员和你的餐厅服务员至少 3 美元小费。
- ○ 在口袋里装些零钱，以备不时之需。比如，如果你只是偶尔见到游泳池服务员或茶点服务员，而又不想在航行结束的时候送给他们装有小费的信封，就可以在见面的时候给他们一些小费。
- ○ 如果你去游轮上的酒吧喝酒，结账时最好把小费一并算进去（小费大概占总账单的 15% 到 20%）。当然，如果你愿意，可以采用记账的方式，在最后一天一同结算。在长途航行中，可以以星期为单位支付小费。比如：
  - ■ 每周给餐厅服务员领班 20 美元。
  - ■ 每周给餐厅助理服务员 10 美元。
  - ■ 每周给你的餐厅服务员 25 美元。
  - ■ 每周给你的甲板服务员 20 美元。
  - ■ 每周给你的船舱服务员 25 美元。

- 记住，如果你们是夫妻或全家出游，家庭中每个成员都要比只身旅行的游客多付 75% 的小费。
- 还要记住，如果你是个有钱的名人，你要支付丰厚的小费。（如果全船上下都知道你是个“吝啬鬼”，你的公众形象可要大打折扣了。）
- 当航行结束的时候，在最后一天把所有的小费，无论现金还是支票，分别放在写有不同名字的信封中，并亲自送到每个人手中。如果能在每个信封中放入一封短信，表达你的谢意就更好了。短信可以这样写，“你对我们照顾得特别周到……”；“你做的每餐饭都那么棒，我肯定会怀念你精湛的厨艺……”；“因为有了你，我和我妻子感到整个旅行非常愉快。”

的确，在游轮上给小费是个颇为复杂的问题。如果在轮船上你觉得某个人特别让人厌恶（这种情况一般不太可能发生），你应该大大减少小费的金额。但请记住，小费是轮船上工作人员的大部分收入来源。

现在有些游轮把相当一部分服务性收费计入了旅行成本当中，在这种情况下，游客不需要向服务人员支付小费。但愿这种做法能成为未来的发展趋势。

女性旅行须知

男女一同出差旅行

- 老板应该负担职员在出差途中的所有花费，因为职员可能需要处理所有的财务问题，包括办理酒店住宿及退房手续、支付账单、给侍者小费等问题。
- 男女主管一同出差旅行时，女主管一定要和男主管平均分摊花费，这一点非常重要。这些花费包括叫出租车去机场的费用，以及侍者帮忙搬运行李时应该支付的小费。女同事千万不可以让其他同事或同行的男同事支付所有的费用，好似他们是夫妻或情侣。即使这名男同事回到公司后，可以向公司申请为女同事垫付所有的费用，也不可以接受。双方应该每天结算，或旅途结束时清算各自应付的款项。

- 女同事应该自己携带自己的行李，并帮忙携带为执行公务所需的物品。
- 旅途中男同事不仅应该邀请同行的女同事吃饭（当然费用应该各自支付），而且应该邀请她们一同游泳、跑步，或到酒店的健身俱乐部一同做运动。虽然女主管不一定非要接受邀请，但出于礼貌，男同事们应该主动提出邀请，特别是在两个或两个以上的男同事和一个女同事同行的情况下尤为如此。因为男同事稍有考虑不周之处，便很容易让这位女同事感觉受到冷落。

我曾经有一次和几位年轻的主管一同出差，同行的是两名男同事和两名女同事，我特别注意观察了他们的举动。我们到达目的地以后，还有两个小时的时间可以自由活动。这两名男同事突然无缘无故地用一种嘲讽的口气说，“你们几位女士很显然是要逛街购物、购物、疯狂购物。”随后他们就去洗桑拿，接着小睡了一会儿。后来在会议中心的晚餐上，一位健身中心的职业壁球选手走过我们的餐桌，对两位男同事说，“我不知道今天下午你们做了什么，但是这两位——”他把两只手分别搭在两位女同事的肩膀上——“与本市两位顶尖的男选手厮杀了一番，并且打败了他们！”听到这番话我高兴坏了。后来我问这两位女同事，如果这位职业选手没来过，她们是否会把今天下午的伟大战绩告诉那两个家伙。

“绝对不会，”其中一位笑着说。“我们宁愿他们认为我们在购物中心逛了两个小时。这样他们现在会觉得好受一些。”

男女同行要谨慎行事

如果同行的男女同事从一开始就挑明，这是一次严肃的、纯公事性质的旅行，这类出差旅行应该不会有性问题的压力。同行的男女同事不应该只预订一间酒店套房，即有两间卧室和一间客厅的房间，而应分住两间独立的房间。如果公司在某家酒店代为预订了一间公司拥有的多房间套房，自然另当别论。为了保护隐私，所住的房间房门必须能上锁。（男主管同女主管一样，希望自己的房门能够上锁。）

如果两人同住公司拥有的套房，晚上自然不应该穿着睡衣在客厅和厨房来回走动。否则容易引起误会，一方可能是无意的举动，而另一方则可能当成性暗示。

如果两人分住两间独立的房间，但因为要讨论公事，白天需要在其中一间卧室会面。比如他们有一些机密文件，不希望在酒店的餐厅或大堂里公开展示，或者他们需要很大的空间把文件一份份摊开放在床上、桌上和地板上。这时，两人都应该穿上工作服装。如果其中一人仍然穿着睡衣，另一方应该及时提醒，“我知道你没有时间换衣服，所以先我在外面等一会儿，等你把衣服换好我再进来。”这些话足以让任何想在工作上增添一些浪漫情调的人却步。

有些女性对自己的名誉非常在意（我非常欣赏她们这一点）。当她们和男同事，特别是已婚男同事一同出差时，会因在意别人的看法而显得过度紧张。然而，一位职业女性应该摈弃这种忧虑。首先，真正重要的是她和她同事两个人的行为，而不是别人的想法。其次，这位女同事应该意识到，如果她真想和同行的男同事发生桃色事件，他们大可不必费尽周折，借去另一个城市出差的机会才这么做。而且大多数人出差时都身心疲惫，根本没有精力做其他的事情，所以要诬陷同行的两名男女同事是不合理的。

遇到同行的男同事晚上多喝了几杯，并且开始有意无意地做出骚扰动作时，有些女士就更为紧张了。此时，这名女同事应该保持幽默感，但同时也应该斩钉截铁地要求男同事立即停止这一举动，并告诉他，她要只身回到自己的房间，而且只要他就此住手，第二天她就会忘记他这种鲁莽的举动。如果他是在走廊里抓住她，她便可以威胁说，如果他不放手，她就要大声呼叫宾馆的保安。当然，她也应该足够警觉，晚饭后不要同他一起到他的房间去。实际上，和一个晚餐时喝多了的男人一起进他的房间，是再愚蠢不过的事情了。她也不应该邀请对方到自己的房间，不要相信那些老掉牙的借口，“我有一些文件，你真的应该在明天开会之前看一看。”

如果一名同事在外面喝多了，无论是男是女，清醒的一方都应该对同事加以保护，护送他 / 她回到房间，并态度坚决地告诉他待在房间里，不要随意走动，第二天再出房门。走时只需关紧房门，不应该把同事反锁在房间里，以免发生火灾或遇到不测。有一次在一个度假会议上，一位主管喝得酩酊大醉，当我把他推进他的房间，关上房门时，他生气地冲我大叫，“你以为你是谁，我的老妈吗？”我的回答非常简洁，“没错。”这一招果然奏效。他直到第二天早晨才出现，刚好赶上早餐，但是脸上露出羞愧的表情。我在他耳边小声说，“把昨天晚上的事情忘了吧。”等到喝第二杯咖啡的时候，他真的忘了，因为显然我也忘了。取笑同事的所作所为绝对不可取。（他后来又有两次管我叫“老妈，”但也只有两次而已。）

▶女士单独旅行须知◀

女性无论是出差还是度假，都不应该对独自一人去酒店的酒吧，或是傍晚时分外出到市区有名的餐馆吃晚饭而感到胆怯。

○单独旅行时，如果你想离开酒店房间，到酒店的酒吧去透透气，不妨随身带着公文包和几份文件，在酒吧里找张桌子坐下来，佯装要阅读公司文件，然后点些饮料，让自己放松下来。你走进酒吧后的这一系列举动已经树立了职业女性的形象，并且向酒吧内的其他人显示了自己职业、严肃的一面。你可以借此向别人表明，你来这个城市是出差办事的，不是为了和别人搭讪聊天的。

○如果有男人过来与你攀谈并请你喝杯饮料，而你也喜欢与他交谈，不妨轻松接受他的邀请。如果他提出再请你喝一杯，那么变换一下主客地位，你请他喝一杯。如果他还要再请你喝，告诉他两杯就够了。如果他邀请你与他共进晚餐，告诉他你非常乐意，但是必须到酒店的餐厅用餐，不能到外面去。然后把晚餐的钱算在你自己的房费里，让他觉得没有机会跟你一同回你的房间。总之，要与他保持一种自然的关系，但千万不要与陌生的男人一起外出，更不可以让他进入你的房间，一秒钟都不行，以免让自己处于危险的境地。（一个不住在你下榻的酒店，妄想进入你房间的男人，通常惯用的伎俩是，“你介意我用一下你的洗手间吗？”）

○独自旅行的女士当然可以在无人陪伴的情况下，外出观赏戏剧、芭蕾、音乐会或舞台剧。但是如果离开酒店，独自去酒吧或夜总会，则比较容易遭遇不测。尤其在国外出差时，这种单独行动更加危险。

- 如果你想找一家可以独自一人安全前往的好餐馆，可以询问酒店门房、酒店餐厅服务员的领班，甚至是酒店的经理。最好问清楚回程是否能叫到出租车，如果餐馆离酒店很近，询问夜间一个女人独自走回酒店是否安全。

不要因为自己单独出游就把自己关在房间里，对着四面墙发呆，需要酒水餐点也要求服务生送到房间。你大可以出去走走看看，也可以办些事情。不过行动时要小心谨慎，事先询问酒店里对这个地方比较熟悉的经验人士，并且遵循他们提供的建议。

温馨提醒：无论在国内国外，都不要搭乘陌生男子的车。不要接受晚上的活动邀请。在对他有所了解之前，只能和他一起吃午饭或喝杯茶。如果他约你晚上一起外出，除非有另一位你认识的朋友或另一对同伴同行，否则不要接受这样的邀请。

与旅行业服务人员良好沟通

如果你能够和旅行业服务人员进行良好的沟通，彼此洽谈旅行事宜时便会非常顺利。你可以明确地告诉他们你想去的地方、你所希望的旅行方式、你能承受的住宿费用额度以及你喜欢什么样的生活方式。

- 如果你睡觉怕吵，告诉旅行社的人，让他帮你预订一间位于酒店后排临近安静街道的房间，而不是靠近酒店前排比较嘈杂的房间。
- 如果你长得太高，坐在飞机座位上感到不舒服，告诉旅行社的人，他会尽可能帮你预订一个靠近飞机过道的位置，让你有比较大的空间可以伸展双腿。或者还可以争取预订一个靠紧急出口的座位，这是整个飞机上空间最大的位置。
- 如果旅行社的工作人员预先知道你喜欢睡大床，他也可以提前帮你安排，让你入住一间配有大床的酒店房间。

○ 如果旅行社的人预先知道你喜欢的酒店类型，不论是那种充满浓郁当地风情、与众不同的小旅馆，还是类似拉斯维加斯那种大型豪华的现代酒店，他可以帮你安排，让你如愿以偿。

换句话说，要想把旅行相关事宜安排妥当，你必须要和旅行社的人仔细沟通，让他们了解你的喜好。而你的这些喜好将会列入你的个人资料。

如果你像我一样经常旅行，你不仅需要一名服务周到的旅行业服务人员，而且他在你的心目中，还要是一位可以帮你解决任何难题的英雄人物。在这位英雄看来，没有任何旅行安排会难倒他们，预订的食宿安排再怎么变动也不嫌麻烦，客户取消任何行程都不要紧。一位训练有素的旅行业服务人员总是面带微笑，即使有时候恨不得掐你的脖子，也会笑脸相迎。

这些服务人员必须是游刃有余的外交家，资深的文化、历史、饮食专家，还是丝毫不错的地理学家，导游，购物专家以及心理学家。他们要随时准备倾听每位旅客的抱怨或幻想；他们必须熟悉海上航行以及往返于华盛顿、纽约和波士顿各地的飞机航班；他们必须为旅客巧妙地安排空中行程，并且对所有的旅游细节了如指掌，包括罗马卡尔凯拉浴场的歌剧表演场次和英国高尔夫球公开赛的赛程日期。此外，为你服务的旅行社人员还必须像最成功的二手车商人一样精明干练，帮你在不断变化的价格中争取最经济的机票、租车服务和其他消费。

旅行业服务人员所赚取的小额佣金不需要你支付，而是由为你提供飞行服务的航空公司和为你提供食宿服务的从业人员来支付。因此旅行业的服务人员从未直接向你收取过一分一厘。尊重他们，意味着，除了委托他们代为安排一些短途旅行之外，还应该把长途旅行中的酒店住宿和大型旅游计划，如海上航行交给他们代为办理，让他们可以小赚一笔。尊重他们，还意味着，等你的旅行计划确定之后，再委托他们为你进行各种安排。不要一再更改你的旅行计划，害得他们为你预订好食宿之后，又一再变更取消。

在圆满完成一项行程复杂的旅行之后，你应当写封致谢函向悉心为你安排行程食宿的旅行业工作人员表示感谢，你还可以将旅行途中购买的小礼物送给他，并向身边的朋友大力推荐他的优质服务。

第二部分 积极的社交

◀ 06 ▶
在忙碌的社会中结交朋友

任何想生活成功、心情愉快、备受欢迎的人都明白，朋友是一剂必不可少的妙方。朋友会让你的生活变得更有意义。

要想扩大交友圈，一个明智之举就是把每个人都视作潜在的朋友。就我自己的经验而言，人们很容易对别人进行错误的判断。有很多次，我第一次遇到某人的时候，觉得他一无是处——笨头笨脑、品位不高、卑鄙低俗，但下次再见面的时候，却发现他魅力十足、能言善辩、风趣幽默。

主动出击

要结交好朋友，你首先要主动接近他们。但在费心考虑如何与他人接近之前，你必须要做到“让人容易接近”，否则一切免谈。**要使自己“容易接近”，你必须做到以下几点：**

- 在街上走路的时候，脸上必须露出愉快的表情，而不是像在努力回想“我今天必须要买的6样东西究竟是什么”这类问题，眉头紧蹙。

- 每次参加派对，即使心情很糟糕，也要表现出心情大好的样子。一张微笑的面孔，昭示着乐观进取的品性，会如同火焰一般，吸引飞蛾的到来。
- 即使脚上有伤，或劳顿一天之后备感疲劳，也不要向人抱怨。无论是相识已久的故人，还是仅有一面之缘的新友，谁都不愿意听你大发牢骚。（那只会招致他们向你诉苦，让你知道他们比你更悲惨。）
- 对刚刚结识的新朋友表现出你的兴致，即使他们看上去十分无趣。在没有深入了解之前，你无法知道对方是不是一颗深藏在牡蛎贝壳中的珍珠。

▶充实自己的空闲时间◀

要想认识新面孔，就要走出家门，暂时抛开紧张单调的日程安排，参加一些的业余活动。

- 也许在下一个鸡尾酒会上，你就会遇到自己的梦中情人。因此，如果有人邀请你参加派对，千万不要拒绝。尽管去吧！你怎么知道那晚不会发生一些趣事？你不去，又怎么会知道呢？别人介绍不认识的异性朋友与你约会，也不要拒绝。约会的对象可能非常一般，但没准儿他有很棒的朋友。如果你不去赴约，又怎能知道这一点呢？
- 你可以加入一个新的社团，比如小帆船赛艇俱乐部，或许你会在那里遇到一位特别的朋友。我认识一位曾离异的女性，她就是在一次星期六帆船活动中认识了现在的丈夫。当时，这位男士也已离婚，正带着儿子在公园开帆船，而她和她的女儿也是帆船运动爱好者。因此，两个单身的父母很自然地开始聊天。如今，这对夫妻和他们的儿女已经能够自己举行帆船赛会了！

  而我的女儿克莱尔和她的丈夫吉姆是在一个星期六在下曼哈顿一家专卖有关爱尔兰书籍的书店偶遇的。当时书店里只有他们两位顾客，因此他们有充裕的时间可以交谈。因为对有关爱尔兰的书籍有共同的兴趣，他们几个月之后就订婚了。（从那以后，克莱尔的单身女性朋友们每到星期六就去书店看书。)

- 你可能希望结交在非营利机构工作的朋友。现在各个城市都迫切需要义工。很显然，那些愿意以一己之力帮助别人，希望能让世界更加美好的人，都是每个社区里最好的一群人。如果新到一个地方，不妨志愿加入一个服务性团体，通过参加展现人文关怀的有意义的活动，结交新的朋友。

　　我认识一位老人，在纽约一家大医院旁边推小车卖报。她总是面带微笑，让病人备感鼓舞，深受大家的喜爱。很多病人在出院之后还继续与她保持朋友关系。她曾对我们说："我的社交生活太忙碌了，可以说应接不暇！"她又补充道："我也许是你所见到过的最快乐的70岁老人，这份快乐源于我的服务性工作以及这份工作为我带来的友谊。"

- 在观赏或参加你所在城市的文化活动时，你会遇到与你志趣相投的朋友。如果你有本市剧院、音乐厅、芭蕾舞等艺术季活动的入场券，你必定会认识一些与你买了相同入场券的人，并与他们成为朋友。在中场休息时，你会与每次都能见到的同好欢快交谈。你们会谈论该场演出，又或许会聊起其他话题，甚至演出结束后一起喝杯咖啡或清茶。
- 如果你擅长某项体育运动，不妨就近找一个练习的场所。如果你对网球、滑雪、垒球、溜冰、棒球等运动项目略知一二的话，不要害羞。加紧练习并加入比赛。找一个搭档或对手，让所有人知道你的球技有多棒，这样自然会有人主动与你较量。打完比赛之后免不了一起"吃顿便饭"，如果比赛结束之后能一同吃个早餐，彼此的友谊自然会得到加深。
- 参加教会或寺庙组织，也是结交朋友的好渠道。很多活动都是由宗教组织资助举办的，因此参加这类活动肯定会认识很多人。
- 不妨积极参与孩子所在学校的事务。如果你致力于改善学校的建设，你将会认识大批的学生家长。他们会感谢你在学校事务上所付出的心力和时间，并积极支持你的计划。

- 你还可以尝试学习一项新本领。在你努力掌握这门技能的过程中，你会遇到和你目标一致的人,并与他们结下友谊。无论是学习一门外语、日本插花、雕刻、肚皮舞、艺术史、冰上划船、滚轴溜冰，还是烹饪泰国菜，你都可以在与他人同学一门手艺的过程中得到乐趣。
- 如果你喜欢户外活动，或许你会参加周末夜间徒步旅行活动。这种活动有时只限单身人士参加，有时可以全家一起参加，有时则限定有孩子的单亲父母参加。报纸上经常刊登这种户外活动的信息（这类信息在地方报纸上可能更齐全）。如果碰巧遇上一场没完没了的暴风雨，一行人被迫挤在一个山洞里躲雨长达48小时，只怕你们不是成为好朋友，就是沦为死对头，不过希望是前者！
- 无论你做什么事情，都要睁开双眼注意观察。关注的对象包括你周围的邻居，甚至是超市排队时站在身边的那个人，他/她可能就是你要寻找的朋友或爱人。像纽约这样的城市，生活着很多愤世嫉俗、悲观失望的人，他们可能会认为，结账队伍里排在身边的那个人可能非常危险。不妨换个视角：此人有可能是你下一个约会对象！

  这牵涉到不同的人生观。有些人眺望窗外会说，“外面阳光照耀，偶尔有几朵浮云。”而另外一些人则会说，“外面乌云密布，几乎没有阳光。”就看你自己的态度了。

◀维系新友谊▶

一旦结交一位真正的朋友，就要努力维系这份友谊。两人既然成为朋友，就应该珍视彼此的情谊，双方不但要忠诚以待，而且要投入必要的时间和关注。

- 维系友谊的最好方法就是邀请朋友共进晚餐。一旦遇到一位容易亲近，而且和你有良好默契的人，不要仅仅因为两个人工作繁忙，而让朋友从你身边消失。你要主动与他保持电话联系。邀请友人共进晚餐，或在周六、周日共进午餐。邀请朋友一同进餐，这是对对方的一种礼遇。

如果你认为有其他人在场，这位新朋友会感觉更自在，不妨同时请上一两个熟识的朋友作陪。就算没有合适的人选也并无大碍。

你可以在餐馆提前预订，也可以在家策划一个简短的鸡尾酒会，然后奉上美味可口的正餐。尽量把家里布置得赏心悦目一些。摆上一些鲜花，播放一段柔美的背景音乐，体现出你是一位怡然自得、善解人意的主人。待客之道是一个人最重要的资产之一，你应该善加运用，以结交更多的朋友。

○朋友之间应该有来有往。朋友对你热情款待、诚挚付出，你也应该有所回报。回报的方式各有不同，但这一礼节必不可少。举个例子，约翰和阿格尼丝可能经常邀请梅森夫妇共进晚餐，但如果梅森夫妇运用其影响力，帮助约翰和艾格尼丝的孩子成功进入一所大学就读，那么约翰和艾格尼丝就不应该再计较梅森夫妇有多少次晚餐没有回请他们。

○在好朋友受到责备的时候，你应该挺身而出为他们辩护。当听到一个共同的朋友批评你的好友时，你应该加以反驳。你大可义正词严地说："这是不实的指责，这一点我很清楚。就算所言属实，这样批评朋友也有悖忠诚相待的准则。"

○无论繁忙或空闲，都要定期与挚友保持联系。空闲时可以与朋友小聚，忙碌时也要顾及朋友的需求。经过一周的繁忙工作，你可能感觉筋疲力尽，但如果一个密友抱怨你"久不来电"，并请求你抽出一个周六下午，帮她完成一个方案，你也应该尽力帮忙。

○朋友发生紧急状况，无论事情大小，都应该鼎力相助。如果一位朋友是单亲爸爸 / 妈妈，突然因故必须住院数天，你要主动提出，在这段时间把他 / 她的孩子接到你家照看，或帮忙想出其他解决方法。如果一个朋友搬家，尽力提供帮助，无论是帮忙整理东西，还是在乔迁的当晚以晚餐美酒为他庆贺，尽一己之力都可。如果遇到一个朋友的车子送厂整修一周，你可以把自己不用的车借给他，或每天顺道接送他上下班。

○ 关注朋友的情绪变化。比如，当你感觉到一位已婚友人情绪低落，要及时给予必要的帮助。如果是位女性朋友，她所需要的可能只是有人邀请她一起吃顿晚餐，说些激励她的话；如果是位男性朋友，他所需要的可能只是一位耐心的听众；也许他们都需要一位称职的婚姻顾问也说不定！

切记，好朋友之间要注意以下几点：

○ 绝对不要作过分的要求。好朋友之间应该绝不超越界线，做出过分的举动，也不要将对方的要求视为理所当然。

○ 共同完成一件事时，折中采纳双方的意见，而不是完全取决于一个人的意思。（“你瞧，这个周六你能陪我去看莎士比亚戏剧真是太好了。我下周六陪你一起玩棒球，怎么样？”）

○ 朋友认为重要的事情，不管是生日庆祝会，闲暇时的爱好，还是最新的购物情报，一定谨记在心，并加以尊重。

○ 以意想不到的方式带给朋友意外的惊喜，比如：

  - 出其不意地打电话给对方。（“我之所以给你打电话，是因为我刚好听到一段苏格兰音乐，这让我回想起咱们相伴去苏格兰的旅行。”）
  - 适时并意外地造访对方。（“我知道我是不速之客，但我上次和你说话时，你态度有些冷淡，似乎不怎么愉快，所以我从家里给你带了些自己煮的热汤。”）
  - 送给对方一份意料之外的礼物。（比如一张卡片，上面写着：“艾姬敬赠。今天窗外春光灿烂，我希望今春绽放的第一束水仙，能为你的办公室增添一抹亮色！”）
  - 当朋友需要帮助时鼎力相助。（例如朋友身体不适，而恰好轮到她载送共乘的朋友回家，你可以帮她代劳；又如，把湖畔小屋借给朋友，让夫妻俩共同度过一个宁静悠闲的周末。）

◀户外运动的礼仪和友谊▶

在古希腊，运动代表技能、健康和崇高的品格。如今，体育运动也成为一项重要的兴趣爱好。当今的运动员仍然追求高超的技艺，只是不会过度伤害自己的身体了。但与古代追求完美的品行不同，现今的运动员在参与体育赛事时有其他方面的考虑。我们的运动健将更多关注的是，从企业赞助和商业广告中获得的大把钞票。随着标志性装备的逐渐增多，比如运动鞋、运动服、防汗带（别忘了还有内衣内裤），原始的运动理念已遭到腐蚀。

体育运动的目标应该是：

- 赢得比赛。
- 视比赛为宝贵的锻炼机会。
- 为观众带来欢乐。

当代体育界的三项重要责任应包括：

- 保证自己安全、团队安全、观众安全。
- 保持赛场整洁。
- 展现良好的运动精神。

运动精神的内核，即与人为善应当得到体现：

- 从不轻视任何对手的技能。
- 让兴趣十足的“小角色”上场略展身手，给他们一些机会。（“让你妹妹玩一会儿吧，轮到她上场啦！”）
- 不要因为一个滑雪新手厌倦了简单雪道，就陪他尝试复杂的雪道，这样很危险。
- 如果他身强体壮、人高马大，不要找一位女性和他搭档打网球，他会觉得比赛不够公平。
- 在当天活动结束之后，把所有的运动器材都放回原处，不管是乒乓球、曲棍球、棒球拍，还是长曲棍球守门员的面罩、滑雪运动员的滑雪板蜡、滑冰运动员的磨刀架。
- 为其他运动员的安全负责。有下列情况出现时，坚决停止活动：冰面太滑，溜冰容易出现危险；雪道太滑，有安全隐患；大风出现，不利于航行；地面过于光滑，年轻的车手可能出现意外；水中有鲨鱼出没，有可能伤及游泳队员。

▶作为运动员◀

如果没有人愿意和你比赛或成为搭档，原因可能如下：

- 你还没有掌握此项运动的基本技巧。（你可以请人做指导，参加一些培训，播放视频进行学习，而且要练习、练习、再练习。）
- 你还不清楚比赛规则。这会让其他队员，尤其是你的搭档或团队成员特别恼火。不要不懂装懂。
- 你过于吹嘘自己的技能，声称自己是一流球员，其实并非如此。这种行为会让大家非常扫兴。聪明人往往对自己的球技轻描淡写，结果却给每个人都带来意外的惊喜。
- 你时常做出欺骗行为。你在高尔夫球比赛中谎报击球次数，又在网球场上谎称对手的球“出界”。这会让你成为人人喊打的对象，也会成为你性格中一个严重的污点。
- 你因在运动中穿着失当而让同僚备感尴尬。如男士短裤过短，或穿得过于花哨，看上去像是参加焰火表演，女士在参加泳池派对时系着一根皮带，或是没穿胶底鞋就上船。如果你是新手，在准备参加活动前，一定要问清着装要求。
- 你对比赛约定毫不在意。你在最后时刻宣布取消比赛，或者干脆不露面。正如一名业余运动员所说，“临比赛时放弃参赛，这种行为就好像婚礼开始时逃婚一样，卑劣不堪。”
- 你对运动装备的态度非常草率。你总相信自己可以从别人那里借到球拍、球棒和球，或者认为装备“没那么重要”；在钓鱼活动中，主办方要求自带救生衣，你却对此置若罔闻；你承诺要把冰柜带上划艇，结果却忘得一干二净……
- 你在俱乐部打球时，从来不主动提出支付你自己的那份高尔夫球绿地使用费，或是场地租用费。活动结束后，如果不是你主动提出一起喝酒，你就心安理得地认为，你不需要出份子钱。

- 如果你觉得自己球技不佳或时运不好，就在众人面前气急败坏。抱怨、诅咒、摔球拍，为所欲为，借此发泄心中的怨气。
- 你和裁判员纠缠吵闹。
- 在高尔夫球比赛中，你所在的小组进行速度比较慢，你也从不考虑请另外一个 4 人小组先打完比赛。在网球场上，你的球滚入隔壁球场，你全然不顾对方正进行到赛点，要求他们立即还回你的球。
- 你毫不顾忌自己的大嗓门。你正在打比赛，突然冲到前面，隔着两个场地同其他队员大声打招呼，然后大笑着跑回来。身边的队友对这种行为通常比较反感，对你的好心情也感到莫名其妙。
- 你表现不佳，却总为自己找各种奇怪的借口。比如，“阳光照到我的眼睛了”，或者“脚后跟起了水泡，疼痛难忍”，或者“我上周膝盖受伤了，现在疼得厉害。”
- 你在高尔夫球俱乐部打球，击球时削起一块草皮，你从没想过重新植上一块，而是让后来的球友代劳。如果你破坏了网球场的地面，你从不会费心把它弄平，或用重型辊子把它碾平，而是让下一个队员去做，还让后来者把你打球时松弛的球网重新固定。你一直在使用网球训练场，最后你任球滚得满地都是，自己却拂袖而去。或许把球捡起来，放回专卖店提供的网球专用栏里，对你而言实在是件麻烦事。
- 你多次投篮都没有命中，却把责任归咎于同伴。投篮接连失败以后，你冲着队友大喊：“前进，伙计们，我们得加把劲了。加油，进球！”
- 你认为你的网球双打搭档水平不高，就挡在他前面，试图抢到每个球。观众看到你输球后拼命鼓掌，你却觉得非常费解。
- 比赛结束后，你懒得同队友和对手握手，不屑于向胜方表示祝贺，或是赞扬发挥出色的队员。
- 你已经决定参加棒球比赛，而你认为这项运动非常无聊，是专为 19 世纪自命高雅的人而设计的。于是你动作夸张，拿规则开玩笑，故意出洋相以引起别人的注意。其他队员将会永远记住你的表现。

- ○你不会骑马，所以你时常贬低周围热爱马术的朋友。如果看到他们从马上摔下来，或者看见他们穿着骑马裤、戴着天鹅绒质地的硬帽子，你会变本加厉地取笑他们。

▶作为观众◀

如果你有如下行为，必定会让周围的人感到厌恶：

- ○你观看比赛迟到了，却数次从座位上进进出出。同排的每位观众都要站起来给你腾空；而当别人从你身旁经过时，你却纹丝不动，眼看着对方变换各种姿势才能从你旁边挤过去。
- ○你对比赛开始时演奏的国歌毫不在意，表现得颇为失礼。
- ○你明知道赛场上某位选手的家人和朋友就坐在旁边，却在比赛进行时冲着他骂粗话，并对该球队大肆诽谤。
- ○你对裁判员所做的每个决定都感到不满，并大声抗议。你试图通过斥责运动员表现出你的与众不同。结果你周围所有的人都同仇敌忾：他们一致希望你马上离开。
- ○你随意丢弃吃剩的零食和饮料。芥末和苏打水溅到邻座观众的身上，洒得座位周围到处都是。同排的观众经过你的座位时，脚底必定会沾上番茄酱和薯片屑。而你，当然为观看比赛做好了充分准备。你穿了一双旧运动鞋，准备看完比赛就扔掉。
- ○你在观看比赛时，看到任何恼火的地方，都会随手往冰面或地面上扔瓶子、铁罐、纸袋和开罐器。

◀工作中的礼仪和友谊▶

在工作中结交朋友的最好办法，就是保持爽朗、快乐的心态，这样会振奋他人。同事们喜欢和你在一起，因为你性情爽朗活泼。

- ○成为办公室里的好公民。不要逃避责任（包括哪一天轮到你冲咖啡，下班之前关灯，向同事借用物品务必准时归还并保持完好等）。即使不是分内的事情，也要乐于帮助别人。如果同事遇到紧急事务需要很晚才回家，不妨偶尔晚点离开，帮忙处理问题。朋友之间本来就需要互相帮助。

- 朋友在办公室受到不当批评时，要挺身而出为他辩解；朋友表现出色，要给予赞美；如果自己能够提供对朋友有益的建议和信息，要慷慨相助。
- 在刚到一个新的地方工作时，可以邀请同事共进午餐。邀请同等职位的同仁，甚至是职位更高的领导到一家不错（不需要奢华，只要不错就可以了）的餐馆进餐。这可视为一项投资。在餐桌上，你能学会工作流程和办公室的权力关系，同时你能在轻松的环境中展示你的优雅、智慧和迷人的一面。借着这种交谈，你和同事之间还可以相互了解。你每天大部分时间都在工作，因此在办公室结交几个朋友非常重要。朋友是非常重要的支持力量，可以协助你完成一天的工作。但是，发出邀请时不要过于张扬，不要表现得过于热切或给人造成压力。态度要委婉谨慎。邀请上司吃午餐时，不要在办公室四处宣扬，以免给别人留下逢迎拍马的印象。

公益活动中的礼仪和友谊

各种不以盈利为目的的服务性工作，向来都以慈善活动、慷慨捐赠、关心和爱护别人为工作内容。但在今天这样一个流动性社会，对于一个社区的新成员而言，从事服务性工作未尝不是结交朋友、建立商业往来最有效的途径。在这些非盈利团体理事会任职的人，尤其是女性，将由此获得宝贵的管理经验，为其在商业圈中打拼助力。

加入这种非盈利团体最大的收获是，无论你奉献的是时间，还是金钱，亦或两者兼有，你将获得极大的个人满足感。知道自己曾经帮助过别人，是一种最愉快的生活经验。

▶选择一种志愿活动◀

最适合你的慈善活动应该是你最感兴趣的活动。你可能面对各式各样的团体而不知如何选择，这些团体都需要你投入时间、智慧、力量、现在或将来可能拥有的影响力，以及金钱（多少暂且不论）。如果你出于个人原因而志愿加入一个非盈利团体，那么你就拥有了工作的内在动力，这是最理想的状态。

已故影星丽塔•海华斯（Rita Hayworth）的女儿雅思敏•可汗公主（Princess Yasmin Khan）长久以来一直致力于募捐活动，为对抗阿茨海默氏病（老年痴呆症）而努力，她的母亲晚年大部分时间就是被这种疾病所折磨。事实上，假如丽塔•海华斯未得此病，很多美国人至今都不会意识到这种疾病的危害性，也不会意识到应该加以研究并与之对抗。

美国前总统杰拉尔德•福特深受酒瘾和毒瘾双重毒害，因此他的妻子贝蒂•福特不遗余力地与此作斗争。她在加利福尼亚开设的贝蒂•福特诊所，经营非常成功，这是她努力成果的见证。此外，我还知道有一位知名企业家由于女儿失明，不断地募集捐款，作为训练导盲犬的费用。那些不幸罹患癌症的名人，也毫不犹豫地在公共场合现身，并著书为文，倡议抵抗这种可怕的疾病。

在每个名流的背后，都站着无数的普通人，他们或者亲历病痛的折磨，或者目睹这种疾病对他们的家人或朋友的侵害。这足以成为驱使他们加入公益事业的动力。

当然，对抗健康威胁的活动，绝不是志愿者投入时间和金钱的唯一领域。为穷人和流浪汉捐赠食品和衣物；与教堂和寺庙合作以帮助儿童和老人；担任代理父母，悉心照料不幸儿童，让他们不会中途辍学；女性志愿者以身作则，帮助经济上困难，特别是刚刚刑满释放的女同胞寻找工作、维系家庭；夫妻共同努力解决艺术工作者所面临的严重财务问题，并促进小社区的艺术发展；父母不仅照料孩子的日常生活，还进一步帮助孩子所在的学校谋求发展。这些只是需要志愿者参与的诸多工作中的几种。

前第一夫人芭芭拉•布什出生于书香门第，早在入主白宫之前，她就是扫盲运动的领袖之一。她的儿媳，前第一夫人劳拉•布什也积极倡导建设国家图书馆体系。前第一夫人南希•里根对于解决吸毒问题给予了特别的关注。前总统吉米・卡特和妻子罗莎琳・卡特长期致力于改善穷人的居住环境。已故第一夫人杰奎琳・奥纳西斯生前则是一位致力于保护城市历史遗产的领袖。但是并非只有第一家庭的成员才能有效推动这类活动。

至于你自己可以做些什么，在什么地方做，根本不必舍近求远。你只需环顾周围的邻居，注意收听当地的新闻，便可以找到线索。即使工作非常繁忙，你也完全可以在一周当中挤出几小时为他人服务。这种服务将会带来极大的个人满足感。一位很有名的女人因为举办豪华派对、身着法国时尚服饰、佩戴名贵珠宝而成为纽约八卦新闻的主角，出人意料的是，她在纽约最杂乱的地区秘密从事志愿工作，参与推动一个资助天才黑人学生的计划。她每周固定有三次会放弃乘坐由专人驾驶的豪华轿车，穿着最普通的衣服，搭出租车去那里。我最近见到她，和她聊起了她所从事的服务工作。她在纽约人的眼中不过是个娇生惯养、索然无味的女人。然而她说以下这段话时，眼中却闪耀着一种纯真的喜悦。她这样说道："你知道，我在那里确实有所贡献。我一直负责辅导三个孩子，他们对科学兴趣浓厚且有所造诣，我已经找到愿意提供奖学金的人，资助他们在自己选择的高等学府深造。现在，其他孩子也希望在自己擅长的领域继续学习，让我也帮他们寻找奖学金。这真是一项成就！"

如果你很幸运，有足够的财力能拿出一笔钱资助公益事业，最好用低调、匿名的方式进行。你的慷慨善行最终会被人们广为传颂，你可能不知道，在这样一个喜欢自我宣扬的时代，你低调、谦逊的义举会赢得多少赞美。换句话说，让别人来宣传、赞扬你，会比你自我吹嘘强得多。

▶在公益活动中拓展社交圈子◀

有些人之所以投身公益活动，首要原因是他们想借此拓展自己的社交生活。要想在公益团体中拓展社交圈子，一个办法就是主动要求做一些琐碎的工作（比如帮忙抄写 2 000 封邀请函的地址）。我所认识的一名女性就是这样做的。她坐在那里连续抄写了好几天，一边写一边听其他抄写的工作人员谈论受邀客人的情况。她对我说，"我在抄写这些邀请函时所得到的当地信息，比用其他方法花费 50 年时间得到的还要多。"她说，这是她到这个新地方之后，对当地社交圈状况所能获得的最佳指引了。

如果一个人能为公益活动不辞劳苦地工作，那么他肯定会赢得团体中其他成员的称赞和友谊。这是结交更多志同道合朋友的最好方法。

但是，加入一个志愿团体最理想的动机，莫过于你对该团体的活动真正感兴趣，而该团体也确实需要你的帮助，无论是捐款，投入时间从事服务性工作，借用管理专长来出谋划策，只是从事任何你能够胜任的工作都可以。

“我有一份很好的志愿工作”，意味着你是个有用的人，你喜欢现在所做的工作，你身处主流，你发挥了自身的才智，你在从事志愿工作时结交了很多好朋友。以上任何一种收获都会让这份志愿工作意义非凡。

和任何有价值的事物一样，朋友之间不论年龄、性别、社会经济地位如何，都应该真心关怀，并将这种关怀持续下去。无论你有多忙，总可以腾出时间打个电话，或者写封短信，聊一下彼此的近况。朋友之间的关系不能量化。你关心他们，他们必定以不可估量的快乐来回报你。

结交朋友确实需要做出一番努力，而且你似乎总感觉付出大于回报。颇具讽刺意义的是，你的朋友可能与你有同感！

◀ 07 ▶
成为有趣的谈话者

在当今社会，人类沟通能力的欠缺已经不是什么秘密。当然，从事脱口秀的人除外。很多人白天坐在显示器前，盯着屏幕上新兴的计算机语言。到了晚上，又面对着另一台电子屏幕（电视）目不转睛，或者干脆戴上耳机，屏蔽掉周围的声音。我们不禁要问，人之存在究竟体现在哪里？人类那动听的、如同音乐般的语言又在哪里？

当我们身处压力重重的环境之中时，更加需要的其实并不是电脑，而是人。我们不会评价一台计算机是温暖的还是愚钝的，但都会表示不喜欢天生乏味的人。那些擅长谈话的人让我们舒服轻松，同时也令生活多姿多彩。当我们聚集在有趣的人周围时，身心都会感到无比愉悦。

交流其实很简单，只要具备普通人的智商就可以。但成为一位优秀的谈话者则需要摒弃自私、关心他人，并坚持学习、不断提高。这类人在说话时所考虑的事物，是超越自身的。他们懂得一点点地挖掘，从对方身上获取有趣的信息。

成为一位优秀的谈话者并不意味着你必须从名牌大学毕业，或者非富即贵。只要对生活充满热情，抱有强烈的好奇心和学习兴趣，那么，即使你本人正被某些事情所困扰，也能够通过与他人交谈，获取一些有趣的信息。而这些信息，或许可以成为你第二天在办公室里、家长会上，或者和孩子玩耍时谈论的话题。

你学到的东西也可能转而成为别人学习的内容。

◀语言的力量▶

就像飞机接收雷达信号一样，耳朵也总是善于捕捉富于想象力的声音。我们的语言丰富而微妙，每个人都应当为自己能够很好地使用语言而感到自豪。然而不幸的是，今天很多人却不能适当地使用语言，滥用者为数众多。

我以前的老板，已故的克莱尔·布斯·卢斯曾经说过："好的语言是有感染力的。"问题在于，坏的语言也是如此。曾几何时，那些只适合出现在街头巷尾的粗话竟然在电视节目中大行其道，甚至成为了一种值得炫耀的标志。很多人不管别人说的是什么，都会回应一句"没问题"，而这句话很可能与对方刚刚说过的内容完全没有关系。讲粗话的现象如此普遍，以至于很多人即使听到也不会感觉震惊（他们可能会觉得这种话没有意思，但并不会感觉震惊）。其实，当这种现象发生的时候，社会就应当意识到，麻烦真的来了。

对于孩子来说，家庭教育能够为他们提供很好的措辞训练。我认识这样一个家庭，每天，全家都会在餐桌上花 5 分钟来玩词组游戏。每次学习几个单词，每个孩子都用这些单词来造句，偶尔还会借助字典。父母用这种方法将爱的语言灌输到孩子的心中，伴随他们成长，直到获得成功的人生。

对于成年人来说，也有另外一套学习办法。当小威廉·巴克利（William F. Buckley Jr.）[①]这样的语言大师出现在电视上时，你可能需要准备好字典和本子，记录下偶尔冒出的生词。但直接将生词扔进电脑词库并不是最好的办法，不如把它们写下来，并尝试在谈话中使用，然后再添加到电脑词库中去。

正如父母应当在孩子面前带头正确使用语言一样，办公室里的管理者也应当抓住机会，和员工一起使用标准语言。如果领导能够正确使用语言，不断丰富词汇量（包括手写备忘录的内容），下属也会尝试遵循此方。长此以往，我们没准能把那些粗话从家庭和办公室赶回街头。

---

① 小威廉·巴克利（1925—2008），美国著名作家、杂志创办人、电视节目主持人，被美国自由论坛新闻博物馆列为"美国最有影响力的记者"之一。——译者注

▶音调和措辞◀

措辞得体有助于提高话题的吸引力，如果再配上动听的音调，则不仅能够扩大谈话内容的传播范围，同时还能大大增加沟通的有效性。得体的语音应当具备如下特征：

- 声音优美，把握抑扬顿挫。
- 内容易懂，说明详尽。
- 声音不紧张，音调低沉、柔和。
- 充满热情，而不是乏味或显得虚弱不堪。
- 没有浓重的口音，不含有含混不清或者难以理解的内容。
- 音量大小适中。
- 语速快慢适中。

大多数人并不清楚自己的声音是怎样的，当我们在录音机里听到自己的声音时，总会感到奇怪、难以置信，甚至失望。“我听上去真的是那样吗？”当你感觉自己的声音魅力不够时，可以问问朋友，如果他们也这样认为，不要失望，你可以求助于很多方法。首先准备一台录音机，对着它朗诵一段诗歌或者报刊社评。挑选自己身心疲倦和精神振奋的时候分别录音，然后仔细分析磁带里自己的声音，再让家人、同事或者好友也来听听。如果他们只能勉强承认你的声音有了一点点进步，快快想办法解决，可以求助于专门培训私人演讲的老师，或当地大学、戏剧剧团组织的教练。经过简单的日常练习，你将学会正确调节呼吸、措辞和语调的方法。当你最终成为一个自信的、有说服力的谈话者时，无论是和客户坐在一起，还是与老朋友共同进餐，都会让你立刻变成一个充满魅力的人。

◀闲谈的魅力▶

字典对于“闲谈”的定义是：“随意的、琐碎的谈话”。对于很多年轻的上班族来说，这个词令他们心有余悸。前辈总是告诉他们，午餐时，不要一坐下就谈论和工作相关的事情，可以随便闲谈十分钟，再讨论手头的工作。我个人对闲谈的定义是："一种亲切的，闲适的交流"。休息日里，当你在邮局排长队的时候，可能会和陌生人进行闲谈；你在站台等候上下班车辆时也可以和他人闲谈。闲谈是一种有效的社交工具，闲谈的对象既可能是朋友也可能是陌生人。传统观点认为，闲谈通常以讨论天气开始，幸运的是，这种做法现在已被看成是陈词滥调了，因为讨论天气总让人感觉很没有创意。

举个例子，假如你正在副总裁家中用餐，身边坐着一位老太太。那么，你最好能和她闲谈两句，聊一些有意思的事情，特别是当她很有可能就是你老板的岳母时。这样一来，当她和自己的女婿谈起你的时候，一定会替你美言几句。

除了小的方面，闲谈还有大功用。作为一种社交工具，想要得心应手地运用它是需要足够能力的。它将商业活动和社会生活联系在一起,使二者相得益彰。同时，它也使谈话者通过交流提升了个人魅力，成为宴会上、工作餐中大受欢迎的人。以下是一些关于闲谈的小贴士。

在商务午餐上	在社交聚会时
作为来宾，你可以在主人示意商务会谈开始之前闲谈一小会儿。	对于周围的来宾给予同样的关注，即使其中某人可能比另外一人有魅力许多。
如果你得知某人已经成家，可以询问一些与此相关的事情。若对方很快略过，随他就好。若对方积极地与你交谈，则表示他很高兴你能对他的事情表示关心。	如果谈话陷入僵局，不妨让大家谈谈自己，促使谈话在整个用餐过程中持续进行。
可以谈论一些与商务内容有关的轻松话题，比如新公司的成立、令人感动的故事、充满趣味的事件等。要知道，人们希望好好享受午餐，而不是听到有关商业失败或者国家危机的消息。	讨论一些轻松的话题，避免压抑的内容。没有人愿意听到附近某人遭遇车祸的消息，不如谈谈城市水务建设的优化方案。

在商务午餐上	在社交聚会时
如果你想借说笑话调节气氛，最好安排在严肃的商务会谈之前。正如林肯所说："如果移不走障碍物，就绕着它转好了。"	恰如其分地引用名言，会令他人对你的沟通能力大感佩服。比如，如果对方认同你的看法，你可以表示，自己的感觉就像迪斯雷利（Disraeli）[①]一样："我对于那些让人感到愉快的人的定义就是同意我的人。"

记住，闲谈的宗旨是保持轻松和乐观。如果你在谈话时保持微笑，聆听者也会做出同样的反应。反之亦然。

当然，有些场合最好保持沉默，在这样的场合不适合闲谈。当别人正在全神贯注地工作、阅读，或者集中于手头事情的时候，还是不要打扰为妙。当你坐在飞机、汽车、火车上，或者医务室里等待看病的时候，请注意不要惊动周围聚精会神的人。当你和老板坐在车里，或者共同等待与客户会面时，也是如此。如果老板开始研究文件资料，并试图展开讨论，你应当立刻回应。但假如他的目光又慢慢回到了文件上，你应当继续看自己的文件，让老板专心工作。

有些人会在飞机上工作，请注意不要打扰他们。假如你被他人打扰（我几乎在每一次长途旅行中都会遇到这样的人），可以很客气又认真地对他说："我非常高兴和您聊天，您是个很有意思的人，但是很不凑巧我在飞机降落之前有很多紧急的工作要做，请您不要介意。"

◀精心选择谈话内容▶

- 优秀的谈话者非常清楚什么样的话题能够让大多数人都喜欢，因此，作为领导者，他只需要引出一个正确的话题，在场的人们便会自行展开讨论。
- 优秀的谈话者也知道，成功的谈话不仅依赖于话题本身，还要视周

① 本杰明·迪斯雷利（1804—1881）英国保守党领袖、英国首相（1868年和1874—1880年在任）。——译者注

围情况和人群而定。

○ 如果在场的人中只有一人会打高尔夫，作为优秀的谈话者就不会谈论太多相关的话题，因为她知道只有一双耳朵会认真地聆听。

○ 如果是在葬礼场合，不要讨论最近听到的流言蜚语。如此肤浅的（即使非常吸引人）内容显然不适合在这种时间讨论。

○ 某个荒诞的笑话可能会惹得衣帽间内的一群男人哄堂大笑，但当着办公室内所有同事谈论同样的内容，却可能引发极其恶劣的后果。

○ 优秀的谈话者在展开话题之前会审时度势。首先考虑到他人的需求，尽量使所有人都满意，这也正是他成功的前提——出发点不是自私的。

总之，优秀的谈话者一定是快乐的，他总是采用一种积极的谈话方式，总是寻求所有人都关心的话题。

积极的谈话方式	消极的谈话方式
·从当天的报纸上选择一两个适合讨论的话题，或者引入某个不同寻常的话题。	·从当天的报纸上选择一个糟糕的，保证能够让每个人都感到沮丧的新闻。
·询问那些已经为人父母的朋友有关孩子的事情。	·询问某人的婚姻是否已经濒临破裂。
·祝贺某位大病初愈的人。	·询问某人关于疾病或者手术的血淋淋的细节。
·提议创建一只重大疾病基金。	·询问某位夫妇的儿子是不是真的得了艾滋病。
·提供一些高级别体育赛事的信息，比如奥运会或者世界比赛的信息。	·讨论一种很少有人知道的体育项目。
·谈论一些能够振奋精神的经济新闻。	·谈论让人沮丧的经济新闻。
·谈论一个众所周知的社会问题。	·因为某个社会问题而表现得无比愤怒且情绪化。

积极的谈话方式	消极的谈话方式
·描述你听到的激动人心的教育体验。	·批评当地整个学校体系，称其不仅过时而且没有任何前途。
·提供大家都认识的某位朋友的正面新闻。	·提供令每个人都会感到痛苦的信息。
·谈论最近取得的卓越文化成就。	·批评当地各种艺术活动。
·提供有关健康和营养的最新新闻。	·告诉所有人为什么“不能吃这个，不能吃那个”。
·提醒人们一定要收看某个即将播放的精彩电视节目。	·警告所有人某个即将播出的节目非常劣质，根本不值得看。
·讨论当地的房地产市场状况。	·询问某人非常隐私的问题，比如房子或者公寓的开销。
·谈论如何帮助大家都认识的一位失业的朋友。	·大声质疑大家都认识的某位朋友即将被开除的事情。
·谈论某人的幸运经历。	·讨论我们的社会是如何地不堪。

▶避免令人生厌◀

你可以有意识地检测一下，周围的人是否认为你令人生厌。当你发言的时候，如果他们环顾四周，盯着其他人或者其他事物；如果他们目光呆滞；如果他们深深地陷入椅子，不是坐得笔直而是几近躺倒；如果他们根本无意打扰你；如果，你从余光看到，他们正在看表……这时你应当意识到，你已令他们感到厌倦。

那些令人生厌的人往往说话过多，总是狗皮膏药似的粘着一个话题不放。而在所有话题中，有三种最容易引起他人反感，那就是你的健康、工作和孩子。

假如你曾经罹患重病，碰巧在街上遇到了朋友格瑞戈，他可能会很真诚地表示关心：“珍妮弗，最近好吗？”你所要做的，只是给他一个简单的不超过十秒钟的回答。其实，他非常清楚你还好，并不会真正关心你的用药、大夫的更换、最近的透视结果以及目前的消化能力。你可以回答：“我已经出院一个月了，身体还不错，谢谢你，我真的很幸运。”这就够了！

如果你恰好和某位朋友一同乘坐公交车，出于礼貌，那人问到了你的孩子，提到了每个孩子的姓名（她也可能忘记了他们的名字），并且对每个人都进行了简短的评论。你不妨这样回答：“吉姆今年初中毕业了，哈维在利哈伊大学成立了网球队，玛丽•爱丽丝今年6月完成了大学的课程，将和朋友一起去欧洲。他们都很好。”这就够了！

如果你在教堂外面遇到了久违的朋友，他问起你的工作状况，你可以简单地回答：“我离开了伊格尔顿公司，在斯蒂尔公司找到了一份编写计算机程序的工作。这家公司不错，而且我很喜欢我的新工作。”这就够了！总的来说，当别人问起你的孩子、健康和工作时，最明智的做法就是礼貌地回答他们，然后迅速地转移到新话题上——转到其他人身上，而不是自己身上。“别说我了，哈尔怎么样？还有你母亲呢？你今年夏天去湖边玩了吗？”

◀让自己成为沟通之王▶

所谓沟通之王，是指那些令所有人都乐于坐在他身边的人。我曾经参加过一次周末烧烤午餐会，坐在我身边的是一位年轻人。女主人将自己十分害羞又略带口吃的年轻侄女安排在他身边，希望他们能够聊聊天。于是，他开始不断地向女孩提问，但每次只能得到一两个字的回答。他向她讲述自己的事情，从工作到业余生活，却几乎没有得到任何回应。最后，他头枕着胳膊肘，一脸严肃地看着女孩说：“我已经把我所有的事情都告诉你了，也问了所有关于你的事情。要不，我给你讲讲我的狗吧？”

听到这些，女孩忍不住大笑起来，沉闷一下子被打破了。这个年轻人正是一位沟通之王，因为他非常友善，并且懂得使用幽默来开启他人的内心。

沟通之王都具备如下特点：

- 懂得聆听。作为优秀谈话者的首要特质就是认真地聆听他人。
- 不打扰别人。无论谈论的内容多么老套无聊，每个讲话者都有权把话说完。

○具有充分的幽默感。自嘲，却又不把自己贬低得太过分，营造出轻松美好的气氛。

○不辞辛苦地取悦那些无聊的，甚至咄咄逼人的客人。因为他们是主人特意邀请来的非常重要的客人，如果对这些客人置之不理，他们很可能会成为派对的破坏者。

○在任何话题上都有话说。这意味着他见多识广，也懂得如何参与谈话，即使话题并不在他了解的范围内。

○懂得回避他人的负面话题。

一天晚上，在宴会开始之前，我无意中听到在华尔街工作的，两位疲惫不堪的女士之间的对话：

"今天晚上我感觉糟透了。"

"我也觉得没什么意思。"

"我今天听到一个朋友的坏消息。"

"我也是，我最好的朋友上周去世了。"

"我敢打赌你们公司没有我们公司那么糟糕。我们这个月又裁了10%的人。"

"我们也要裁员了，只可能比你们裁得更多。"

主人听到她们的谈话，轻轻走过来，就像约翰·韦恩（John Wayne）[①]骑着飞奔的快马而来，力挽狂澜。"你们两个谈论的内容太伤感了，完全不适合我们的宴会。高兴起来吧，和我们一起聊聊天。现在的话题最适合你们，昨晚在大卫·莱特曼节目中讽刺华尔街的桥段，简直有趣极了。"

○懂得如何将话题引向崭新的、充满趣味的方向。比如，当人们讨论不同国家的历史事件周年庆典的话题时，一个优秀的谈话者能够从乔治·华盛顿就任周年庆谈到中央公园115年庆；而这一话题又引发了某人带孩子参观乔治·华盛顿的家乡芒特弗农的兴奋经历；随后，有人提起华盛顿的作品——《恭敬待人处世言行守则》（这本书在华

① 约翰·韦恩（1907—1979），美国著名演员，20世纪40年代到70年代走红，而且历久不衰。他曾参演170多部电影，并常常在西部片、战争片中扮演英雄角色，深入民心。——译者注

盛顿 15 岁时写成，是一本写给年轻人看的礼仪书籍）；马上就有人谈到一本关于新美国历史的书，这本书重新论述了美国和法国革命之间的关系；而这一话题很快引发了人们关于好莱坞的讨论——有关这两次革命的一部电影。

美好的谈话一定是令人快乐的，充满友善的，围绕大众都感兴趣的话题的。无论是谈话者，聆听者还是旁观者，所有人都能够参与其中。有些人具有巨大的吸引力，让你永远都愿意和他们交谈。因为他们积极向上，充满魅力，而且博古通今。这些人让你感觉放松并且得到尊重。当你在商业活动或者社交场合中遇到他们时，你的面部肌肉总会不自觉地产生反射性牵动——展露出一个大大的笑容。

▶摆脱尴尬谈话◀

当下面的情况发生时，有必要尽快转换话题：

- 人们陷入无聊的争论。（这时，应当有人自告奋勇：“关于这一论题的讨论就到此为止吧。我想谁能预测一下即将到来的竞选结果？有谁知道参与竞选的都有谁吗？”）
- 在鱼龙混杂的人群中，谈话内容越来越低级，很多人都感觉非常不舒服。（“大家是否介意我问乔治一个问题？我很想听听他晋升的好消息。”）
- 有些人为了保护自己，趁别人不在的时候说坏话。（“我们不要攻击苏珊了，不如一起去吃饭，把力气用在消灭鲜虾沙拉上吧。”）
- 话题已经超出了大多数人的理解范围。尽管两个计算机高手很可能会非常享受有关计算机技术的对话，但只需几分钟，就足以把他们和不懂术语的人隔离开来。（这时，某人应当立即打断他们：“我说你们几个聪明人，是时候回到我们的星球了。”）
- 某人做出了失态的行为（比如开了一个不合适的种族笑话，使他人认为这个笑话抨击了自己的妻子，引发严重抗议）。通常情况下，等待大家的将是一片可怕的寂静。这时，如果有人能够勇敢地打破寂静，将会使事态大大缓解。（“我相信他马上就会向您道歉的。现在我想问问特丽，她刚刚从俄罗斯回来，整个晚上都兴奋地想讲述她的旅程，让她来说说自己的故事吧。”）

如果某人能像训练有素的士兵一样，引起一个话题，然后让它不停地在人群之间传递，从而缓解紧张气氛，那真是再好不过的事情。希望祸从口出的人也能够及时挽回僵局，向被自己惹怒的人表达最由衷的歉意。（面对他人的盛怒，有时口头的道歉并不够，还需要手写一封道歉信。）

我自己就曾经犯过类似的错误。有一次，我试着发起一个话题，却使自己陷入了窘境。正如克莱尔·卢斯曾经说过的那样：“好心也会办坏事。”

下面就是一个例子。

我：“您的结婚戒指实在太美丽了。您能告诉我哪位是您的夫人吗？”

宾客：“她已经在6个月前去世了。”

我：“噢，我非常抱歉。”

宾客：沉默

如果你发现自己正处于类似的境况，而且宴会还有很长时间才会结束，你将面临挑战。对失去妻子的男士，不妨由衷地表达同情：“我能想到这几个月对于您来说有多么艰难。是否有人，比如孩子，来陪伴您渡过？”（通常对方会很感激地谈起孩子，还有配偶的家人，提供帮助的朋友等。这个话题可以贯穿整个宴会！）

使自己从窘境中解脱的最安全方法是将谈话指向其他人。几乎每个人都喜欢谈论自己，即使表面难以看出来。所以，你只需发起几个话题，让话题在人群中互相传递，直到有人抓住那个让他感兴趣的内容。

▶涉及隐私的问题◀

按理说隐私问题不应被询问，但总有人这样不讨喜。当有人向你提出无理的问题，甚至达到令你发怒的地步时，你应当这样做：

- 保持冷静。控制自己的愤怒，即使你完全有理由生气。因为一旦你表现出愤怒，就会给别人留下气势汹汹的印象。只有在完全控制住情绪和措辞的情况下，才能得体地指出别人的错误。

○ 顾左右而言他。永远不要直接回答那些不合时宜的问题。这种回应方式颇具讽刺意义，至少能给对方带来直接的回击，让他意识到自己竟然提出了一个如此荒唐的问题。比如，无论对方所说是否属实，当他问你是否即将离婚，原因是不是你的丈夫有了别的女人时，你可以这样回答："我和丈夫离婚？谁告诉你的？"提问者立刻就会感到下不来台。

如果你是单身汉，被问到和一个女人秘密同居的传言是否属实时，你可以这样回答："怎么，你想找室友吗？"

或者有朋友问，你和最近结识的某个男人的关系走到了哪一步，你可以这样回答："你为什么不直接去问乔治，而是问我呢？"

对于某些非常过分的提问者，也可以采取不客气的方式。比如："我没法相信，你竟然会问我这样一个问题。我认识的其他人都不会像你这样做。"或者，"我没法想象一个真正的朋友会问我如此隐私的问题。"或者，"如果我问你这样的问题你会怎么想？"

赞美和接受赞美的艺术

当你听到别人的赞美时，难道不认为那些话很动听吗？难道不会感觉心花怒放吗？不幸的是，我们的社会有时异常保守，有时却又坦白得过分，以至于人们已经很难听到赞美之辞。许多人害怕赞美别人，因为他们不想让别人知道自己内心是怎么想的。另一些人则害怕接受赞美，因为他们怀疑别人背后的动机。

如果我们经常互相表达一些愉快的感觉，这个世界将变得多么美好，多么快乐！如果我们经常说出内心的真实感受，人类渴望赞美的本性也将得到满足。对于孩子来说，父母是学习赞美的最好老师。当一个小男孩的母亲打扮一新，准备外出时，父亲能够由衷地赞叹："你看上去真美！"这个小男孩就获得了一次很好的学习机会。长大以后，他也会这样赞美自己的妻子。要知道，很多妻子都会毫不吝惜地赞美丈夫多么英俊，但大部分丈夫却忘记了给予她们最基本的赞美。比如，当妻子问他们："你觉得今晚的饭菜如何？"时，他们往往只是回答："我都吃了，不是吗？"（在他们看来，这是个非常风趣的回答，但实际上并非如此。）

○ 当别人询问你是否喜欢某件事物的时候，你不必说谎，也不能说谎。有些人不喜欢为了取悦他人而社交性地表达赞美，除非他自己所说的话都是事实。我不认为谁应该说谎，那种出于讨好目的而刻意为之的赞美，完全是自欺欺人。我曾经在罗马呆过4年，直到多年后的今天，我仍然记得意大利男人在我耳边的轻声赞美："您是世界上最美丽的女人。"我知道他们几乎和所有见过面的女性都这样说，但我仍然感到很开心，我也绝不会去怀疑这些话语背后的真实性。这有点类似于一种轻松愉快的玩笑，就像是开启美酒时先喷出来的泡沫一样。

面对一些必须得讲真话的人，需要注意方法。当你被问及是否喜欢一身新裙子，而你恰好认为它非常不合身的时候，可以老实地回答："不，我不喜欢，它不适合你。"但这种直白很可能会伤害对方的感情。或者，你可以寻找其他出彩的地方。这身裙子也许有其他地方可以弥补缺陷，比如亮丽的颜色，漂亮的领子，或者别致的扣子等。你不必谈到自己对裙子的整体印象，只需提及美好的细节。"这种蓝色很好看。"或者，"裙子的领口很配你。"

▶赞美可以打破坚冰◀

当谈话进入艰难的境地，赞美算得上是打破坚冰的最好工具。即使对方和你一样害羞，只要你由衷地表达赞美，她也会做出非常积极的反应，甚至可能大大转变先前的态度。

有一次，我准备周末乘飞机出行，当我坐在机场等候区时，旁边座位上的两个人吸引了我的注意。很显然，他们来自同一家公司，互相都想聊聊天，但彼此努力了半天却不成功，中间还出现了几次可怕的冷场。连正在阅读报纸的我，都能够感觉到两人的羞涩，尤其是年轻的那位。

后来，我听到年长的开口说："斯基普，今天晚上你一出现我就发现你帅极了，这身衣服不错！”听到这样的话，对方立刻露出了笑容：“谢谢，”并回答说，“这衣服是我上周买的。”还下意识地调整了一下位置，语气也立刻活跃起来。从那一刻开始，他们的谈话就顺利地进展开来。（当然，当他站起来时我也观察了一下那身衣服，的确非常帅气。）

○ 如果你和异性说话时感到很羞涩，请记住赞美的力量。它真的可以助你一臂之力。想一想在冰冷的房间里打开暖气的感觉，即使对方因为过于害羞而无法给你热情的回复，你的赞美也会帮助推进谈话。如果你认识某人，并且希望进一步交往，那么，在赞美前一定要三思。约会之前不妨演练一下，在大脑里温习一遍将要发表的赞美致辞。然后，当你和约会对象坐在一起，但是无话可说的时候，便可以把演练的内容拿出来，挑选其中一个比较适合的，向对方表达。

表扬内容无论是对方的容貌、性格、能力，还是智慧，都无关紧要，重要的是，你能够在合适的时刻说出合适的内容。比如，对一个害羞的年轻人来说，向约会对象直接表达：“你很漂亮”可能比较困难，但他可以说：“你今天晚上看上去不错。”；“那天我在开会的时候看到你了，你的状态不错。”；“你知道吗？你的眼睛很好看。”；“你是舞蹈方面的专家，我很想向你讨教。”；“我喜欢你笑的样子。”“你的裙子很漂亮。”；或者，“你很有幽默感！”……

下面是几个适合表达赞美的典型场合：

○ 当你发现某人穿上了一身新衣服的时候。（“嘿，乔治，你今天看上去很特别啊。”；“梅蜜，你的新外套真不错！”）

○ 在享受了主人宴请的一顿美妙大餐后。（“琼，今天的面条是我这几年吃过的最美味的食物。你真是做意大利面的专家！”）

○ 在某人正式露面之后。（“您的演讲给人印象非常深刻。如果这支基金真的能够发行，一定是您的功劳！”）

○ 当你得知某人获得荣誉之后，向他的朋友、同事或者家人表示祝贺。（“听到亨利的好消息我真的很高兴！他简直和他的父母一模一样，都是那样的出类拔萃。”）

- 当你得知某人在某个项目上付出了巨大的努力。（“玛丽，你能参加这次展出真是太好了。你的参展植物不仅栽培得很好，而且设计独到，园林俱乐部一定以你为荣。”）
- 当有人经过努力，成功地改变了自己的形象。（“你看上去真苗条，现在胖瘦正合适”；“你的美容课真的没有白上，你看上去棒极了。”）
- 当有人做了一件很有勇气的事情。（“你为罗杰辩护、全力保护他的做法真让人感动，你是每个人都希望拥有的朋友。”）
- 如果朋友在体育竞赛中表现优异，那么无论结果是输是赢，都要向他表示祝贺。（“马克，你今天的表现太棒了！虽然没能获胜很可惜，但你已经非常出色了，下次一定会赢的。”）

▶如何接受赞美◀

你经常赞美他人吗？当你赞美他人之后，对方是真诚地表示感谢，还是极力否认你的赞美？比如：

“玛丽，你今天看上去太美了。”

“哦，不，才不是呢！我鼻子上长的这个包简直难看死了，而且衬裙的边缘也从裙子里露出来了。我看上去糟透了。”

“阿尔伯特，你今天早上在办公室的发言棒极了。”

“哦，不，不好。我中间停顿了好几次。当时觉得几乎没人能听到我的声音，我还忘记了整个讲话最重要的部分。真是倒霉！”

当有人对你表达赞美的时候，应当回答：“是吗？谢谢！”或者，“你说得太好了！”或者，“这些话让我感觉很温暖，谢谢！”无论怎样做，都不要拒绝别人的赞美甚至试图反驳。因为对方希望你能够高兴，这样做会让对方很没有面子。缺乏接受赞美的能力是整个社会焦虑病症的体现。与其感觉窘迫并强迫性地进行自我贬低，不如表现出高兴的样子，同时感谢对方对你所说的一切。享受赞美吧。把让你开心的话语写下来放进抽屉，当你有一天感觉不好的时候，可以把它拿出来重温。（如果在三十年之后，你的孙辈发现了这件东西，那会是什么场面呢？你们一定都骄傲得不行！）

▶不同情况下给予赞美◀

如果某人经过努力大大改善了外貌，你应当赞美对方，但无须特别指出引人注目的地方。比如，你可以这样说："你看上去真的棒极了！"对方听到后很可能会说："噢，你也注意到我减肥了。"或者，"你真的喜欢我新染的头发吗？"然后，对话会顺水推舟地进行下去。也许你的赞美只能得到一句淡淡的"谢谢。"这种情况下，就不必再进一步谈论了，因为对方很可能对他人关注自己的改变非常敏感。有些人不愿意别人指出自己曾经进行过整容手术，而这恰恰表明他们可能进行过多次。

如果你发现好友看上去病怏怏的，先不要妄加评价，不妨先谈论一些快乐的话题。如果对方主动讨论身体，当然，这时你应当表达自己的同情，并进行适当的帮助。

一旦成为有口皆碑的沟通之王，你的生活也将随之发生奇迹般的改变。所有人都会乐于邀请你参加他们的聚会；乐于站在你的身边认真聆听；乐于引用你谈及的内容，这些都算得上是最真诚地奉承方式。平时的知识积累以及行为自律将有助于你成为一位沟通之王。当你成功的那一天，想想看，你甚至能把自己都逗乐了。

08 打造完美宴会

在这一章里，我将主要讲述有关宴会和派对的内容，特别要介绍它人性的一面。当然，这些讨论都建立在摆正心态的基础之上，因为只有这样，你才能战无不胜，而且不必担心出现失误。

如今，很多美国人都不习惯在家中招待朋友了。面对这一令人悲哀的事实，他们总能找到各种借口。但在我看来，这些借口没有一个可以成立的。

"我太忙了，压力太大，我的工作太繁重了。"

反驳观点：每个人都是忙碌而且充满压力的。只要重视起来，招待朋友就可以成为生活的一部分。我认识一对住在芝加哥的夫妇，他们同为广告代理商，每周工作 60 个小时。但每个月的第一个星期，他们都会举办一次自助晚餐派对，邀请彼此的朋友前来参加，当然，也包括一些客户。每到这时，他们的两个孩子也会成为小帮手。他们一直坚持如此，即便在旅游旺季也不例外。

"在孩子长大之前我们没法招待客人。"

反驳观点：同上，只要你愿意，一年之内总可以找到时间组织几次聚会。只需把这项工作放入计划表中，届时将孩子安排给他人看护。准备派对并不需要大块的时间，你可以在每晚孩子入睡之后，花上零星的时间做这些工作。

“我的房子太小了。”

反驳观点：再小的房间也足够4~6个人吃顿饭。这时，折叠桌椅就派得上用场了。

“我们得不到合适的帮助。”

反驳观点：不，你可以得到，但需要做出努力。你永远都可以雇到人来帮你筹划派对，他可能是隔壁十几岁的孩子，也可能是公寓楼里帮忙洗车、打理草坪或看孩子的临时工。

“我不知道该请谁来。”

反驳观点：制作客人名单是一项充满刺激的工作，而且需要极大的创造力。只有你可以想象，将孩子那年轻可爱的体操老师安排在超重、正准备减肥的银行经理朋友旁边的情景，他一定会被身边的人深深触动，甚至第二天一大早就开始锻炼身体；也只有你可以想象，将刚刚丧偶的好友安排在一位老校友身边（他也刚刚丧偶），两人会惊异到何种程度。最好的客人名单应当是你认识的各类人物的混合。将差异巨大的人出乎意料地集合在一起，是派对成功的关键。

“我真的不擅长烹调。”

反驳观点：你并非一定要烹调。你可以从超市买回冷冻食品，加热后再配点蔬菜；或者购买外卖食物，也就是别人已经替你完成了大部分工序的食物，比如准备好的鸡肉派和调料，你需要做的就是简单地弄一盘蔬菜沙拉。（如果经济条件允许，也可以求助于专业机构，他们能够帮你从头到尾准备一场非常美味的宴会，确保不给客人留下任何遗憾。）

“我没有拿得出手的餐桌配饰。”

反驳观点：一个很差劲的借口。这正是朋友存在的意义——向他们借！

“每当出问题的时候我总是无法应对。比如，无法将主人的风采展现出来，食物出现问题，或者令客人感到不开心。”

反驳观点：这种事情并不总会发生，即使发生，也完全可以变坏为好。（就像我举办的那次土耳其烤肉晚宴一样：在客人到来之前，我突然发现烤炉打不开了，于是我们叫了芝士汉堡外卖，结果证明，那是我举办得最成功的派对之一。）

举办宴会所获得的满足感将大大超出你为此付出的努力。"招待"一词其实涵盖了所有要做的事情。也就是说，事无巨细，方方面面都要考虑。招待的方式可以有很多种，比如邀请一位年老孤独的邻居来家中饮茶；或者邀请二十几位生意伙伴参加宴会；如果你是一位女士，可以在炎热的夏日约几位女士共享鸡肉沙拉；抑或你是一位男士，在寒冷的冬夜里，叫上一群小伙子来家里玩扑克，然后大嚼热玉米牛肉和卷心菜。无论邀请人们来家中做客，还是到外面的餐馆进餐，只要你为此花费了时间和精力，就都属于招待行为。

在招待客人的过程中，你很自然地会为他人着想，期待大家共度开心时光。而在你付出的同时，人们也会将自己收获到的满足与快乐加倍地回报给你。

所以，放手去做吧。拿起电话，向朋友发出邀请。记得打开电话录音，并在谈话结束后将录音以邮件形式发送给对方，提醒他们不要忘记电话中沟通的细节。

我不会告诉你应当准备什么样的菜肴以及如何烹调。有关这方面的内容，已经有太多书籍和电视节目可以参考。我要告诉你的是举办招待活动的理由，以及为什么应当付出努力，为什么应当重视这样的活动；我还要告诉你怎样扮演好主人或者客人的角色，以及和以往的招待形式相比，今年又发生了哪些变化；当然，我也会谈到一些传统的招待方式，比如餐具的摆放方式，上菜的流程等；我还要让你学会如何培训招待人员（也许受训者就是你十几岁的孩子）。总之，所有方法都是从多年的操作经验中总结而来的，高效且简洁，绝不是变幻无常、浮华庸俗的小伎俩。

我不会告诉你应当买什么样的白葡萄酒，而是告诉你如何上酒。我不会建议你在桌子中央放置什么样的花束，因为你也许想用鹅卵石或者贝壳来代替，我只会为你提供一些建议，从而激发你的想象。我不会自找麻烦地告诉你宴会上需要上几道菜，因为那是你的选择，但我会建议你少上几道（出于经济和健康的考虑，二三道足矣），把更多精力放在制作容易烹调且味道鲜美的饭菜上。我不会对你担心打破别人的玻璃杯或者将饭菜洒在餐桌上表示同情，我只会告诉你如何处理自己制造的窘境，并向主人得体地表示道歉，打消对方认为你会制造更大麻烦的担心。

无论你是主人还是客人，都必须承担起相应的责任，考虑各种可能发生的状况。因为作为一个独立个体，你既有能力创办一个派对，也有可能毁了它。当你清醒地认识到这一点，自然会明白自己究竟能够做些什么。

本章的目的在于帮助你成功地招待客人。我认为，邀请两个人和两千人并无分别。想一想，当你招待了客人之后，他们会在接下来的几个月中都带着感激的心情谈及此事，这种感觉会有多么美妙；而当你参加了他人派对，并在接下来的几个月里不断回味，这种感觉又会是多么有趣。

所以说，命运完全掌握在你的手中。除了自己，没有人可以帮你成为完美的客人或者主人。从另一个角度讲，即使你有意打破传统宴会的虚浮习俗，也必须先知道它们原本的样子！

◀通过宴请结识朋友▶

宴请朋友是需要驱动力的。换言之，人们之所以愿意招待他人，一定是受到了某种原因的激励。而其中最重要的一点是：人类都有群居的需求。为了避免患上“孤独”病，人们需要时不时地走出家门和其他人进行交流。在所有能够满足人类沟通需求的方法中，最有效的莫过于彼此宴请。如果你真的没有合适的房子来招待他人，不妨将客人带出家门，餐厅、旅馆、俱乐部，甚至快餐店都可以作为聚会地点。事实上，认为自己的房子不够资格宴请的人是在刻意回避。

我有一位年轻的朋友，用他自己的话说，每次都是在纽约的狭小陋室中招待朋友，而那已经是他能够支付的极限。他说：“是朋友装饰了我的房子。他们如此出色，令我的房间蓬荜生辉。”我还有一位朋友，也不喜欢自己的房子，但那也是她能够支付的极限，她选择在派对时关掉电灯，点燃蜡烛，这样就没人能看清楚房间是什么样的了。

现在，有很多宴会是出于商业或者公益的目的。这些宴会通常在饭店和餐厅举办，人与人之间缺乏近距离接触，彼此存在较强的距离感。但是有些方法可以解决这类问题，让宴会变得温暖而富有人情味，我来告诉你怎样做。

当你遇到下列情况时，则需要举办一次宴会：

- 别人曾经邀请过你，但你并没有回请对方。你也许单身，而且非常抢手，但这并不意味着你就可以沾沾自喜，忽略自己应当承担的社交责任。
- 你遇到了某位让你感兴趣的人，希望进一步加深了解。
- 你认为自己很有必要扩大社交圈。
- 你刚刚搬进一座城市，正站在社交生活的起跑线上。
- 你希望和老情人重燃激情。
- 你希望重新展开一段恋情。
- 你对鳏寡孤独者深感同情。
- 你打算帮助朋友扩展社交圈。
- 你认为自己的社交专长有可能带来商业上的成功。
- 你希望向那些帮助过你，或者在热爱的事业上扶植过你的组织及个人表达感激之情。
- 你希望创造一次机会，说服某人帮你安排工作、给予经济援助、提供业务支持、撰写重要的推荐信、同意与你合伙、投资你的公司，甚至——答应和你结婚！
- 当你感到自己很少被他人邀请、缺乏友情时，不妨考虑先邀请对方。
- 你试图赞美某人，令他充满自信。无论是因为他做出了不同寻常的事情，值得表彰，还是出于某些原因，感到痛苦抑郁，你都可通过宴请表达赞美之情。
- 你准备纪念某项特殊事件，如某件事的周年纪念、开幕仪式、表彰会等，或者是为某人或某个机构颁奖。
- 你想取悦某人。
- 你只是突然有个念头，想做出不同以往的事情，让自己振奋一下，来启动体内的发动机。

受欢迎的招待方式

也许你正在为聚会类型和参加人选犯愁，不妨试着这样邀请对方：

- "下周日做完礼拜以后，到我家里来好好地吃一顿早餐吧。"
- "下周一，也就是 14 日，早上八点，我邀请基金会的成员一道吃早餐。这一定会是一次卓有成效的聚会，我将奉上精心制作的蛋饼和点心！"
- "20 日，也就是本周六，过来一起吃午饭吧。我们准备为雷思丽举办一次秘密的生日派对，千万不要告诉她。"
- "非常开心地邀请您在二日，本周日中午至下午五点，到我们新装修的家中做客，本次聚会仅限成年人。"
- "我们初来乍到，很高兴认识所有的邻居朋友。欢迎大家在感恩节前的星期六，下午四点至七点半，参加我家举办的派对，期待您及您孩子的到来。"
- "周六下午四点到我家来喝杯茶吧。我已经好久没有见过您了，期待保持联络。"
- "诚邀二位参加周五（25 日）的晚宴，七点入场，七点四十五准时开始。"（关于宴会在哪里举办并无特别规定，房间、花园、厨房、庭院、门廊、露台、后院、水池边、树屋里、码头上，或者海边都可以成为合适的场所。甚至还可以考虑使用卧室！）
- "停下来喝一杯吧。"（这句话适合在音乐会、演出、电影、艺术展览或者孩子的钢琴演出前后说）。
- "在新年舞会开始之前来家里吃饭吧，八点半怎么样？"
- "30 日晚上六点，来参加我们的周日辣椒晚宴吧。如果您不喜欢辣椒，菜单里还有一些去火的菜。"
- "我很高兴邀请您在 4 月 15 日，星期四晚九点，参加我们举办的'单身'派对，您还可以享用餐后饮料及甜点。"
- "下周六，我们将在自己家中举办一次鸡尾酒自助餐会。届时将提供丰富的食物，您不必再用晚餐。"

- “我们准备于 7 月的第一个星期日举办一次盛大的家庭野餐。我们负责提供游戏节目和运动器械，现在号召每个家庭提供一道菜供大家享用。您是否愿意提供一盘沙拉？”
- “演出结束之后一起聚聚吧。多叫几个人去我家乐乐，一边喝香槟一边说说和演出有关的话题。”
- “周日下午在体育馆的足球比赛结束后，我们会准备一些饭菜和啤酒，欢迎大家前来做客。”
- “美食俱乐部活动将于本月 30 日在我家举办。这次的主题是西班牙之夜。期待您能度过一个美好的夜晚，我准备了好听的古典吉他 CD，供大家欣赏。”
- “鉴于大家都抱有追求智慧的渴望，我们的读书俱乐部应运而生。在开始第一次活动之前，请大家抽时间阅读同一本书，然后在晚餐时进行讨论。第一次活动将在我家举办。诚邀二位参加，时间为 1 日，星期五晚七点。”
- “周日下午四点，滑冰结束后来我家吧。大家可以一边享用巧克力或热汤，一边观看冬季奥运会的滑冰决赛直播。”
- “非常高兴地邀请您一家参加 7 月 4 日举办的沐浴派对，时间为下午四点到晚十点。请自行携带洗浴服装和毛巾，我们将提供其他用品。九点钟，城里还会有美丽的烟火表演。”
- “我筹划多时的晚宴派对终于要召开了，不知你们两位能否参加本月 5 日，星期四晚七点半，在帕姆餐厅举办的派对？如果当天大家都改变一下穿衣风格肯定会非常有趣，比如我就会戴上一条黑色的领带。自从杰弗瑞去世，大家对我给予了巨大的帮助，为了表达感激之情，特邀 10 位好友参加本次晚宴，而你们是我最看重的客人。”
- “是的，明天早上十点半带着孩子来我家吧。孩子可以在珍妮弗的小床上玩她小时候的玩具，而我们俩就坐在一起喝喝咖啡，尝尝丹麦饼，好好地谈一谈。”

任何类型的邀请都可能对被邀请人产生不同寻常的意义。当你向他人发出邀请，对方获得的快乐甚至会大大超出你的想象。

无论是何种类型的邀请，正式的或是非正式的，涉及重大事件的大型宴会或是仅有一位客人的简单聚会，都离不开提前思考、计划。要想取得真正的成功，还需要具备一颗关心他人的善意之心。

◀发出邀请▶

邀请函是说服人们参加派对的前提。如果你渴望对方参加自己准备的派对，应当重点针对派对主题制作最合适的邀请函，然后以最有效的方式进行邀请。也许正是你在电话中那温暖人心的声音和热情洋溢的态度感染了潜在的客人，令他们充满期待；又或者是亲手书写的邀请信，和别具一格的印刷款式吸引了客人来登门造访。

今天，我们能够通过各种方式获取派对邀请的创意，可选范围非常之大。正如已故的社交名媛艾尔莎·麦克斯韦尔（Elsa Maxwell）[①]在一次采访中所说："最好让人们在收到请柬后，产生死也要参加的渴望，而当客人一旦造访，就绝不要让他们失望！"

▶发送邀请函的最佳时间◀

尽早发出邀请，比仅仅提前一周或者更短时间发出邀请更易为他人接受。试想你接到某人电话，获邀参加三周后举办的晚宴，同时又收到另外一场活动的邀请，而准备时间只有两天，两种感觉是完全不同的。

大多数人都喜欢用计算机打印邀请函，如果你计划举办一场大型派对，准备时间就需要 2~4 周（因为印刷需要 4 周的时间）。考虑到还要在信封上写地址、贴邮票，再加上邮寄的时间，至少需再加 5 天。

当然，也有一些邀请函是在最后一刻发出去的，令接收者毫无准备。在某

① 艾尔莎·麦克斯韦尔（1883—1963），美国作家、作曲家。以举办别出心裁的上流社会聚会而闻名。——译者注

些情况下，这样做的确非常有趣。然而，大部分以信件邮递的社交聚会邀请函，都应事先到达。

- 如果你有足够的自由安排宴会时间，不妨遵循我的经验。通过邮寄或者打电话发出邀请的最佳时间是：
  - 举办商务或者社交午餐的前 2~3 周。
  - 举办鸡尾酒会的前 3 周。
  - 举办重要商务社交晚宴的前 4 周。
  - 举行结婚仪式的前 8 周。
  - 举办舞会的前 4~6 周。
  - 在家中举办聚会的前 2~3 个月。
- 如果你在派对开始前夕才收到邀请函，请不要生气或者认为受到了轻视，因为有些人直到最后一刻才准备好晚宴。或者你得知自己原本不在邀请名单上，只是作为候选对象在最后一刻被替补了上去，即便如此，也没有必要恼怒。我曾经被问及，如果某人很明显是因为重要人物的离去，才被选为候补的参会者，这是否算得上一件非常丢脸的事情，我的回答是否定的。我认为，这位获邀者应当坦然地接受邀请，因为她很可能会度过一段非常美好的时光（事实证明大多数情况恰恰如此）。对于在最后一刻才收到邀请函的客人来说，这也是一个施展自己的魅力好机会，借此来证明自己是颇具价值的来宾，值得在下次举办派对时被主人列入第一手名单。

▶ 预邀请函 ◀

"预邀请函" 通常是在某次活动开始的前 3~4 个月，由承办方向与会嘉宾发送的函件，一般适用于大型派对或重要聚会，比如公司成立百年庆典、大型集资活动、慈善拍卖会或者公益舞会等。

预邀请函既可以是简单印刷的明信片，也可以是特别设计并配有专门信封的卡片。它是被邀请者对宴会的第一印象，所以，理应花费心思设计一番，并且妥善地发放出去，仓促完成的卡片是不可能带来好印象的。

下面是一个私人派对的预邀请函范例。主人的名字位于卡片下方：

为了纪念我们的父母结婚50周年
诚邀您参加
9月20日，星期四
举办的正式晚餐舞会
地点位于春湖和兰桑梅路的拐角处
戴维·布朗农场
邀请函将随后寄到
戴维·布朗；苏珊·布朗；理查德·泰森斯

下面是一张集资慈善晚会的预邀请函：

国际教育研究所集资晚会预邀请函

为庆祝蒙多时尚商场开业
诚邀您参加
6月15日，星期六
晚八点至午夜
举办的正式晚会
地点位于加利福尼亚纽波特
世界购物中心
正式邀请函随后寄到
（详情请咨询000-000-0000）

▶正式邀请函◀

正式邀请函只需遵循传统的格式，几十年的历史已经证明，它能够有效地实现信息沟通的功能。

比如下面由9个部分组成的标准格式邀请函，就能够很好地实现社交功能。当然，你还可以根据自己的需求进行适当调整。你也许希望将右下角的服装说明（“请穿黑领结晚礼服”）改为“代客泊车”；也许希望根据自己的安排更改左下角注明的“请赐复”内容，比如标明电话号码、邮箱地址、街道地址，或者写上一句“回复卡请封袋”，甚至什么都不写（毕竟，一个密封的、带有地址的请求回复的邀请卡本身就说明了一切）。

标准格式的正式邀请函

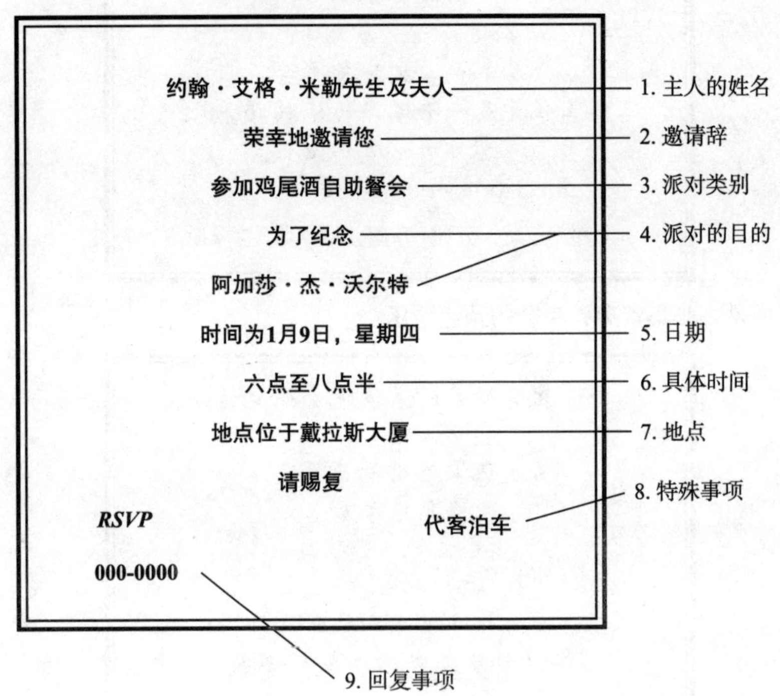

▶邀请人◀

在邀请函上注明邀请人非常重要，不要只是注明公司名称。也就是说，一份标有“考纳尔商场邀请您……”或者“米格思国家银行热情地邀请您……”的邀请函看上去会不太对劲。邀请人应当是某个人或者某一群人，最好有具体的名字。如果你因为某种原因不希望列出名字，至少也要在邀请函上要写出自己的职位，比如，“考纳尔商场主席热情地邀请您……”或者“米格思国家银行董事会主席很荣幸地邀请您……”

多个邀请人的情况：

- 你可以直接将邀请人的姓名垂直或者水平地列在邀请函上；或者，你的邀请函设计师希望名字按照特殊格式排列，成为设计的一部分。

- 当几位邀请人在年龄和地位上相差无几时，可以按照姓名的字母顺序排列。当邀请人情况有较大差别时，对于社交性邀请函，应当将职位较高或者年龄较长者列在前面，而对于商务性邀请函，应当将公司领导列在前面。
- 如果派对是在某人家中举办，需将主人夫妇的姓名排列在先，其他合办者次之。
- 如果邀请人很多，应当使用统一标准来列出所有人的姓名。比如，在一份慈善委员会的邀请函上，最好只写个人姓名，而不写其称呼，如下面左栏所示。不要像大杂烩一样列出所有人的称呼，如下面右栏所示。

正确的列法	不正确的列法
玛丽林•爱考恩	玛丽林•爱考恩夫人
约翰•艾格纽	约翰•乂格纽先生
伊芙琳•安德鲁	伊芙琳•安德鲁夫人
维克多利亚•亚瑟	维克多利亚•亚瑟夫人
本杰明•巴恩维尔	本杰明•巴恩维尔先生
芭芭拉•柏森	芭芭拉•柏森女士
珍妮弗•比尔沃斯	珍妮弗•比尔沃斯小姐

当然也有例外。如果在一份以字母顺序排列的名单中，有一位医生和一位军队军官，那么，应当在他们的姓名后面添加称呼，其余也同样处理。比如：

本杰明•巴恩维尔先生

尊敬的格尔兹•安东尼先生

医学博士罗伯特•加拉格尔先生

玛瑞安•约翰逊上校

▶邀请函用语◀

对于一场大型的、正式的派对来说，应当由书法家或者写得一手好字的人来负责书写邀请函。可以先在文具店买来印刷好的邀请函，然后在预留的空白部分书写特殊内容。书写邀请函应使用专有用语。

非正式版：

> 谢默斯·欧博文先生及夫人
> 诚邀您
> 参加晚宴
> ……

正式版：

> 谢默斯·欧博文先生及夫人
> 很荣幸地邀请您
> 光临晚宴
> ……

更正式的：

> 谢默斯·欧博文先生及夫人
> 很荣幸地邀请
> 罗伯特·霍戈特三世及夫人
> 光临晚宴
> ……

陈述邀请目的

无论是正式邀请函还是非正式邀请函，其措辞几乎都是一致的。

来宾姓名以及举办派对的目的可以放在如下位置：

- 邀请函的左上角。这部分内容可以手写。
- 先对派对类型进行描述，然后在类型描述的下方书写派对目的。

正式版：

> 乔治·史蒂芬森
> 马克顿公司总裁
> 很荣幸地邀请您
> 参加2月[illegible]，星期一的午宴
> 以纪念塞缪尔·马吉尔
> ……

非正式版：

> 为了纪念塞缪尔·马吉尔
> 乔治·史蒂芬森
> 马克顿公司总裁
> 诚邀您
> 于2月8日，星期一
> 共进午餐
> ……

▶提醒卡片◀

这类卡片对下面两种人具有提醒作用：

- ○有些人已经通过电话收到了你的邀请，但是没有任何纸面的东西可以提醒他们何时、何地参加派对。
- ○有些人四五个月前就收到了你的邀请函，有必要再次进行提醒。

提醒卡片的种类：

- ○你可以选择用一张简单的明信片来提醒客人。

亲爱的莎莉和马克：

非常高兴你们能够出席这次晚宴！具体时间是11月2日，星期四，晚七点半。地点就在我家（里奇伍德街，132号）。

格里尔森一家

- ○如果你仅仅提前几天邀请人们参加派对，邮寄提醒卡片可能无法及时送到，不妨直接发传真。
- ○当你举办的是一场盛大的派对，而且客人已经于10天前收到了邀请函，你可以印刷一批提醒卡片邮寄给对方，内容如下：

特此提醒您
温斯洛普·巴特斯先生及夫人
期待您光临晚宴
时间：10月6日，星期三
晚八点
地点：华盛顿乔治城大街1900号
猎人俱乐部

○假如你每过一段时间就会邀请朋友做客，并因此长期需要提醒卡片，那么最好一次性从文具店多买些备用，这样既方便又便宜。每当需要使用的时候，就直接在印刷好的提醒卡片上手书所需的内容：

提醒卡片
【书写主人姓名处】
期待您参加
【书写派对名称】
时间：【书写派对时间】
地点：【书写派对地点】

请赐复
000-000-0000

你的姓名
地址
邮编

▶邀请函的种类◀

做出举办派对的决定后，你将采取何种方式邀请客人？假设有一位名叫贝蒂·诺尔顿的女士，正打算为丈夫40岁生日举办一次晚宴，她可能会这样做：

○使用精美的信纸书写邀请函。

亲爱的罗斯和格雷格：

鲍勃40岁的生日就要到了，我准备邀请一些朋友于7月23日，周日晚七点来我家（第一大道1420号）一起吃晚饭，给鲍勃一个惊喜。你们是非常重要的客人，一定要来啊。回复请拨我家电话（000-0000）。无需携带礼物！

诚挚地

贝蒂·诺尔顿

○ 如果她没有时间打电话或者亲自书写邀请函，也可以向受邀者发送传真。

欢迎您于 7 月 23 日，周日晚七点，光临我家（第一大道 1420 号），参加鲍勃 40 岁生日晚宴。回复请拨我家电话（000-0000）或我办公室电话（000-0000）。

贝蒂·诺尔顿

○ 设计自己的邀请函：她挑选了一张鲍勃·诺尔顿小时候的 5 寸黑白照片，将此照片复印了 50 张，然后在每一张后面都亲手写上邀请内容。

○ 从贺卡店或者文具店购买一些可供书写的卡片，无论是正式卡片，还是有趣的庆祝类卡片都可以。

○ 从文具店购买带压印文字的、可供填写的卡片（如下所示）。

○ 从文具店定制印有特殊内容的、压印的卡片（如下所示）。

○ 给受邀者打电话。这是最便宜的办法，但是必须记得随后给每人发送一张非正式的提醒卡片。

带压印的，留出空白可供书写的邀请函：

贝蒂·诺尔顿

荣幸地邀请

汤姆和苏珊·威灵

光临罗伯特·诺尔顿40岁生日

的惊喜晚宴

时间：7月23日，星期日

晚七点

请赐复

000-0000

第一大道 1420号

得克萨斯，福特沃思

000000

全部印刷好的的邀请函：

贝蒂·诺尔顿
期待您能够参加晚宴
庆祝格斯图·鲍勃的40岁生日
让他感到又回到了20岁
时间：7月23日，星期日
晚七点
地点：福特沃思
第一大道1420号
请赐复

充分发挥创意

如果你想令邀请函富有创意，不妨看看别人是怎么做的。可以肯定的是，人们都喜欢收到承载了主人内心情感的邀请函。如果你的邀请函具有与众不同的地方，就一定会令接收者耳目一新，并深深地印入记忆中。

○ 比如下面结婚纪念日的邀请函：

杰米和比尔·哈特曼
诚挚地邀请您
参加鸡尾酒舞会
庆祝他们结婚10周年
时间：5月7日，星期六
晚5点至8点
地点：皮尔斯街
八角俱乐部（这也是他们结婚的地方）
当年参加婚礼的来宾届时也将再次光临
当年演奏婚礼乐曲的乐队“十四日”也将
再次献艺

请赐复
000-000-0000

○ 来自华盛顿的乔治·格雷博夫妇准备在庆祝结婚20周年时，将邀请内容编成一首诗体小文，用红色字体印刷在了白色的立式邀请卡片上。几十年来，贝蒂·比尔一直是华盛顿知名的专栏作家。

> 乔治和贝蒂·比尔·格雷博
> 非常非常荣幸
> 期待您抽出闲暇的时间
> 参加5月19日举办的
> 自助餐舞会
> 来庆祝我们结婚20周年
> 地点就在切维蔡斯俱乐部
> 您可以选择六点半至九点的任何时间前来
> 但看在上帝的份上不要带礼物
> 因为您的光临本身就是一份厚礼
> 请赐复——000-000-0000

还有一对夫妇，计划邀请朋友参加他们的结婚35周年庆典。他们将自己当年结婚典礼上切蛋糕的照片印在了邀请卡片上，并且注明了晚宴的时间、俱乐部的地址，以及俱乐部负责接收回复信息的电话号码，却唯独没有写明主人的名字。这给许多年轻时并不认识他们的客人出了个难题，因为单从照片上来看很难判断邀请人是谁。但到最后，神秘主人的身份终于揭晓，整个庆典也因为这份出人意料的邀请函而充满趣味。

- 情人节创意。有一位女主人安排了晚八点的情人节晚宴，并为此规划了一个美妙的创意。她先是从文具商那里定制到一些红色文件夹，然后从文件夹上剪出心形，在每颗心的背面书写邀请词，邀请客人们参加2月14日的浪漫晚宴。最后，又将这些邀请函装入从文具店买来的明亮的红色信封，邮寄出去。可以想象，她并没有花费多大工夫，却令所有客人在收到邀请函的那一刻，产生怦然心动的感觉。

▶回复请求◀

- 如果你希望客人在收到邀请函后进行回复，可以在邀请函的左下角注明“请赐复”的字样，并附上地址或者电话号码。
- 你也可以将一张已经写好地址的回复信封装入邀请函中。（许多主人还会非常谨慎地在信封上贴好邮票，认为这样也许会令更多人接受邀请。我的看法是，作为邀请函接收者，购买一张邮票并将它贴上信封本来就是分内之事。）

回复卡片（如果邀请函是压印的，那么回复卡片也应当是压印的；如果邀请函是印刷的，那么回复卡片也应当是印刷的）的格式如下：

________先生/女士
________将参加
________将无法参加
安森·穆尼先生及夫人
在6月8日，星期日晚八点
举办的晚宴

谨请告知

在邀请函的左下角标明“如有不便，谨请告知”的字样，并附上电话号码的行为，本无可厚非。然而，我却认为这种方法是助长懒人的行为，这会使他们更加懒于回复。当然，如果客人无法参加派对，他应当让主人知道实情，但如果能够参加，也应当让主人知道。只要你愿意，完全可以使用“如有不便，谨请告知”的方式。但我永远都不会这么做，因为我希望我的朋友能够友好地回复邀请函，无论他们是否接受邀请。

要求在特定日期回复

许多人都会在要求回复的卡片底部写上：“请在某月某日之前回复”。

你当然有自由加上这句话，或者选择更加正式的语句：“请您在如下时间之内给予回复。”但这同样是一种纵容社交懒惰的方式。收到邀请函的人应当感到非常荣幸，并非常高兴地及时回复主人，并不是非要强求必须在某个日期之前回复。然而，有些人相信这样的语句能够刺激那些桀骜不驯的客人早做决定，参加派对。（我的观点是，“谁会需要那样的客人呢？”）

"无需礼物"

许多人在举办生日或者周年庆典的时候，并不希望客人携带礼物，于是他们会在邀请函上特别注明。我仍然认为，类似"无需礼物"、"请不要带礼物"的语句和"如有不便，谨请告知"一样，都应当被归入消极的邀请函之类。相反，你可以在朋友圈里交待，表示自己真的不希望他们带礼物过来。作为客人，永远都有权利在派对前后寄送礼物。（如果客人没有遵循关于礼物的建议，主人也不要在客人面前拆开包装。）

白宫邀请函

你能够在邮箱里发现的最令人激动的东西，恐怕就是寄自白宫的国家晚宴邀请函了。（当你看到白宫信纸顶端，那压印着金色总统印章的标志时，心跳一定也会加速吧！）毕竟，总统那位于宾夕法尼亚大街的宅邸，一向都被视为世界上最重要的社交场所之一。除非极其特殊的情况，任何人应该都不会拒绝从白宫发出的邀请函。

白宫的招待宴会遵循了最高级别的国际标准，是完全按照招待外国领导人的外交水平安排的。这一点从如下细节就可见一斑：

- 邀请函使用的特制信纸。
- 按照总统在白宫北门廊接待外国首脑及夫人的欢迎仪式开场。
- 当主人或主宾国代表进入东房[①] 与客人会面时，美国海军陆战队乐队将演奏乐曲《向总统致敬》，这首乐曲通常会在总统出席正式场合时演奏。
- 所有来宾会按照级别的高低组成迎宾队。
- 严谨而精致的上菜流程。

晚宴从头到尾都充满了美感：食物和美酒、鲜花、桌面装饰的设计，以及招待的水准，一切都遵循国家标准。尽管我们无法复制总统在白宫招待客人的模式，但仍然可以从中获得灵感，学到知识。我们所要做的，就是根据自己的需求和实际情况来简化或者适应总统的招待方式。

---

① 白宫内最大的厅，主要用于政府举办仪式，舞会等。——译者注

在白宫的社交信纸上方，压印着一枚金色的、凸起的、刻有花纹的总统印章。信封和压印的邀请函上，有专职书法家撰写的客人姓名，这些都是在社交秘书的监督下完成的。我们可以参考其样式，设计自己的邀请函、回复卡片、桌面卡片、座位卡，以及菜单。当然，除了那枚金色凸起的总统印章。而说到邀请函的内容，“约翰·泰德维尔·史密斯非常高兴地邀请您……”和“美国总统里根及夫人非常高兴地邀请您……”其实并无区别。

The President and Mrs. Reagan
request the pleasure of the company of
Mr. and Mrs. Hollensteiner
at dinner
on Thursday, October 6, 1988
at 7:30 o'clock

Black Tie

另附一张卡片（9×11 厘米大小）说明宴会目的：

On the occasion of the visit of
His Excellency
The President of the Republic of Mali
and Mrs. Traore

白色的邀请函卡片上，印有金色的、凸起的、刻有花纹的总统印章。

邀请函里还包括一张回复卡片和有关入门处安全许可证的介绍。

每位客人的座位上都放有一张菜单卡（11×18 厘米大小），上面同时用英文和法文标明了宴会菜肴的名称：

DINNER
Honoring His Excellency
The President of the Republic of Mali
and Mrs. Traore

Vegetable Terrine
and Lobster Medallions
Curry Mousseline
Fennel Leaves

Roast Loin of Veal with Wild Mushrooms
Semolina Gnocchi
Sautéed Zucchini

Radicchio and Endive Salad
Bel Paese Cheese

Cold Pumpkin Soufflé
with Candied Ginger
Petits Fours Sec

CHÂTEAU ST. JEAN Chardonnay 1986
STERLING WINERY LAKE Pinot Noir 1986
SCHRAMSBERG Crémant Demi Sec 1984

THE WHITE HOUSE
Thursday, October 6, 1988

以上所举的例子，是白宫在 1988 年，为迎接马里共和国总统到访所举办的晚宴。而宴会主人，正是我们相当熟知的总统夫妇：罗纳德·里根及夫人南希。除了上述内容，还有一些卡片没有详细解释，但它们也属于白宫国宴邀请函的一部分：

○一张回复卡片。

○入门处安全许可证。

○一张桌面卡片（用来提示客人所属的桌位编号）。

○一张座位卡片。

客人到达的时候还将得到一张卡片，上面写着桌位信息号码，当然，在相应的座位上，也放有一张由书法家写好的座位卡片。

◀回复邀请函▶

每份邀请函都应当在一周内得到回复。主人有权知道自己邀请的客人在安排上可能会出现的问题。作为客人，不应当不提前说明情况，让主人直到最后一刻才知道。回复的方式可以有很多，电话、邮件、传真都可以，关键是要回复！

▶正式的手写回复◀

当然，最好的方式就是发送一份正式的手写回复。将内容手写（如果你的书法和我一样差，也可以打字）在一张优质的信纸上，即个人信纸，那种拥有配套信封的回复卡片，或者折叠的便条纸。格式应当与邀请函一致，内容位于卡片中央。

接受邀请的完整回复格式：

沃尔特·洛奇先生及夫人
非常高兴地接受
唐纳德·艾伦·赖斯先生及夫人
的热情邀请
将准时参加在8月8日，星期六
晚七点半举办的晚宴

或者这样写：

沃尔特•洛奇先生及夫人
非常高兴地接受
赖斯先生及夫人
热情的晚宴邀请

接受邀请的简短回复格式：

沃尔特•洛奇先生及夫人
非常高兴地接受
唐纳德•艾伦•赖斯先生及夫人
的热情邀请
将准时参加 8 月 8 日，星期六的活动

拒绝邀请的完整回复格式：

我认为，当你打算拒绝邀请时，即使是以正式信件形式表达，也应当说明原因。这就是为什么我建议在拒绝信件中，加上一句话来稍加解释，尽管这样也许会使回复显得不那么正式。缺席的原因可以是“疾病”或“早先答应参加另一个婚礼”，又或者“洛奇先生的演讲恰好安排在同一天晚上”等。比如：

沃尔特•洛奇先生及夫人
很遗憾
无法接受赖斯先生及夫人
的热情邀请
因为他们目前在外地
无法参加 8 月 8 日，星期六
晚七点半举办的晚宴

拒绝邀请的简短回复格式：

沃尔特·洛奇先生及夫人
很遗憾
无法接受赖斯先生及夫人
在8月8日，星期六
的晚宴邀请

受邀夫妇一方接受，而另一方拒绝的情况：

假设洛奇先生在晚宴当天不得不出门，而洛奇夫人却很想参加这次聚会。他们的回复可以如下：

沃尔特·洛奇夫人
非常高兴地接受
唐纳德·艾伦·赖斯先生及夫人
的热情邀请
将参加在8月8日，星期六举办的活动
很遗憾
洛奇先生
因为外出无法出席

自我组织的能力

宴请工作非常辛苦，这是众所周知的。那些有关名人一时兴起，冒出个举办派对的念头，然后花上几个小时就拼凑出一场20人宴会的故事，全是瞎编乱造。他们或者是辛辛苦苦工作了好几个星期，但是不愿意承认，或者是高薪聘请了高素质的专业人员，在没有提前通知的情况下迅速行动。

经常举办派对的好处在于，你的经验将不断积累，技巧和应变能力也随之提高。我 20 多岁的时候，曾经在纽约连着三个月，前后举办了 6 次自助晚餐，菜单内容都是红酒烩鸡面、法国四季豆、沙拉，还有从商场买来的配有热奶油糖果调味汁的咖啡冰激凌。后来，我几乎在睡梦中就可以完成这些工作了。由于举办派对越来越简单，我年复一年地邀请朋友们前来做客。直到后来，我终于意识到有些朋友已经吃过好几次同样的饭菜了，以至于他们每次都可以提前预见晚餐的内容。于是我不得不表示歉意。有人说，大伙能够接受重复菜肴的限度是每周一次。

宴请工作难度最大的部分在于：如何合理组织，确保所有细节以及后勤工作都万无一失。每次举办完毕你都会发现，自己比以前更加驾轻就熟了。我有一位朋友，举办派对总是亲力亲为，一手包揽下所有的工作，她不无骄傲地说，“我已经变成了众所周知的超级大厨和完美管家了。”而另一位朋友则采取连续几晚举办自助晚餐的方式，她使用同样的葡萄酒、花束，甚至食物。（因为可以大量购买，采购工作也变得更为简单。）

获得丰富宴请经验的另一个好处在于，解决突发事件的能力也将大大增强。尽管可能发生各种问题，但聚会必须继续下去。我曾经看到在一次宴会上，一位服务生喝得酩酊大醉，不得不被两位强壮的客人逐出会场的情景。尽管如此，当时主人仍然可以冷静地劝慰服务生领班，而不是只顾自己。还有一次，一位朋友准备举办舞会，但是管弦乐队的车堵在了路上。从主人最终解决此事的方法上看，危急时刻采取补偿、替换或者改变主题的方式，甚至只是大笑一番，都可以起到引导客人的作用，从而让他们配合你的安排。后来，原本准备举办舞会的主人手持麦克风，向大家解释了乐队的意外情况，随后又充满激情地发起了新的主题，热火沸腾的场面就像是在组织一场拉拉队活动，而原来的“年度舞会”最终被更改为“年度鸡尾酒会”！人们随声欢呼庆祝。因为主人的灵机一动，来宾们享受到了美好的时光。没有任何一场“看不见舞蹈的舞会”比这一次更成功了。

▶宴会成功的基础◀

○建立一本“派对笔记簿”，也就是你的工作手册。在手册里，所有和派对相关的项目都囊括在内，从预算金额到邀请人名单，从购买什么香型的卫生间清新剂到酒吧里柠檬汁和莱姆[①] 汁的数量。事无巨细，内容还包括，所有待定的事宜、所有相关人员的姓名、地址、电话号码，等等。这本手册应当成为你在准备派对期间随身携带的必备物品，以便随时核对，敲定最终清单。养成习惯，在派对笔记簿中记录下各种类型的派对特点，下次遇到同样类型的工作时，你会变得卓有成效。

- 制作预算。除了建立笔记簿，制作预算永远都是最先需要准备的事情，如果你的承受能力有限，就一定要确保不会超支。为了让预算与账单数额相匹配，当费用比预估超出很多的时候，你可能会不得不削减掉一些项目。但不必担心，因为你永远都可以找到方法来节俭地操办派对。比如，减少从花店购买的鲜花数量，代之以更多的绿植；从菜单上削减一道菜，比如烟熏大马哈鱼，也许它本来就不包含在你的预算之中,客人不会感到有什么不同。注意不要在酒水上节约经费，但你可以购买一些物美价廉的品牌。
- 确定派对时间。不要和当地任何一个大事件冲突，或者占用人们希望在家中看电视的夜晚，比如，奥斯卡金像奖颁奖晚会。
- 决定派对类型。自助晚餐；小型午餐；家庭海边野餐；鸡尾酒商业社交聚会；为即将迈入围城的订婚朋友举办的比萨和啤酒聚会；为离婚的朋友举办的聚会；周六的下午茶派对。决定派对类型是安排派对的前提条件。
- 决定派对的地点以及具体时间。你可以选择任何地方，只要是舒服，客人容易找到，从逻辑上讲适合吃饭即可。

经典的派对时间如下：

- 早餐：早八点或九点，视派对所涉及的商业或者社会活动而定，通常持续一个小时。
- 早午餐：上午十一点。持续一到一个半小时，在周六或者周日举办。
- 午餐：中午十二点、十二点半，或者下午一点。通常持续一个半小

① Lime，酸橙、青柠。——译者注

时到两个小时。

- 茶餐：任何地方，从下午三点半到五点半，持续一个小时。
- 鸡尾酒会：晚五点到七点、五点半到七点半，或者六点到八点。一些客人可能会多待一会儿，直到派对结束后半个小时关门时才走。对于从六点到八点的鸡尾酒聚会来说，如果主人在八点半以后关门，其做法并无不当。没有任何行为比直接关闭酒吧更能有效地结束聚会的了。
- 鸡尾酒自助餐：晚六点到九点。同样地，建议在九点半的时候关闭酒吧，否则你的客人永远都不会走。
- 晚餐：晚七点、七点半，或者八点。通常持续三到三个半小时。如果安排舞蹈或者其他娱乐项目，则极有可能持续到午夜或者更晚。记住，对于任何类型的晚间派对来说，安排在正餐之前的鸡尾酒时间都不应当超过四十五分钟或一个小时。
- 晚餐后招待会：晚九点、十点，或者十一点，视其是否安排在演出或者博物馆开幕仪式之后举办而定。通常持续不超过一到一个半小时。大多数人在一场晚间活动后再参加一个小时的招待会都会感觉疲惫，因此，这种活动的功能应当是快速提供的香槟或者葡萄酒，以及一些小点心（通常是甜品）。
- 私人舞会（在今天是很少见的派对类型）：晚十点。既然正常情况下，客人们都会提前吃饭，他们可能不会在十点半或者十一点以前到场。舞会音乐通常会持续到凌晨两点，当然，舞会也可以超过两点，前提是主人愿意为演奏者提供加班费。午夜时分，会场将供应类似热意大利面、煎蛋卷或者鸡丁沙拉等轻便晚餐，以及甜点、啤酒、葡萄酒和香槟。
- 在笔记簿上编写你认为最有可能光临的客人名单。首先把有可能到来的客人姓名都写上，然后将他们归入不同类别。你会发现，最终名单将是一张混合了各类人员的有趣组合。

下面是几个常用的客人分类：

- 你需要感激的人。
- 初来乍到的新人。他们非常渴望有机会结识其他人。
- 多年未见的朋友。你希望再次与他 / 她加强联系。
- 过去一年中，对你来说非常重要的人。他也许是你的国会议员，又也许是孩子就读学校的校长。
- 每邀请 12 位客人，就安排一位了不起的健谈者。他们是缓解紧张，打破平静的能手。
- 重要的商务合作者及其配偶。
- 生活中的朋友：艺术课、烹饪课或者运动课上的同学；网球搭档；观鸟俱乐部的成员；医院的志愿者；空手道同学。
- 如果你年轻，可以邀请一对老年夫妇；如果你是中老年人，可以邀请一对青年夫妇。
- 你认识的社会名流。从新闻主持人到大学足球明星都可以。
- 国外的商业合作伙伴或者留学生。这些人往往都是美国人聚会时众人关注的焦点。
- 一位正在经历不幸的朋友（罹患疾病、与家人分离或者离婚、失去工作或者失去家人）。如果你所举办的宴会混合了很多人，而你又热情地将每一位来宾介绍给了每一个人，那么你的宴会将大获全胜。

○ 在记录簿中夹放一张邀请函复印件，无论手写、印刷、压印还是电子邮件都可。如果你是通过电话邀请客人的，可以放一张发送给客人的提醒卡片。如果你只是电话提醒对方，也要将这件事写下来，包括打电话的日期和回复内容。

○ 在派对记录簿中放置一张精心制作的客人名单，上面记录着最新的接受邀请和拒绝邀请的人员信息，这样你就可以确切地知道应当为多少客人提供服务。如果很多客人都拒绝了邀请，你应当立刻打电话邀请备选名单上的客人。

▶用好宴会承办人◀

如果你决定雇用宴会承办人，应当提前两个月签好协议，同时将其他需要用到的援助人员也安排好，比如厨师、酒吧招待、保姆、保洁，或者草坪维护员等，否则客人将不得不从你那高及脚踝的草坪上穿过。列出需要雇用人员的姓名、地址和电话号码，再加上他们的预定报价和支付方式。比如，有些人需要在派对举办前一星期得到一定比例的费用，而这笔钱有时甚至会高达总金额的一半；有些人则希望在派对结束之后再结清所有费用。

- 寻找宴会承办人可以通过多种渠道：
  - 你在某次派对上被某个人所在团队的工作、服务、所提供的食品以及做事风格所感动。
  - 你认识的某个人向你推荐一位他曾经雇佣过的宴会承办人。
  - 你在某张报纸的生活版面上读到，某位宴会承办人举办了一次成功的派对。
  - 你在电话黄页上找到了一份宴会承办人的名单，你给这些人打电话沟通，比较价格。同时咨询他们的推荐人。
- 决定宴会菜单。这里指所有的菜肴，包括正餐前的开胃小菜、鸡尾酒和葡萄酒。如果使用新菜单，不妨将它写入派对记录簿，当你再次使用的时候，就可以很方便地进行查询了。但是无论怎样做，都不应给宴会承办人安排过于复杂的任务。
- 制作派对所需物品的清单。将所有必须购买或者手头必须使用的项目写下来，从牙签到餐具清洁剂，从鸡尾酒餐巾到橄榄油罐子，从裸麦面包切片到苏打水饮料，从方糖到客卫香皂，从不含咖啡因的咖啡到芝麻菜，从座位卡片到樱桃味甜点上的樱桃，事无巨细。甚至当晚可能用到的日常项目，也不要忘记列上，比如盐、胡椒粉、纸巾、软饮料、汤尼汽水[①]、发泡苏打水，等等。
- 尽你所能，提前订购所有可以订购的东西，包括葡萄酒、烹调所需

① Tonic water,以奎宁调味的含矿物质的饮料。——译者注

调料、番茄酱、黄油等。提前做得越多，宴请工作就会越轻松。

- 对特殊设计的桌面装饰进行详细描述，包括花的品种，桌布的颜色等。将装饰拍成照片，以便自己能够很容易地回忆起它们的样子，说不定在未来的某次派对上你还会使用同样的方案。
- 如果你决定安排娱乐节目，也要写在笔记簿上。记录下所有演艺人员的姓名、地址、电话号码，以及你对他们的感受和评价。还要记录下娱乐项目的费用、代理人姓名和电话号码，以及演出所需设备（舞台、音响、讲台、灯光等）。

无论你打算用自己的音乐磁带作为伴奏，还是邀请客人演奏钢琴，都要记录下选择的曲目，以后当你回头再看的时候一定会觉得非常有趣。

如果派对所使用的是众人围坐的圆桌，最好提前计划一下每个人的座位次序。即使只是一场 8 人晚宴，也应当绘制一个非正式的草图来提醒自己晚宴的位置安排。

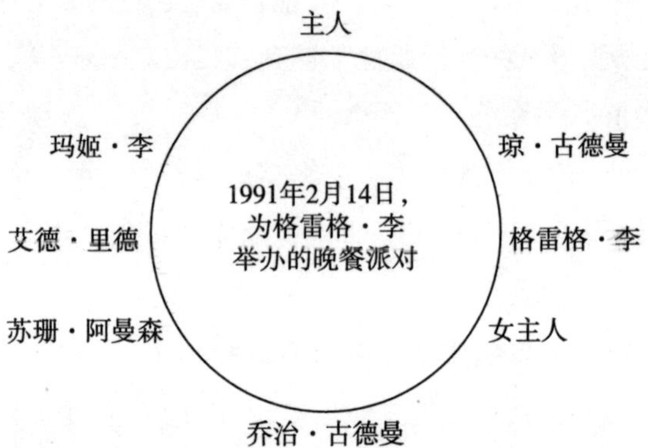

▶派对计划范例◀

百乐餐

所谓百乐餐，是指主人在家中组织非正式晚宴，要求每位客人或者每对夫妇提供一道菜。这是一种传统的美式宴请方式，既节约了每个人的预算，又缩短了宴会的安排时间。

主人通常负责提供鸡尾酒、白葡萄酒、主菜和咖啡。同时，为了满足宴会的特殊需要，也会协调客人所提供菜肴的种类，以确保菜单广受欢迎。比如，主人可能会对一位计划带水果沙拉前来的客人建议："我们的甜点里已经有水果了，你介意换成绿色蔬菜沙拉吗？"

每位客人都应当拿出自己最精致的餐具，并确保菜肴从冰箱里拿出来或者经过烤箱稍微加工就能够直接享用。派对结束后，主人最好能够将餐具清洗干净，然后在一周内将餐具还给它们的主人。不要让客人们依次去厨房清洗自己的餐具，再把它们带回家中。

你可以用一页纸来记录下派对计划。比如下面示例，就清楚地显示了由谁负责什么样的菜肴：

百乐餐

3 月 12 日，晚六点半

开胃小菜：露西和吉姆·麦克格拉茨
葡萄酒和啤酒：高登·玛斯顿
柠檬烤鸡：我们
玉米奶酥：琼和彼得·舒尔茨
烤西红柿和洋葱：格里和菲尔·米勒
蔬菜沙拉和面包：基尼和汉斯·米顿道夫
苹果派：麦克和杰西卡·菲尔德曼
普通咖啡及低咖啡因咖啡：我们

简易晚餐

对于大型晚宴和小型晚宴的定义，不同的人有着不同的理解。在我看来，小型宴会大概有 6~8 人参加；小型鸡尾酒会则需要 12~15 人参加。然而，在极少数情况下，对有些拥有大房子和私人服务人员的人来说，哪怕有 24 位客人，宴会也被定义为小型。（在本书中，不妨以我的数字为准。）

无论派对是大是小，准备好客人名单和派对计划都很重要，它们能够帮你合理地完成组织工作。有一对夫妇，每个月都会举办一次小型晚宴，而他们每次都会在记录簿上写下类似的内容：

八人晚宴

日期 | 2 月 14 日，星期四，情人节　　时间 | 七点半

客人名单

格雷格和玛姬 • 李，艾德 • 里德，苏珊 • 阿曼森，乔治和琼 • 古德曼（再加上我们自己一共八人）。

邀请函

自制的红色心形邀请函，1月20日寄出。

菜　单

鸡尾酒

开胃小菜　蔬菜沙拉蘸酸奶，热培根奶酪泡芙。

第一道菜　热奶油（罐装）虾肉汤，配柠檬片和新鲜嫩莳萝。

第二道菜　米饭填烤鸡，蒸花椰菜，什锦绿色沙拉。

甜点　巧克力酱薄荷冰激凌（装在心型杯具中），浓咖啡。

饮料　红酒或者白葡萄酒。

装　饰

花饰　在门厅高处放置月桂树叶子，在咖啡桌上面的碗中放置彩色银莲花植物。

餐桌　每个座位前面摆一小杯水，里面浮动着红色和白色康乃馨花瓣。桌子中央用红色和白色蜡烛围成环形。

桌面礼物　每个座位前面放置一只红色缎面心形盒子，里面装着巧克力糖果。每个座位上放置一张情人座位卡片。

音　乐　整晚播放弗兰克·辛纳屈（Frank Sinatra）[①]的爱情歌曲（CD或者磁带）。

预　算　根据预算计划购买物品，本次8人晚宴的预算是800美元。

支出清单　开胃小菜，汤和鸡肉，蔬菜和沙拉，冰激凌和饼干，7瓶中等价位的白葡萄酒，杜松烧酒、伏特加和苏格兰酒，鸡尾酒餐巾，从超市买来的冰块，食用苏打，柠檬和橄榄，8盒心形包装的巧克力，雇用保姆和隔壁高中生提供清洁服务。

① 弗兰克·辛纳屈（1915—1998），昵称瘦皮猴，著名美国男歌手和奥斯卡奖得奖演员。常被公认为20世纪最优秀的美国流行男歌手。——译者注

09
派对菜品、饮品和餐桌设计

大型晚宴的后勤工作

组织一场大型晚宴，就像是一位画家面对一张画布一样：首先勾勒草图，然后画出大致外形，最后再完成细节并进行填色。这个时候，派对记录簿愈加重要。你会希望自己为这个昂贵的宴会所花的每一分钱都能发挥最大功效，以确保达到预期目标。要知道，一旦开始装饰工作，很容易就会挥金如土。因此，必须保持清醒的头脑，提前将所需物品写在记录簿上，随时调整控制。

我认识一位非常优秀的女主人，她最近举办了一次有 55 位来宾参加的晚宴，这场晚宴无疑是成功的，它给所有来宾都留下了难以忘怀的美好印象。围绕着复活节主题，她一步步精心记录下所有准备工作。她安排了 5 张圆桌（桌子是从一家宴会承办公司租来的），每桌 10 人。其中两桌放在客厅，两桌放在起居室，还有一桌放在书房。她在记录簿中记录下如下项目：

50 人晚宴的预算（5 张 10 人餐桌）

日期 | 星期六 复活节之夜　　时间 | 晚八点　　服装 | 正装

宴会承办公司 | 哈里斯承办公司　　负责人 | 亚历桑德拉　　电话 | 000-0000

邀请函

她在记录簿中使用一整页纸来记录这部分内容。并附上了只需填写具体内容的邀请函格式。最后将由某位书法家来填写邀请函所需信息。

客人名单

她在这页列出了接受邀请的客人姓名，并计划用电脑来制作相应的座位卡片，比如：艾伯纳西夫人，艾伯纳西大使，尼尔森女士，维斯先生，每个人的名字后面都写有相应的电话号码，以备联系之用。另外，她还随时更新无法出席的人员名单，供自己参考。

餐桌设计

这一页上画着 5 个圆圈，代表 5 张桌子。她为这些桌子从 1 到 5 编上了号码，然后用铅笔标出每位客人的位置。她解释说，用铅笔是因为如有客人无法参加而另有新人加入时，她将不得不做些改动。

菜　单

在这一页中，她记录了鸡尾酒时间和晚宴时间供应的菜肴，以及晚餐后送上的食物。比如，她这样写道：

饮料　蜜桃比妮，苏格兰酒、杜松烧酒、伏特加，白葡萄酒，汤尼汽水和苏打水。

开胃小菜　肉酱蘑菇伞，熏火腿包无花果，烤奶酪三明治（瑞士奶酪和黑麦面包）。

晚餐　第一道菜：新鲜芦笋配柠檬酱和续随子酱。
第二道菜：烤羊羔肉，新鲜薄荷酱，新鲜土豆配香草黄油酱，胡萝卜配核桃黄油酱，菊苣芝麻菜沙拉。
第三道菜：巧克力蛋奶酥，香草酱，花式饼干，巧克力，黑咖啡。

酒水 普伊芙莫干白[1]（法国产），赤霞珠[2]葡萄酒（美国产），施拉姆斯堡白中白气泡酒[3]（美国产）。

餐后饮料 人头马，覆盆子与梨子甜酒，苏打水和冰块。

装饰品

这一页罗列了房间装饰的细节。

前厅餐桌 桌上放置一只装有白水的水晶大碗，将栀子花和配有水晶底座的蜡烛放入其中。

起居室和书房 放置一只花瓶，内插白色丁香花、百合花，以及浅色郁金香；放置一只高花瓶，内插金钟花束和苹果花枝。

5张餐桌正中的饰品 在盛水的水晶碗中放入薰衣草、浅紫色郁金香和粉色玫瑰，将浅紫色和粉色复活节彩蛋围绕在每只碗的四周，将白色长蜡烛放进水晶烛台中。

日用织品 5张10人座的圆桌各配一条浅紫色和粉色方格子的及地棉桌布，浅紫色餐巾纸（外面系有粉色丝带）。

娱乐项目

三位西班牙吉他手即将在客人用餐后演奏小夜曲，因此这一页中记录着所有与他们有关的信息：姓名、电话号码、费用，以及演奏时间。他们要在客人走进起居室准备饮用咖啡的时候，安静而迅速地出现，给所有人一个惊喜。

---

① 普伊芙莫干白（Pouilly Fume），法国名酒，酒体呈浅麦秆的绿色，香气呈现出无花果、蜂蜜、柠檬、香豆蔻以及橡木的味道。——译者注

② 赤霞珠（Cabernet Sauvignon），一种葡萄品种，其果皮厚、果肉少、颜色深，能够提供足够的色素及酚类物质，使其所酿造的酒浓郁厚实、多层次、含丰富的单宁，有着长久陈年的潜质，堪称是经典的酿酒品种。——译者注

③ 施拉姆斯堡白中白气泡酒（Schramsberg Blanc de Blancs），产自美国加州施拉姆斯堡酒园，由白葡萄霞多丽酿造。由于在酿造时加入少量乳酸发酵和橡木桶陈酿的基酒以增强酒的结构，这款酒呈现明快的果香和特别的酸度。——译者注

鸡尾酒派对

如果宴请的客人数量很多，鸡尾酒派对是不错的选择，而且准备起来更加容易。鸡尾酒派对通常持续一到两小时，当然还是有些人会赖着不想走。既然从传统意义上讲，酒精不应在五点以前供应，那么鸡尾酒派对的开始时间就安排在五点、五点半或者六点。在欧洲，大多数鸡尾酒派对在晚七点开始，九点结束，而五点的聚会则通常被称为“茶点时间”。

如果不得不采取关闭酒吧的方式来结束鸡尾酒会，应当提前让调酒师了解情况，以确保事情进展顺利。关闭时间最好在派对计划结束时间的半小时之后。比如，你的鸡尾酒派对计划从五点半开始到七点半结束，那么宴会承办者或者调酒师就应当在八点关闭酒吧（希望挺到最后的人能够明白你的意图）。

你需要准备什么

吧台数量

50 位客人最好设置两个吧台，但如果酒吧运转效率很高，也足以为 60 位客人服务，尤其是在调酒师比较忙，而酒水、冰块和酒杯可以自由取放的情况下，客人一般能够部分自助。而对于 60～100 人的派对来说，两个吧台就是必须的了。如果是非正式的派对，主人通常也会帮忙解决问题，确保客人的酒杯是斟满的，开胃小菜也是充足供应的。

特定帮助服务

在主人或者主人夫妇亲自上阵的情况下，仍然无法确保高峰时段的服务顺畅时，就需要获得一些特定帮助了。

- 如果派对有 50 人参加，一名调酒师再加一名服务员就足以应付了，尤其在客人们将在两个小时之内陆续到场，主人夫妇亲自工作的情况下。

- 如果派对有 60~80 人参加，而全场只有一个吧台、一张放满食物的桌子，僵局将很难避免。最好让调酒师在两个吧台上提供酒水，而服务员负责传送开胃小菜，不要让客人排除万难地挤到桌旁拿取食物。（通常情况下，桌子前面的人不可能取完食物就主动走开让出位置，而是自顾自地交谈起来。）
- 对于 90~120 人的宴会来说，则需要三名调酒师和两名服务员。除了提供开胃小菜和酒水以外，还有很多辅助工作需要做：收取用过的杯子、更换干净的新杯子、不间断地供应开胃小菜、收理及清洗餐具、提供冰块等。
- 如果你准备举办一场人数众多的派对，又没有足够的地方来安置两个吧台，不妨多安排一名调酒师在厨房或稍远处调酒，然后用托盘将酒水递给需要的客人们。如果派对越来越拥挤，就让调酒师不断地用托盘将各种饮料递出，再由服务员帮忙在人群中传递，这可以确保客人轻易地从托盘上拿到饮料。
- 香槟酒会，这是一种为了庆祝特殊事件而共饮香槟的宴会形式，比如某项工程开幕、庆生或者婚礼。你可能需要两名服务生和一名专门负责传送开胃小菜的人。这种场合不需要设置吧台。两名手持托盘的服务生可以持续在 70~80 人的客人中穿梭，托盘上除了香槟，还应同时搭配一些苏打水或者果汁。或许还需要一些小碗盛放的坚果、奶酪以及其他小点心，把它们放在人们方便拿取的地方，同时再放些开胃小菜。（永远都不要将昂贵的虾或者蟹腿放在桌上的大浅盘里。派对“秃鹫”会将它们一网打尽，片甲不留。这正是你必须让食物不断流动的原因。）

家庭鸡尾酒会所需物品列表

你会需要如下的物品：

- 设置吧台所需要的桌子和台布。
- 冰块。（如果冰块量很大，应当放在容器里，比如烤盘，以确保它们不会漏得满地都是。）

- 冰桶。
- 碎冰机。
- 案板。
- 酒吧刀。
- 柠檬和莱姆。（还有切得很细的柠檬皮用来搭配马提尼酒或者苏打水。）
- 橄榄或者鸡尾酒酸果。
- 酒浸樱桃。（如果你提供水果饮料配朗姆酒或者伏特加。）
- 配有长搅拌匙的有柄水罐，用来调制马提尼酒。
- 大号的有柄水罐。
- 1.5 盎司[①]的吉格杯[②] 或者小酒杯。
- 吧台毛巾。
- 拔塞钻。
- 精美的非纯白色鸡尾酒会餐巾。
- 托盘和大浅盘。（用来承载酒杯和传递开胃小菜。）
- 各类酒水：甜酒、葡萄酒、啤酒、混合酒、苏打水、果汁等。（如果你提供类似血腥玛丽[③] 的饮品，最好事先混合好，届时调酒师只需加入伏特加和冰块即可。否则，就必须在吧台上准备好番茄汁和其他所有需要的用品，包括：柠檬、辣酱油[④]、辣根调味剂、盐和胡椒、柠檬榨汁器、过滤器等。）
- 酒杯（下列任何组合）：

---

① 盎司：此处为美制液体容量单位，包括吉格杯、鸡尾酒杯、香槟酒杯在内的西方酒品器皿都以此为标准单位。——编者注

② 吉格杯，多用于烈性酒的纯饮，故又称烈酒纯饮杯，容量约为 5 毫升至 8 毫升，有开口向外和平口两种。——译者注

③ 鸡尾酒名，这种鸡尾酒由伏特加、番茄汁、柠檬片、芹菜根混合而制成，鲜红的蕃茄汁看起来很像鲜血，故而以此命名。——译者注

② 辣酱油，伍斯特沙司，是一种英国调味料，使用醋及多种香料制作而成。味道酸甜微辣，色泽黑褐。——译者注

- 高飞球杯[1]，用于长饮[2]。包括苏格兰酒、波旁酒、威士忌加苏打水或白水；杜松烧酒或伏特加加汤尼汽水；朗姆酒加苏打水或汤尼汽水；苏打水；啤酒；瓶装水。
- “老式”酒杯，用来盛装葡萄酒或者加冰葡萄酒、雪利酒、开胃酒、加冰马提尼酒。也可以用通用酒杯替换“老式”酒杯。
- 出于使用方面的考虑，在大型鸡尾酒派对上，不应出现精美的水晶高脚马提尼酒杯和其他特殊杯子。（这些都是易碎品，而且无法安全地放入洗碗机内。）这些酒杯最好在朋友到家中饮酒时使用。
- 不要在室内使用塑料杯。如果没有玻璃杯，不妨购买或者租一些。（塑料杯只适合在庭院中、甲板上、前院里举行派对时使用。）

酒水订购量

酒水的订购优势在于，它们不像食品，没有变质的问题。剩下的酒水永远都能使用，没有饮用过的美酒也适合当做节日礼物赠送他人。如果购买过量，还可以将未开封的酒退给酒商。

我建议你为鸡尾酒会多准备些酒水，因为你永远都不可能知道人们的饮用量。情况会根据来宾年龄、来自地域以及举办派对的季节而发生变化。10年前，我和丈夫曾经连续举办了好几场商务鸡尾酒会，每场安排50名客人。第一场酒会开始前，我们准备了大量的伏特加和汤尼汽水，因为时值炎夏，似乎每个人都会想饮用这样的东西。所以我们决定只购买一大瓶（1.75升）苏格兰酒和波旁酒。然而令人颇感意外的是，客人们点了大量的苏格兰酒和波旁酒，几乎没人要饮用伏特加和汤尼汽水。第二天，我急忙跑到酒商那里退掉了大批伏特加，并为第二场派对准备了不少苏格兰酒和波旁酒。但客人的表现仍然令人惊

① 圆口直筒、瘦长型的玻璃平底杯，也称高球杯。为长饮型饮料代表性的酒杯，适用于甜酒混合果汁、碳酸饮料及冰块的高杯饮料。——译者注

② 放30分钟也不会影响风味的鸡尾酒。——译者注

异。几乎每个人都点了葡萄酒，而当时我们只准备了两瓶。第二年，我们再次举办夏季鸡尾酒会时，提前将冰箱里装满了冰镇葡萄酒。但最终只有两位客人选择它们，大多数人都表示想饮用朗姆酒。我讲述这个故事是想说明，在酒会上，无论客人做出任何选择，都不必感到意外。（我应当再加上一句：从那以后，我们再没有举办过鸡尾酒会！）

如果你的预算不多，只打算在酒吧中提供有限的酒水种类，不妨提前让客人明白都有哪些选择。比如，你决定提供软饮料、葡萄酒，并将苏格兰酒作为唯一的硬性烈酒。为方便客人从中选择，你应当这样问："您喜欢来点什么？苏打水、葡萄酒还是苏格兰酒加苏打水？"

作为举办鸡尾酒会的主人，并不是非得提供那些时尚的鸡尾酒不可。比如，比尼、四海为家[1]，或者传统的流行品种，类似威士忌酸酒和曼哈顿鸡尾酒[2]。而且，也完全没有必要将所有最新的时尚饮料混合在一起。这一点的确让人心情放松不少。

永远都在手头准备足够量的不含酒精的饮料，比如各种苏打水、低热量苏打水、瓶装水和果汁。

酒水种类的建议

在下面的建议基础上，你还需要根据客人年龄、地域，以及因季节而导致的饮食差异等情况进行调整。

○ 如果你的客人多为21~27岁的年轻人，应当准备这些酒水：

冰啤酒（其中一半为清淡型品种）；不含酒精的啤酒；白葡萄酒；红酒；苏打水（其中一半为低热量品种）。

○ 如果是30多岁的客人参加派对，你应当准备这些东西：

葡萄酒；马提尼酒；苏格兰酒；伏特加，朗姆酒（夏季），杜松烧酒（冬季）；苏打水、汤尼汽水和姜汁啤酒（它们可以和低热量苏

① 由伏特加与白橙皮酒、红莓汁和柠檬汁混合而成的鸡尾酒，口感酸甜，酒精适中，呈酒红色。——译者注

② 一种由甜味美思、威士忌和些许苦艾酒调成的鸡尾酒。——译者注

打水一起，作为非酒精饮料）。

- 如果是全部免费的酒吧派对，可以准备下面酒水：

  葡萄酒；伏特加；杜松烧酒；苏格兰酒；朗姆酒（深色与浅色两种）；威士忌；干苦艾酒配马提尼；雪利酒；混合酒；苏打水；瓶装水和果汁；冰啤酒（清淡型）；不含酒精的啤酒。

- 关于酒水数量，不妨准备平均每人约 1.5 盎司的供应量。让调酒师使用吉格杯或者小酒杯作为标准计量工具，将酒水倒入杯中。（一升装的酒瓶大概能够倒出 21 小杯）。

如何购买饮料

- 如果是年轻人的派对，可以参考葡萄酒销售广告，购买中等价位的大瓶装（1.5 升，一箱 6 瓶）或者 4 升装（一箱 4 瓶）葡萄酒。
- 在商店打广告的时候，特价购买成箱装的混合酒、苏打水和瓶装水。
- 购买 1.75 升大瓶装的烈酒（这样更省钱）。不要购买便宜的品牌——人们是可以尝出差别来的。
- 如果你在酒店或者公共场所举办鸡尾酒派对，可以要求酒店提供无限量的酒水供应，即按照每位客人的平均费用进行支付，而不必考虑他们是否真正饮酒。（比如，如果最高档的酒店每杯酒水收费 10 美元，不含税和小费；预计每人饮用三杯，那么你可以按每位客人 35 美元的酒水费用进行支付，包含税金和小费。）或者你也可以按瓶支付酒水费，但这样一来，你就必须计算好派对实际使用的瓶数，并将所有未开封的酒退给酒店。

开胃小菜

我们的原则是：提供自己方便准备的菜肴。换句话说，在没有人帮助的情况下，应当提前准备好菜单，保证三道开胃小菜和一两道热菜，这样你就不用总是冲进厨房检查锅里有些什么了。

○ 如果客人只是来家中非正式地饮酒，只需两个开胃凉菜就可以了，比如蔬菜沙拉配奶酪和薄脆饼干等简单菜肴。

○ 如果你准备举办一场非常完整的鸡尾酒派对，全场供应碗装坚果和点心，不妨考虑提供下列食品。

以下菜肴，任选三样：

用鹅肝酱、鸡蛋沙拉，烟熏大马哈鱼等做成的开胃饼；用烟熏火鸡肉或嫩牛肉配蛋黄酱制成的黑麦三明治；蟹肉饼干薄脆，配辣酱油；菊苣填鹅肝酱；蔬菜沙拉配盐、胡椒或者奶油；生牡蛎，鲜虾，蟹爪（非常昂贵）。

再加上以下菜肴中的任意两样：

烤面包片配花生酱，上撒咸肉碎片；小型比萨或乳蛋饼；烤香肠（插在牙签上）；小型汉堡包；烤咸肉配菱角（插在牙签上）；热奶酪或大马哈鱼泡芙。

▶鸡尾酒自助餐◀

鸡尾酒自助餐是鸡尾酒派对的一种，通常持续两到三个小时，比如，从晚五点半到八点半。和鸡尾酒派对相比，自助餐提供的食物更多。自助餐桌上至少应保证一道热菜。大多数客人都会以这种非正式的自助方式进餐。

除自助餐桌外，还应准备几套小桌椅，每张桌子上盖有桌布，或许中央还装饰着小花束，桌椅放置在食品服务区域，供那些不愿意站着吃饭的客人使用。

当每组客人使用完桌椅后，侍者应当及时清理干净，给其他愿意坐下来和朋友聊天的客人使用。

▶鸡尾酒派对礼仪◀

作为客人，应当避免的举止：

○ 吸烟，即使你找到了一个隐蔽的场所。

○ 在派对开始前一分钟到场，或者差十五分钟就要结束的时候入场，再赖上一个小时，和精疲力竭的主人聊天。

- 用湿冷的右手和别人握手。（解决办法：用左手持杯。）
- 在端过开胃小菜后，用沾有蛋黄酱的手和别人握手。（解决办法：用左手端菜，或者每吃完一口就小心地用鸡尾酒餐巾擦干净。）
- 一边和某人聊天一边四处张望其他重要人物是否到来。（这是在鸡尾酒会上很容易出现的粗鲁行为。）
- 将重要客人全部笼在身边，让其他人都没有机会接近他们。
- 和主人讨论过于严肃的话题，而主人实际上有太多的事情要做，无法整晚和你聊天。
- 独占重要人物或者美食，让别人无法靠近。
- 损坏了某样东西却没有告诉主人。

作为客人，你应当这样做：

- 如果事先收到了邀请函，应当及时予以回复。
- 如果打算带其他人参加，应当提前打电话通知，获得主人的许可。
- 根据自己酒量适当饮酒。
- 用酒杯饮酒，而不是拿着酒瓶喝。（尤其是女人，用两只手指捏着啤酒瓶，走来走去狂饮的样子非常破坏形象。）
- 向新来的朋友进行自我介绍，认真地将新人介绍给你的朋友。
- 派对结束后为主人写一张感谢卡片。

邀请饮茶的礼仪

将共同饮茶（下午三点半到五点半之间）作为商业会面的方式已经越来越流行，这种方式不仅为人们提供了走出办公室，在下午小憩片刻的机会，而且大家在饭店相聚饮茶后，自然会以更加饱满的精神处理接下来的工作，提高了工作效率。

根据传统，茶水是由家中的女主人提供给她的女性朋友的，想象这样的场景——在某个特殊的日子，女主人在家中用茶水招待朋友，桌上一如既往地覆盖着美丽的白色蕾丝桌布，上面放置着精美的高架烛台，中央还有一只盛满鲜花的碗，整个聚会就在客人的啜饮之中渐入高潮。

茶桌上还需摆放：

- 一只银质大托盘，上面放置着精美的茶具，包括：
  - 茶壶，或许还搭配一只酒精灯。
  - 热水壶，或许也搭配一只酒精灯。
  - 带小匙的糖碗。
  - 装有人工甜味剂的容器。
  - 过滤茶叶的器皿或者小碗。
  - 装有细柠檬条的小碟子，配一只小叉子。
- 瓷质茶杯和托盘，其中放有精美的银质茶匙。
- 瓷质茶盘，用来盛放食物。
- 甜点叉子。
- 吃冰果子露和草莓用的精美茶匙。
- 几杯冰果子露或几碗新鲜草莓。
- 用来盛放奶油的精美银质容器。
- 放有美味小三明治、饼干、黄油烤饼、小果子馅饼，或者小巧的果仁巧克力蛋糕的茶盘。
- 雅致的白色饮茶餐巾（通常饰有花边）。

如今，更多的人开始喜欢饮茶。但是，除了美国南部还为初次参加社交活动的年轻人举办的茶会外，正式的茶会已经消失。当我们邀请人们过来“喝杯茶”的时候，意味着只需提供一大杯热茶或者玻璃杯装的冰茶，或许再加一小块三明治和甜点。而用茶包代替茶叶也不再是不敬的行为。

邀人饮茶是向朋友表示善意的好办法，也是一种温暖的，友好的传统。商人们发现，到办公室不远的饭店饮茶不仅是很好的休息，同时也是进行私人会面的绝佳方式。

◀打造魅力餐桌▶

和以往相比，我们的餐桌变得越来越不正式，有几个原因可以解释这一现象：很少有人能够获得家庭内部的帮助；更多人开始接受非正式但易处理的合成食品；每个人看上去都太忙，没有精力安排正式仪式。简洁方便的桌布和餐巾也已经在家庭宴会中被广泛使用。

然而，我坚持认为，你的客人值得你拿出时间和精力，准备一些比纸巾、纸盘子和塑料杯更好的用具。（塑料杯应在户外使用。）

当你竭尽全力，为客人呈现出一张赏心悦目、魅力无比的餐桌时，整个邀请也成功了一大半。客人在享受快乐和满足的同时，也会对你充满感激。不得不承认，用精美的玻璃杯所盛放的葡萄酒，其味道和普通纸杯所盛放的葡萄酒是完全不同的。同样道理，用细腻的瓷器所盛放的夹肉面包，其味道和放在塑料盘子上的面包也大相径庭。

就算来宾只是丈母娘的老朋友，你也应当使宴会达到一定水准：

- 将食物放在精美的餐具中自豪地呈现给客人，无论内容是意式细面还是烤松鸡配松露。
- 如果你没有较好的高脚餐具和矮脚餐具供客人使用，不妨从朋友那里借用。或者，可能性更大的方法是，从某位朋友的母亲那里借用。

▶餐桌织物的作用◀

你所使用的餐桌织物，无论是桌布、餐具垫还是餐巾，在任何种类的餐桌设置中都发挥着主角的作用。它们为周围增添了活力。

- 在搞清楚使用意图的基础上，大胆使用不同的款式和颜色。将各种物品混合起来是件有趣的事情，但彼此之间的逻辑或者色调必须统一。比如，将色调一致的方格和圆点进行搭配，或者用丝绸做桌布，搭配较粗质地的餐巾。
- 易打理的餐巾并不昂贵。如果你期待用特殊的颜色和款式来装饰餐桌，令人们眼前一亮，不妨亲手制作。当你付出了额外的努力之后，无需畏惧，尝试着自我激励吧。（勇敢地问："你喜欢这些餐巾吗？我上周自己做的！"）在取悦客人的同时展示自己的招待设想、创意和组织能力，这是多么好的机会！

- 我曾经见过一张最美妙的餐桌，上面放着深蓝和白色条纹的特大号餐具垫，搭配清新的白底深蓝大圆点图案的餐巾。（它们是主人用洗碗巾做成的！）与此同时，餐桌上还放有纯白餐具、深蓝色水晶杯和葡萄酒杯。而位于餐桌中央的，则是一瓶深蓝和纯白交织的瓷质花束。
- 我还拍摄过一张浪漫的餐桌，名为"白上白"，它出自一位著名的法国派对女王。餐厅地面上覆盖着白色地毯，每张路易十五的餐椅上都蒙着白色缎面。女主人为圆桌铺上一款厚重的及地刺绣织物，同时搭配另一种色度的大号白色餐巾。桌面瓷器选用白色，同样为白色的小蜡烛插在白色瓷质烛台中，置于餐桌中央的侧面。而整张餐桌的点睛之笔，则是中央那只巨大的中国白[①]瓷碗，里面开满了乍眼的明红色和紫色银莲花！直到今天，那幅画面还是如此令人难以忘怀！
- 另一张充满艺术气息的餐桌是在马里兰的一次婚礼上见到的。那是一张圆形餐桌，上面覆盖着浅绿色波纹马海呢，外罩粉色蝉翼纱。桌子中央，摆放着一篮配有深绿色叶片的浅粉色玫瑰。小舞厅餐桌旁，每张椅子上都铺着一只浅绿色波纹马海呢坐垫，在与椅背交接处垂落下粉色流苏。餐桌上，每张浅绿色的餐巾上面，都系着喜庆的粉色绸带。每个座位上，都放着一小篮送给客人的礼物，里面装满粉色和绿色的薄荷糖。除此以外，桌上还摆放着浅粉色、绿色和白色的瓷器。新娘的母亲告诉我，餐桌织物正是整张餐桌的重点所在。考虑到预算问题，她亲自制作了桌布和餐巾，而椅子坐垫则是由女傧相制作的。我为她在如此忙碌的情况下，还能设计并制作出这样美丽的东西表

---

① 中国白（[法] blanc de China）：部分西方国家对明代福建德化窑所产瓷器的称呼。由于德化窑白瓷的胎釉中含铁量低、含钾量高，烧成后外观甜净温润、白如凝脂。在光照之下，胎釉透亮，隐约可见粉红或乳白色，俗称"猪油白"、"象牙白"，流传到欧洲后，法国人将其称为"中国白"、"鹅绒白"。——译者注

示惊异。她解释说："我只是打开了想象力的开关，它便自己飞出来了。然后我就抓住了关键点——让想象和预算尽量相符。这个时候，职业操守发挥了巨大的作用。"

创造力并不需要花费大量的金钱。我记得，一位大型公司的 CEO 在谈到团队里真正成功的管理者时，这样说过，"有一些死读书的人，成为了优秀的机器人。但也有些人花时间思考怎样才能把事情做得更好、更快、更便宜，无论是大到重要文件还是小到一枚别针。他们所找到的解决日常问题的创造性方案，帮助我们工作得更好。他们才是真正创造利润的人，我会从这些人当中挑选继承人。"

从公司策划到宴请宾客，创造力都扮演着非常重要的角色。究其根源，则还是离不开那个古老的哲理——关心他人、考虑他人、为了他人付出努力。

▶装饰餐桌◀

无论装饰一张餐桌还是一组餐桌，都是将你的设想提高到新高度的大好机会。从花店买来花束，摆放在桌子中央，四周放上四支烛台，顶多，再加一层全白的桌布，这是我们的母亲和外祖母曾经常用的办法。然而，无尽的想象力和如今身处的年代，又把我们带入一个突破传统的新天地。我们期待在主人家用餐时所见到的餐桌装饰是能够让人身心愉悦，能挑战视觉美感的。

要想将想象力应用于桌面装饰，首先需要激起灵感。为做到这一点，不妨常做如下练习：

- 认真阅读装饰和家居杂志中有关桌面装饰的图片。甚至厂商广告中有关瓷器、银器和玻璃器皿的内容也可以成为灵感来源。
- 观看当地百货公司或者高档珠宝店举办的餐桌装饰演示。
- 在当地举办的派对上听取有关装饰餐桌的讲解。
- 参考宴请书籍中的照片。
- 参加私人派对或者公益活动时，看到特别震撼的桌面装饰，或者听到当地报纸的生活记者描述相关内容，随时记录下来。
- 用当季的花朵和水果进行试验，选择不同的器皿来盛放它们，并用餐桌织物搭配来进行判断，将效果发挥到最大。

练习餐桌创意

练习得越多，进行餐桌创意就越容易。你绝对能够做到让装饰永远都不重样，因为织物可以和不同的瓷器、不同季节的花束进行搭配，即使是同样的物品，也可以从不同的视角加以展示。比如，有一天你也许想用自己最喜欢的水晶碗盛放冰激凌，作为餐后甜点；而下一次，你又会将银质圣诞树装饰物放进碗中，作为餐桌中央饰物；如果你举办的是周日午餐派对，还可以把它摆在桌子中央，里面放满彩色的莴苣和蔬菜，供客人在午餐末尾享用。再比如，有人送给你很多新鲜竹笋，那么你既可以把它们做成菜肴，也可以用美丽的绸带将其绑成一束，放在餐桌中央进行装饰。

每当你想起那些曾经让你感到快乐的美好事物，不妨将它们复制到自己的餐桌上。我记得母亲曾经说过，她最喜欢的花束是铃兰配淡粉色小玫瑰。于是，我将这样的花束摆上了餐桌，它们果然为我带来了莫大的快乐，是那熟悉芳香唤醒了我对过去的美好回忆。

我永远也忘不了一位楠塔基特[①]的朋友。我曾经对她说过，楠塔基特最浪漫、最美丽的，就是那些美妙的蓝色绣球花丛在天灰色屋顶映衬下怒放的情景。我们再次相见，是在她举办的晚宴上。她将餐桌覆盖上一层粗布制成的瓦灰色桌布，中央放置着一只宽大的灰色石头容器，里面簇拥着一捧由不同色调的蓝色绣球花组成的花束。她以这样的方式，表达了对我关于楠塔基特美好回忆的尊重。这就叫做创意，也可以称之为"打破固有思维"。

- 把你的收藏搬上餐桌。比如，将你收藏的战斗姿势的玩具士兵（或者各种小雕像）按插在一堆小型植物和蜡烛的中间和四周，再一同置于餐桌中央。我有一位朋友，专门收藏古老的瓷质康乃馨。她经常把它们放在餐桌中央，搭配上各种带香气的叶子或者小型鲜花。
- 在不同形状的烛台中插入白色蜡烛，围成一片燃烧的白色森林，置

① 美国马萨诸塞州南部的一个岛屿，是捕鲸业早期的世界中心之一。——译者注

于餐桌中央。这样可以让用餐区暗淡下来，从而使蜡烛发出的火光更具戏剧色彩。烛台（单只的就够了，双只的也可）可以是水晶的、银质的、铅锡的、铁质的、瓷质的、木质的，或者其他任何质地。（假如你自己并无收藏，可以从朋友那里借用。）如果烛台的高度不同，效果将更好。另外，有些主人还喜欢在餐桌中央布置“一片醉人的燃烧的花之林”，即在水晶烛台和高瘦的水晶香槟杯中放入美丽的花朵。

- 选择同一色调的不同物品，再搭配上明暗差别强烈的叶片。比如，用绿色梨子、绿色葡萄搭配深绿色叶片，一同放入餐桌中央的碗中；或者用紫黑色、黑色葡萄搭配深红色天竺葵，一同放入淡紫色玻璃小瓶中。
- 打破传统禁忌，将颜色冲突的花束放在一起，置于餐桌中央。比如，将一碗由红色康乃馨、橘色百合和紫色紫罗兰组成的花簇，放在黑色织物覆盖的圆桌上，这绝对是一幅美妙的画面。
- 用非同寻常的瓷质、银质茶杯、大杯或者玻璃杯相互搭配，放在每位客人的位置上，给他们带来惊喜，比如：
  - 在桌子中央的银质茶杯中，围绕一圈雪白的康乃馨，中间点缀新鲜的绿色欧芹。这是已故的美国大使夫人伊万杰琳·布鲁斯（Evangeline Bruce）[①]喜爱的风格。
  - 将柳树细枝和精美的兰花放在在一起，这是已故的克莱尔·布斯·卢斯喜欢的风格。
  - 将清香的铃兰花枝插在小巧精致的水晶香水瓶中，放在桌上最重要的客人旁边。
  - 将柠檬堆成金字塔形，放在餐桌中心，间隙部分点缀白色栀子花。
- 用餐桌中心的装饰作为送给客人的礼物。比如，你可以制作一簇引人注意的小型花束，放在餐桌中心。当晚宴将近尾声的时候，让每

① 美国第一任驻华大使戴维·布鲁斯的夫人。——译者注

位客人从中挑选自己最喜欢的花朵带回家（使用你提供的纸袋）。

我认识一位非常令人喜爱的女主人，她总是愿意做任何事情来取悦自己的客人。3月，她曾在南卡罗莱纳州的卡姆登举办过一次晚宴。当天上午，她拜访了住在康涅狄格州哈特福特城外的朋友。春天的清晨，空气中还透着些许寒凉，她从朋友家的树丛中摘下几枝美丽的黄色金钟花，用沾湿的厚纸包裹好，坐飞机带回了家。5月，她又举办了一次宴会，那个时节的南卡罗莱纳已经非常闷热潮湿了，她在自家花丛中挑选出新鲜的白色芍药花，再将芍药花和金钟花绑成雅致的长花束，围绕在房子周围。我们一踏进她的家门，立刻便闻到了弥漫的奇异香气，每个人都感觉到，夏季来临了。

事实上，餐桌礼物总是能对来宾产生巨大的影响。无论男人还是女人，在发现自己的位置上放着一件美妙的好东西时，都会立刻变得兴趣盎然。（尤其是在今天，人们已经对慈善舞会上发放的老套礼品感到厌倦了。）

适合圣诞节的餐桌礼品：

- 雪花形巧克力。
- 姜饼做成的小房子模型。
- 迷你水果蛋糕。
- 用彩纸包装的圣诞树装饰品。
- 用小相框装着的来宾家人快照。

适合复活节的餐桌礼品：

- 在蛋形的盒子中，放入一枚糖果复活节蛋，外面用绸带包装。
- 6块刚出炉的小兔子或者小羊形状的饼干，外面包有美丽的包装。

适合情人节的餐桌礼品：

- 心形巧克力。
- 一颗巨大的好时巧克力。
- 一小本爱情诗集。

即使不是什么特殊的节日，作为主人，也可以用餐桌礼品来庆祝某事。有一位主人曾经对我们宣布“这次宴会是为了庆祝‘不要迟到日’”，当时我们并不明白，直到后来打开座位上的小礼品盒，看到放在里面的旅行闹钟，才恍然大悟。

▶座位卡片◀

如果你邀请的客人超过 8 位，那么座位卡就是必不可少的东西了。当晚宴准备好，客人走向餐桌的时候，主人也许正在起居室里摆放鸡尾酒杯和烟灰缸；进行整理工作；或者正在准备第一道菜肴。也就是说，客人入座时，主人可能不在餐桌旁边。这正是使用座位卡片的原因。人们将通过座位卡片看到自己应当坐在哪里。下面是有关座位卡片的建议：

- 我见过的最有趣的座位卡片是用白色厚纸制成的，边缘为金色、银色或者彩色，大概有 5×8 厘米大小（其尺寸可以随意变化）。这种卡片在文具店，或者大型商场的文具专柜打包销售（通常 50～100 个为一包）。
- 座位卡片可以是单张的卡片，平放在餐桌上；也可以是折叠卡片，立在餐桌上。
- 如果你在家中举办非正式宴会，可以用信纸来制作自己的卡片。（很多时候，我都是在最后一分钟，剪开马尼拉纸文件夹来制作座位卡片的！）
- 如果你真的想要“摆摆谱”，也可以从文具店定制座位卡片，用金色或者其他颜色将自己的姓名缩写刻印在上面。极少数人还会把家族姓氏刻印在卡片顶部，有些社交野心家甚至会捏造一个家族姓氏，但不少客人都知道那是假的，因此这样做的结果往往是适得其反！
- 座位卡片可以放在桌子的很多地方：盘子中间的餐巾上，盘子左上角的叉子上方，靠在水杯或者酒杯颈部，或者直接放在盘子上方。
- 座位卡片是用黑色墨水手写的（最好由某位书法好的人负责书写），如果是商业餐会也可以打印（请用大写）。最时髦的方式，就是让书法家来书写，或者用计算机打出书法字体。

座位卡片上写什么

○ 如果是非正式的聚会，朋友之间彼此认识，你要做的就是把客人的名写在座位卡片上（“帕特”、“乔尼”等）。然而，如果来宾中有两位叫鲍勃或者南希的，就应当将其全名写上。

○ 如果是非正式的聚会，朋友之间彼此不认识，应当将客人的全名写在座位卡片上，这样每位客人就可以看到自己邻座的卡片，从而得知对方如何称呼（“吉姆·格里尔森”、“安妮·吉奥”等）了。客人的称谓（先生、女士等）可以省略。

○ 如果是正式的派对，比如商业晚宴或者有外宾参加的社交活动，以及任何有高层人士参加的宴会，你应当只将姓氏写在座位卡片上（“卡鲁希尔先生”、“史密斯女士”、“安德森上校”、“安森医生”）。如果有两位“琼夫人”或者两位“马丁先生”，则必须将他们的全名写在座位卡上，比如，“凯斯·琼夫人”、“罗纳德·琼夫人”、“亨利·马丁先生”、“乔治·马丁先生”。只使用姓和称谓是比较合适的，但是既然客人们经常需要知道全名，更多情况下人们会采取效率比较高的方式，就是将客人的全名写在座位卡上。

○ 对于曾经有过政治头衔或者军队级别，以及其他较高级别头衔的人来说，可以直接将其头衔或者级别写在座位卡片上，也不必在意他现在是否仍然具备此头衔。比如，现任市长的座位卡片上可以写“市长先生”。作为对他的尊敬，这种写法应当一直持续下去。当他不再是市长的时候，其座位卡片可以写作“约翰逊市长”。而当地现任州长的座位卡片可以直接写作“州长先生”。当他不再是州长的时候，则写作“史岱文森州长”。只要曾经担任过大使，就可以永远保留这一头衔。“雷诺兹大使”的称呼将贯穿于他的整个人生，正如已经退休的军官仍然会被他人按照以往的军衔称呼一样——一个目的，为了表示尊敬。

▶菜单卡片◀

菜单卡片算得上是一流的装饰，它用展示细节的方式迅速将一顿简单饭菜转换成一场特别活动。菜单卡片应当用黑色墨水手写，或者打印（适用于商务餐会），当然，最好的方式，是请书法家来书写。菜单卡片既可以靠着玻璃杯放置，也可以平放在刀叉的左边；既可以每只盘子配一张卡片，也可以每两位客人分阅一张。

对于客人来说，提前知道吃些什么是件有趣的事情。这也有利于他们决定自己该吃多少。比如，一位素食主义者将了解到，自己可以享受两份沙拉或者素菜，来弥补不吃肉的缺憾。而那些正在节食的人则决定跳过约克郡布丁①，多吃一些新鲜水果拼盘。

某些特色菜应当同时使用英语、法语、意大利语、德语或其他语言来进行表达。如果你熟悉某道特别菜肴的外语说法，应当大胆使用，不要担心别人会指责你自我卖弄。比如菜单上的“pasta primavera”，看上去就远比“蔬菜面”令人兴奋。我的大部分法语词汇都是在小时候，具体讲是20世纪30年代经济大萧条的时期学到的，父母常会在晚餐后将菜单带回家中（这种做法在当时很平常）。我明白“Glace vanille”的意思（相信所有孩子都知道它是“香草冰激凌”），但菜单上,“Glace”下方的“Sauce Fraises”难住了我。“‘Glace’的意思是冰激凌，而‘Fraises’的意思是草莓,”母亲向我解释。于是,我很快就在小朋友面前吹嘘，“我知道法语的草莓圣代怎么说！”

在下面两个菜单卡片的例子当中，一张适用于非常正式的晚宴，菜单上安排了两瓶葡萄酒和一瓶香槟；另外一张适用于非正式的聚餐，只提供一瓶葡萄酒。两张卡片都混用英语和外语表示菜肴名称，派对目的则统一写在卡片顶端。有时，客人们愿意将菜单卡片带回家，作为一次特殊活动的纪念。比如白宫国宴上，你经常会看到整桌人轮流在对方的菜单背面签名，并将自己的菜单带回家中，他们留下的不仅是国宴菜肴记录，还有旁边客人的信息。下面是白宫的菜单卡片：

---

① 一种英国食品。类似面包，味道略带咸，呈咖啡杯的形状，中间凹陷及绵软，外围则香脆。由于约克郡布丁易于吸收肉汁，因此与烤牛肉一起食用。——译者注

Dejeuner du Vendredi Juin 2010
2012年6月星期五午宴

Menu
菜单

Tartare de Saumon
烟熏三文鱼塔塔

Mignons de Veau aux Truffes
米尼翁奥克斯牛肉松露

Salade
沙拉

Assorted cheeses
什锦奶酪

Ile Flottante
漂浮之岛①

Auxey Duresses 1983
1983年奥赛杜雷斯红葡萄酒

Château Batailley 1983
1983年巴特利庄园红葡萄酒

Mumm Cordon Rouge
玛姆红带香槟

Farewell Lunch Party for Anne and Hans
为安和汉斯举办的欢送午餐派对

Saturday, April 10th
4月10日星期六

Menu
菜单

Asparagus with lemon sauce
芦笋配柠檬酱

Mignons de veau with rice
米尼翁牛肉配米饭

French green beans
法国绿菜豆

Floating Island
漂浮之岛

Ginger snaps
姜味薄饼

Demitasses
黑咖啡

▶现代菜单注意事项◀

似乎每位拥有富翁丈夫的富裕女人都在不遗余力地往死里减肥。根据《女

① 一种甜点，用蛋白霜撒上焦糖，漂浮在香草酱汁上。——译者注

装日报》(*Women's Wear*)和《时尚》杂志(*Vogue*)的描写，即使是在享用过圣诞节晚宴之后，乘坐喷气客机到处旅游的富豪之中，也没有一人是超过57千克的，几乎所有人都担心患上心脏病和高胆固醇症，并很在意饮食是否会导致肠胃反酸。然而，作为一场派对的主人，是有责任为喜爱美食和需要美食的人们提供足够数量和质量的食物的。毕竟，这是一场派对。女主人或许可以穿着超小号裙子，但她的客人则不必追随同样的装束。当他们坐下身来，准备用新鲜紫罗兰装饰的盘子享用晚餐之前，并无义务聆听关于心脏健康的长篇大论。客人们理应享受到美好的食物，他们可以选择只吃一点、全部吃掉、完全不吃，或者再要一份(这种情况下,应当有足够的食物满足需要)。除非,那不是一场"晚宴派对"，而是女主人施加的虐刑。

非正式的派对完全可以充满创意。我真的很敬佩一位住在乡下的朋友，她的厨艺堪称精湛，经常会在自家厨房邀请6至8人参加非正式的周日晚餐。我们围在老式餐桌旁，坐在古老的法国餐椅上(座位由粗糙的稻草编织而成的，上面铺着和桌布颜色搭配的红白格子坐垫)，品尝着美妙的食物，有炖肉、浓味鱼肉汤、蒸粗麦粉、印度咖喱鸡。她在桌旁的画架上放置了一张黑板，用白色粉笔将食品和酒水菜单写在上面。她非常自信，因为她知道朋友们都会坐在电话旁，迫不及待地等待她的邀请。

生日菜单卡片

为了庆祝艾伦26岁生日
2008年6月14日
将举办晚宴
棕榈芯沙拉

鸡肉派配松露

黄油核桃圣代
生日蛋糕
古典奇安帝葡萄酒①
酩悦香槟②

---

① 意大利著名红葡萄酒。——译者注

② 法国著名香槟酒。——译者注

餐桌设置规则

宴会开始时餐桌设置

餐桌装饰的规则要符合逻辑和效率。如果你打算左手执叉，右手执刀，那么将叉子放在盘子左边，刀子放在右边就是符合逻辑的。既然大多数人都是右手利，都用右手去拿酒杯，那么将酒杯放在客人座位的右前方就是符合逻辑的。

餐桌设置应当包括：

- 中心装饰。如果派对在晚上举行，还需要蜡烛（午餐则不适用）。
- 空位子，准备放食物的盘子，以及第一道菜。
- 放黄油的盘子和抹黄油的餐刀。
- 餐巾。
- 刀叉系列。
- 玻璃杯。
- 在合适的位置放上盐及胡椒。

家庭宴会的餐桌设置：一道汤、一道肉菜、甜点。花一点心思把餐桌布置漂亮，能够令食物品尝起来味道更好。玻璃器皿可以很简单——一只水杯即可。

尽管在瓷器公司的广告和促销活动中，我们总会看到客人的右手方向摆放着空茶杯和调料瓶，但这种设置是不正确的。他们的目的只是为了引起消费者的关注。不过，这种做法的确迷惑了很多人，让他们从一开始就以为那些东西本来就应当这样摆放。实际上，在晚餐结束之前，它们都不应当放在桌上。

有些女主人喜欢将餐巾放在空的水杯或者酒杯中，折出可爱的形状，甚至做成一朵花的样子。

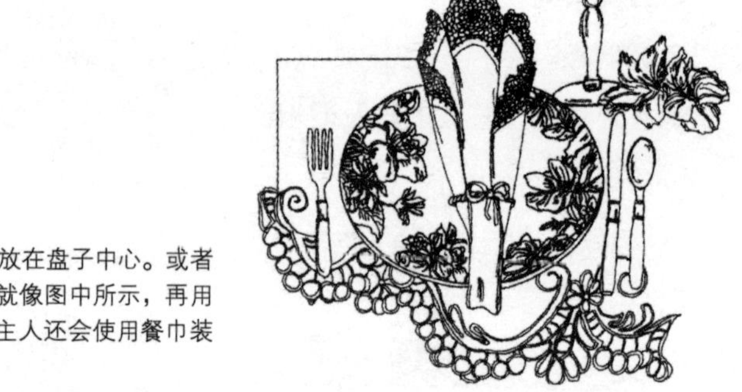

餐巾也可以折叠起来放在盘子中心。或者折叠成富有想象的形状，就像图中所示，再用一条丝带系起来。有些女主人还会使用餐巾装饰环。

餐巾的位置

餐巾可以折叠成各种形状，放在桌子的不同位置。如果你喜欢有趣的形状，可以参考很多不错的书和杂志，或者在网上查询。

餐巾环作为餐桌装饰物再次流行，并不是因为它可以整整一个星期套在餐巾上，等待主人的清洗（当然这正是人们发明它的原因），而是在于它本身的精致材质。餐巾环刚刚出现的时候，家中每位成员都拥有自己的餐巾环，它们大多为银质，上面刻有字母以便区分。每当用餐完毕，人们便会卷起餐巾，套上餐巾环，等待清洗。如今，又出现了色彩明亮的餐巾和纸巾，而餐巾环也变成了装饰的一部分。至于使用餐巾环来保藏餐巾、等待清洗的做法，则是沿袭传统。

有些女主人喜欢将餐巾放在传统位置上，也就是叉子左边。如果要追求最佳的视觉效果，不妨将餐巾的外缘向左放置

黄油盘

这些小盘子似乎正在从我们的餐桌上消失，只有在某些豪华宴会或者一流餐厅中才会见到。黄油盘通常位于餐具的左前方，叉子的正上方，黄油刀则水平地放在盘子上端。如果使用黄油盘，应当提前准备好，放入两小块动物黄油或者人造黄油，外加面包卷或者面包棒。客人或许还想从餐桌周围的调料盘中挑选自己喜爱的小菜，比如生胡萝卜、芹菜片、泡菜、小萝卜和橄榄。橄榄核最后也将放在这只盘子上！

如果你没有黄油盘，可以在一只漂亮的瓷盘中放上黄油代替，或者用亮丽的圆形容器盛放一小杯人造黄油。

盐和胡椒粉

如果你有足够多的小调料瓶，不妨在每位客人的餐具上方放置一对；数量不够的话，就在每两位客人的餐具中间放置一对；如果这些也没有，就在每张餐桌上放置一对。当下人们几乎不再使用调料瓶，对厨师来说，最好的赞美莫过于此，因为这意味着食物的味道恰到好处。当客人看到餐桌上摆放的古老“盐瓶”（通常为银质、镀金或者水晶材质，并配有小巧的银质盐匙）时，向主人问起这些小玩意儿是种礼貌的行为。而提醒其他客人注意主人的家传之宝（或者外购的古董）也是很善解人意的举止。

烛台只适合晚宴

燃烧的蜡烛为夜晚增添了魔幻色彩，但在中午这种装饰却没有任何意义，客人会很纳闷主人究竟想做什么。

在晚间派对上，你可以随心所欲地将各式各样的烛台混合在一起进行搭配：水晶搭配瓷质的；铅锡合金和木质的；各种颜色的许愿蜡烛；小烛台混合高耸的烛台；等等，可以百无禁忌。记住，只有美丽的烛光才是人们关注的重点。

糖果

在每张餐桌上放一盘糖果是个不错的主意。无论是银质的、水晶的，还是瓷质的小碗都可以当做合适的糖果容器。另外，还可以挑选高脚酒杯，但高脚托盘才是最佳选择。不过，与容器质量相比，糖果的质量其实更为重要。你可以放些巧克力、薄荷糖、焦糖味太妃糖，甚至可以加点酸糖球，以增添趣味。客人们可能会在餐后吃糖，他们可不愿意等待！

将糖果放在高脚托盘中，会使它们看上去非常精美，当然小碗也不错。每张餐桌需要放置两盘糖果。我经常会和丈夫打赌，在甜点上来之前会剩下多少巧克力，因为我们的客人总会在喝汤和吃肉菜的过程中吃掉它们。

▶沙拉盘以及沙拉服务◀

那种通用的，直径为 18~21 厘米的盘子用途很广，它们可以用来做：

- 沙拉盘。

○ 甜点盘。

○ 高脚托盘、汤杯和茶托的底盘。

○ 盛放小饼干、果仁巧克力饼、巧克力松露等点心。

如果你决定在主菜和甜点之间单独提供一道沙拉，就绝不能只准备一片生菜叶子！而是应当如图所示，在盘中放入类似菊苣、波士顿生菜沙拉、奶酪和薄脆饼干等食物。

如今，习惯了非正式派对的人们经常会将沙拉直接放在正餐餐盘上，而不是单独使用沙拉餐盘。

不过，面对贵客，最好还是在提供主菜的同时，为他们准备单独的沙拉餐盘。（并且搭配一只单独的沙拉叉，尽管用餐叉享用沙拉也不至于就是世界末日。）

如果你决定在主菜和甜点之间单独提供沙拉和奶酪（使用单独的沙拉餐盘），应当遵循如下流程：

○ 在餐具位置的中央，放置一只沙拉盘。

○ 传递沙拉碗。

○ 传递奶酪盘子，注意搭配奶酪刀。

○ 最后送上各式点心（最好是温热的）。

（客人们会需要一只沙拉叉子及一把小餐刀，请提前把它们放入餐具中。）

一直以来，我都非常热衷于给餐厅或者酒店那些看似平常的宴会安排挑些毛病。在我看来，一盘平淡无奇的绿色沙拉竟然被当成一道菜单独端上餐桌，并试图与其他重要菜品分庭抗礼，这种做法完全是在浪费时间，同时也会将服务至于毫无意义的境地。与其这样，还不如让沙拉变为主菜的一部分，这样一来，客人们也能提早一个小时回家！

▶正确使用扁平餐具[①]◀

当你对餐具感到迷惑时

相信下面的现象并不少见：一位客人端坐在正统餐宴的餐桌旁，充满迷惑地凝视着桌面上一整套复杂的餐具，在他看来，这些排列有序的刀叉简直像武器一样令人生畏，因为他根本就不清楚该如何使用这些餐具！

还有各种极有可能发生的意外情况。比如，侍者在布置桌面时出现差错，或者客人像我一样，犯下一些常见的错误。有一次，我参加一场正装派对，当夹馅鳄梨端上来的时候，我没有选择放在左上方远处的专用小叉子，而是使用了一只勺子。结果，当奶油甜点端上来的时候，我只剩下一只吃虾用的小叉子可以使用了。更糟的是，和我同桌的每个人都认为我是专业人士，所以学着我的样子使用了餐具。我只得请侍者为整桌人重新取来勺子。那实在是一个令人难为情的时刻。

餐桌的设置应当遵照从外向里的顺序。也就是说，先使用离盘子最远的餐具来吃第一道菜，然后依照次序，一道菜接着一道菜，逐渐选择靠近盘子的餐具，直到将它们全部使用完毕。

即使你只邀请了一位客人赴宴（这张图片是一场鱼肉晚宴的餐桌设置），也应当尽力将餐桌打扮美丽。除了水杯，还应当再放置一只白葡萄酒杯。

---

① 指刀，叉，匙，碟，盘等餐具。——译者注

甜点餐具

我们既可以将甜点餐具放在整个餐具组合的上方，如下图所示，也可以单独将甜点匙放在餐具组合的内侧右方。或者，在正式的宴会上，侍者会在上甜点之前，专门提供放有甜点餐具的盘子。

如果你的甜点餐具是水平放在盘子上方的，那么甜点匙就应当放在最上方（匙把向右），叉在下（叉把向左）。另外，没有必要同时准备甜点刀叉，取其一即可，它们的作用只是令客人更容易地将甜点放在餐具上。就算你无法同时提供叉和匙，也不用担心。当然，如果你打算吃蛋糕或者派，不妨同时使用甜点叉和匙。但只要餐桌上的餐具足以让客人将食物放进嘴中，你就算是个不错的主人了！

大多数人并没有全套的扁平餐具。所以，不妨即兴发挥。比如：

- 沙拉叉除了用来吃沙拉，也可以吃鱼或者甜点。
- 午餐叉在尺寸上比晚餐叉要小一些，也可以像沙拉叉一样用于多种途径。
- 水果刀可以用来切奶酪或者甜点。
- 牛排刀可以用来切甜点。
- 如果你没有大号的甜点匙，可以使用茶匙代替。

当特殊的客人，比如，你的老板，前来参加晚宴的时候，桌面设计就要复杂一些了，因为菜单也会较为复杂。将鸡尾酒蟹肉作为第一道菜，烤牛肉和约克郡布丁作为第二道，接下来安排沙拉和奶酪，草莓酥饼则作为甜点。在这样的餐桌上，水杯旁边都要单独放置红葡萄酒杯和白葡萄酒杯。

◀现代宴会的餐桌装备▶

有些人买不起高档的餐桌装饰物，并以此作为不宴请他人的借口。

但这并不是一个说得通的理由。你可以慢慢地购买高档物品，与此同时，使用手头现有的物品。不必非准备一张豪华的餐桌，相反，可以将餐桌布置得充满想象，更可以为客人奉上一顿美妙的晚餐。要知道，你所展现的待客热情比餐桌档次要重要得多。

你也不必全套购买所有物品，可以选择混搭。当我 30 岁出头的时候，还是一位单身女性，所以并没有像其他已婚人士一样，收到过客人赠送的餐具等“战利品”，但我仍然经常招待朋友。我用分期付款的方式慢慢购买想要的东西，还从已婚的,拥有多余结婚礼物的朋友那里借用必需的物品。随着宴请技巧的提高，不断拥有更多的好东西，真的是非常有意思的事情。

- 学会将你拥有的物品用于多种途径。木制沙拉碗可以用来做很好的甜点碗；瓷质茶壶可以当做花瓶，装饰餐桌中心；多余的酒杯可以盛放汤和甜点，或者盛放各类坚果，供客人在饭前的鸡尾酒时间食用。如果你没有小咖啡杯，不妨让客人使用茶杯品尝餐后咖啡。若是茶杯也没有，你的碗柜里肯定有马克杯，就用它们吧。

宴请的过程中，只要你有想法，就能找到办法。不要对自己的物品感到抱歉，向前冲吧，把它们全都拿出来用，让人们享受一顿美餐！最终让人们感到开心的一定是你的热情和努力。

▶购买自己的瓷器◀

一套瓷质餐具应当包括：

- 餐盘。
- 甜点盘或沙拉盘。
- 黄油盘。
- 茶杯和托盘。

你不用购买全套餐具，只购买自己需要的品种即可，试试使用不同风格的餐盘和甜点盘。（我这么说商家肯定会气死的！）如果你准备举办一场6人参加的宴会，可以从拆零售货的商店那里购买6只餐盘、6只甜点盘、6只小咖啡杯以及托盘。（当然，你永远都可以用日常的马克杯来盛放咖啡和茶。）甜点盘和咖啡杯的风格不必非和餐盘搭配。宴请开始的时候，如果你发现自己的餐具风格不一致，没有关系，不同风格的设计和颜色也可以作为一种优势来炫耀。我有位年轻的朋友，举办了一场有24位客人参加的宴会，她所提供的正是24只风格不同的甜点盘，每一只都不一样，这些是她在平价商店购物时买到的。它们不仅一点也不难看，而且非常独特。后来她经常举办24人自助餐会，这些餐具总会为餐会添彩不少。

▶购买餐桌织物◀

购买令你眼前一亮的东西。也就是说，应当首先喜欢一样东西再考虑购买，不要只是因为最近流行，或者样式和颜色时尚就购买。（有一年，似乎每个人都必须拥有一套镜面餐具垫；而第二年又变成了擦光印花桌布；第三年则开始流行醒目的几何图案了。）

协调瓷器和织物的颜色和款式，让餐桌装饰充满智慧。你可以使用多种色彩和款式的餐巾，只要它们和桌布、餐具垫颜色搭配。当餐桌桌面带有划痕或其他瑕疵时，应当使用桌布覆盖，而不是餐具垫。如果你找不到或者支付不起优质桌布，也可以购买便宜的布匹，自己制作，或者付费给朋友，让他们帮忙用缝纫机迁边。

图中展示了一整套女主人的餐桌餐具，它们适用于一场复杂的宴会，菜肴包括汤、鱼、小牛肉，并以果仁巧克力冰激凌作为甜点。白葡萄酒杯应置于最右边，然后是红葡萄酒杯、白水杯，最后在后面放置香槟高脚酒杯。

▶购买扁平餐具◀

你不必等到当新娘的时候再购买扁平餐具。许多人都是晚婚，就像我一样。绝对没有必要非等到结婚以后才可以拥有高品质的餐桌装饰。

拥有精美的银质餐具令人心满意足，但在如今非正式餐桌颇为流行的年代，普通的银质盘子或不锈钢盘子自然也能应付。如果你没有精美的枝状大烛台，也可以用瓷质、玻璃、黄铜或者木质的普通烛台代替。

如果你打算在蒂芙尼[①] 购买精美的银器。销售人员会问你是想购买午餐餐具，还是适用于晚餐的扁平餐具。（这两种餐具的实质差别在于，晚餐刀叉比午餐刀叉略长 2.5 厘米，而且更贵。）一套餐具包括：刀、叉、茶匙、甜点匙、沙拉叉，以及黄油刀。

如果你的预算很紧张，就像当年身为年轻单身女性的我一样，不妨只购买自己分期付款计划中的物品。而不是根据餐桌设置来购买,因为那样做并不节俭。想象一下，你该如何处理那一整套的黄油刀呢？不如晚点再购买，比如，在下一次晋升之后。

至于瓷器，应当根据你通常邀请的客人数量来决定购买多少。比如，你的小公寓最多能够邀请 6 人，你就只需要购买：汤匙、晚餐叉、晚餐刀、茶匙、沙拉叉各 6 只。

当你有钱而且有需求的时候，可以再购买一些类似甜点匙、午餐刀叉的餐具。或者让家人在圣诞节和你过生日时把它们当做礼物送给你。至于小咖啡匙等物品，可以在零售店或者古老的银器店购买。而和瓷器搭配的咖啡匙并不要求每只的风格都一致。

▶购买玻璃餐具◀

初次宴请，你只需要准备 6 只老式的多用途白葡萄酒杯，以及 6 只水杯（考虑到有可能损坏，也可以准备 8 只）。随着收入的增加，宴会将更加豪华，你可

---

① 知名珠宝品牌，以钻石和银制品著称于世。始创建于1837年，刚开始以银制餐具出名，在1851年推出了银制925装饰品而更加著名。——译者注

以开始购买香槟杯、白葡萄酒杯、甜酒杯，以及白兰地酒杯。摆放整套的高脚餐具自然很棒，但玻璃餐具其实并不需要彼此搭配。不同款式的水杯和白葡萄酒杯一起放在桌上，看上去也很不错。客人们更关心的其实不是如何搭配餐具，而是杯中美酒的味道，以及谈话的内容。

餐桌服务——独自服务，或借助他人

成功举办一场优雅宴会的关键在于知道如何提供服务，或者知道如何指挥其他人正确地提供服务。（如今的社会，有太多没有经过训练的侍者从事服务性工作。）如果你使用未经训练的人来提供服务（包括你的孩子），提前进行一次速成培训将大有裨益。如果你花费大笔费用雇用了宴会承办者，却又担心他们无法提供高水平的服务，不妨也事先进行一次排练。标准而正确的服务都是非常实用的，它确保侍者能够优雅而又高效地奉上菜肴并取走废弃物。掌握有关服务流程的知识可以帮助我们在宴会服务中避免意外、冲突、尴尬和草率。

谁优先服务

在没有帮助的情况下，侍者在餐桌服务时，应当按照如下顺序：首先是坐在主人右侧的女性（或者坐在女主人右侧的男性）——这里是主宾的位置，然后以逆时针方向沿餐桌进行服务。主宾是餐桌上最重要的客人，通常是年龄最长、和主人关系最密切，或者是在某个团体中威望最高的人。当然也有人出于其他原因而成为了主宾。比如从其他城市特地赶来的人；当天过生日的人；或者即将搬走的朋友。

当某对重要夫妇到场时，应当首先服务坐在主人旁边的女方，而不是坐在女主人右侧的她的丈夫。在服务完主宾之后，侍者会按逆时针方向沿圆桌传递碗碟或浅盘。如果主宾夫妇中的夫人获得了首先的服务，那么她旁边的男主人将是餐桌上最后一位获得服务的人。

当侍者用大浅盘提供服务的时候，应当从客人左侧上菜。一只手背在身后，另一只手掌心向上（用餐巾垫在浅盘下以免烫伤）将浅盘靠近客人。服务餐具应当位于客人较方便拾取食物的位置。

▶ 侍者如何提供服务 ◀

对于一张 8 人餐桌来说，一名侍者就够了。但要服务 10 人或者 12 人的餐桌，两人才会更加高效。如果你的预算不够安排两名侍者，可以只用一人，但要想保证服务质量，就得放慢速度。

有两位侍者时，一号侍者按照下图左侧的顺序来进行服务，二号侍者按照下图右侧的顺序来进行服务。

	7. 男主人	
1. 女主宾		女客人 6.
2. 男客人		男客人 5.
3. 女客人		女客人 4.
4. 男客人		男客人 3.
5. 女客人		女客人 2.
6. 男客人		男主宾 1.
	7. 男主人的夫人	

当客人超过 8 或 10 人的时候，就需要两位侍者了，更不用说上图是一场 14 人的宴会。一号侍者从女主宾开始服务，二号侍者则从桌子另一头的男主宾开始服务。每位侍者都以服务男主人或者女主人结束。

侍者从客人的左侧上菜，并从客人右侧拿走用毕的盘子。如果盛菜的盘子烫手，侍者应将一张折叠的餐巾放在盘子下面以保护自己的手掌。白葡萄酒当然是从客人右侧提供的，白葡萄酒杯正好也放在那个位置。（因为如果从左侧上白葡萄酒，将不得不从客人的面部前方穿过，才能拿到酒杯。）

一位训练有素的侍者可以在用右手收走旧盘子的同时，用左手放下一只新盘子。如果你本人为客人服务，可能没那么灵敏。这种情况下，应采取较为容易的方式：用两手各自取走一只旧盘子，再各拿一只新盘子回到餐厅，放在客人面前。（我租住第一所公寓时，收入还不高，所以只购买了一套盘子。每次宴请客人的时候，在两道菜交替的空当，总会迅速冲进小厨房，清洗好盘子再重新使用。）即使是宴会承办者提供的所谓的训练有素的侍者，也经常要人提醒不能将许多盘子上的残余物拨到另一只盘子上，再将成堆的盘子以及垃圾送回厨房，而是应当用两手各取一只盘子送回厨房。当然，先在桌上将盘子收拾干净再送进厨房，的确速度会更快一些，但这样做很容易产生噪音并引发他人反感。

取走客人使用过的盘子的正确方法是，用右手从客人的右侧拿走盘子，然后用右手大拇指夹起刀叉（或者其他餐具）。用这种方法，可以将餐具优雅而安全地送回厨房。（不会发出盘子和刀叉掉落的声音！）

注意！如果侍者（或者是给你帮忙的儿女）以左图所示方式从桌上取走盘子，以便提供下一道菜，一定会不可避免地发出一些难听的噪音，你也将不得不因此支付购买新瓷器和玻璃器具的费用。

▶服务六人派对——独自服务◀

对于一场6~8人的小型派对来说，如果主人夫妇中有一人亲自服务的话，效率会大大提高。而另外一人可以一直待在餐厅招呼客人。如果两人都在餐厅，时不时地站起来进出厨房，会令客人分心，甚至产生不好的影响。如果你是单身，进行服务的同时无法陪伴客人，那么可以委托一位朋友替你招呼客人。

聪明的主人会对宴会服务进行严格控制，以确保将噪音降到最低，同时也避免让客人感到无所适从。擅长宴会服务的夫妇总是在厨房随时准备好围裙，当然，他们也只在厨房时才穿围裙。服务人员把脏盘子送回厨房以后，在门背后将食物迅速清理干净，简单清洗一下，再放进洗碗机中。通过这样的方式，厨房可以一直保持干净，随时都有足够的空间来处理下一批脏盘子。

也许你和我一样，不是很希望客人来帮忙。无论对方多么热情，也不想让他们插手自己的厨房。他们不仅会毁掉你高效率的服务体系、制造大麻烦，还会将食物或者水溅到桌布上。客人应当只待在宴会场所，而不是厨房。当然，这一原则也有例外，如果你拥有一间宽敞漂亮的大厨房，所有东西，包括餐桌，都放置在很大的空间里。（但即使这样也没有理由让客人帮忙。）我永远都没法在有客人出现的厨房里干活，相信所有像我一样需要全神贯注工作，烹饪时会将厨房弄得一团糟的人也有同感。

▶训练年轻人进行服务◀

现在这个社会，想要得到他人的帮助是如此困难和昂贵。不过，花一点儿工夫和想象力就可以减轻负担。如果你的家中或者邻居家中有十几岁的孩子，那就万事俱备了。

你应当训练这些年轻人掌握宴会服务的艺术，教会他们该做些什么。首先让他们在家庭聚餐或者模拟宴会上进行练习。在他们提供了餐桌服务、餐具清洗和餐后收拾等工作之后，一定要好好地加以犒赏。一个十几岁孩子的酬劳取决于当地劳动力市场的水平，例如以保姆的工资为标准，或者有些父母会为孩子支付每小时8美元，有些则支付的更多。在宴会服务时，男孩应身着深色裤子，白衬衫，打黑色领结；女孩应身着黑色裙子和白色衬衫，或者也打个黑色领带。这些面带微笑、充满魅力的年轻人所提供的服务，一定会让客人们欣然接受。你对孩子们进行的培训还能帮助他们将来在大学里赚钱。因为大学校园里有很多地方需要接受过训练的服务生，尤其是校长、教师和行政人员举办的派对。对他们来说，招待工作非常重要。

▶如何服务经典的三道菜餐会◀

- 将水杯倒至 3/4 满。检查餐桌，确保客人的位置上不缺少任何东西，比如一只叉子或者一张餐巾。
- 等待所有的客人都落座。如果第一道菜并不是分别盛放在客人盘中，而是整体放在桌上，由侍者负责传递给客人。那么，应当先传递给坐在男主人右侧的女主宾，或者坐在女主人右侧的男主宾。然后再按逆时针方向进行传递，最后才服务到男主人和女主人。记住，任何时候都要从客人左侧上菜。
- 传递面包、薄脆饼干、调料盘以及其他任何与第一道菜同吃的食品。
- 将白葡萄酒倒入客人的酒杯中。在倒满女主宾的酒杯后，按逆时针的方向沿桌倒酒。如果某位客人将手指放在酒杯边缘，则表示不希望将酒倒入自己杯中。
- 当注意到全体客人都结束饮食了，或者收到来自主人的信号，便应及时将盛放第一道菜的盘子送回厨房。站在客人右侧,用右手取走盘子，再换至左手；然后，走到右边下一位客人身旁，用右手取走盘子——这样你就可以一次将两只盘子送回厨房了。如果每只盘子上都有一只叉子、刀子或者勺子，可以用拇指将它们拿起，从而避免在返回厨房的途中滑落。
- 为第二道菜准备空盘子的正确的方法是，用两手各拿取一只干净盘子，从客人左侧放至其面前。（顺便说一句，一定要保持双手和指甲的清洁！）
- 从客人左侧上菜。接着传递所有和菜肴进行搭配的食物（调料、蔬菜等），也是从左侧提供。如果客人取完浅盘上的食物后，没有将餐具正确地放回原位，应当加以调整，以确保下一位客人能够方便地拾取食物。如果有客人将调料弄到餐具把手上，要在将它放回浅盘之前，用餐巾擦拭干净。（当然，这是法式服务。更简单的方式则是在厨房里将食物装进盘中，再将装满食物的盘子放到每位客人面前。这种做法不那么优雅，但很多主人更喜欢这么做。）

- 提供菜单上的下一种酒，或者用第一种酒给客人续杯。
- 再次传递面包（如果还有剩下的）。
- 再次传递主人之前要求传递两次的食物，当然，要在足够的剩余量的前提下。如果只剩下一小部分，就不要再传递了。
- 当甜点时间来临，移走盛有菜肴和沙拉的盘子，用拇指小心地拿稳刀叉等餐具，以免它们从盘子上滑落。从桌上移走盐和胡椒以及其他调料瓶。确保桌面上不再放置和之前菜肴相关的东西，包括黄油盘和黄油刀。将桌子收拾干净，手持盘子放在低于餐桌边缘的位置，然后用一张折叠的白色餐巾将面包碎屑从餐具旁扫出，或者使用主人提供的“清洁器”（也许是一只沉默管家[①]，它上面还有装饰用的小刷子）。

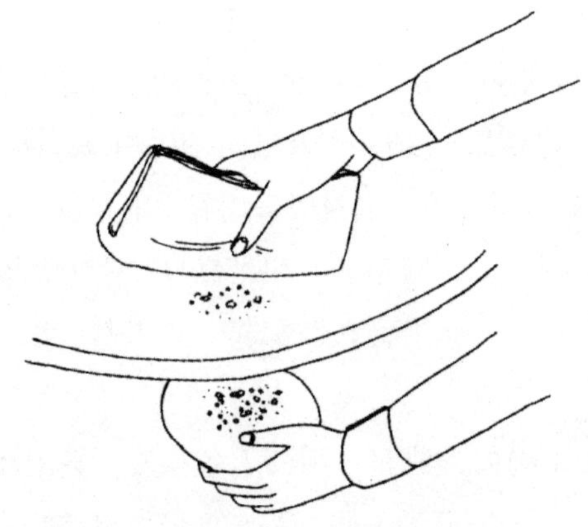

如果你没有特殊的“清洁器”，可以将一张餐巾折叠起来，使用平滑的一端将碎屑从桌上扫到一只小盘子上，注意盘子应放在桌子边缘的下方。

① 一种小容器，带有手柄和合页盖，用来清理食物碎屑和灰末。——译者注

○ 接下来，为客人提供甜点盘。或者，你还会在每个甜点盘中的小装饰垫上放置洗手盅。注意，洗手盅中的清水应放至 3/4 满。

○ 现在开始传递甜点，可能会分两部分提供，比如，先上冰激凌，再上调料；或者先上蛋奶酥，再上小饼干。

○ 重新为客人倒入白葡萄酒，或者在指定的酒杯中倒入香槟。

○ 如果客人们还没有主动品尝糖果盘中的糖果（如果还有剩下的糖果），侍者或者主人就应当开始传递了。

餐后咖啡服务

晚餐过后，应当用配有小咖啡匙的小咖啡杯和托盘将咖啡提供给客人。饮用咖啡的场所既可以是餐桌旁，也可以是其他房间。主人通常会在晚宴前嘱咐侍者届时该如何操作。

○ 如果咖啡是在餐桌上提供，要首先倒至 3/4 满（咖啡匙放在托盘右侧），然后放到每位客人的餐具右方。（注意，咖啡会和白葡萄酒或其他饮料一起，从客人右侧送上，而不是从通常的左侧送上。）接下来，再将放有配料的盘子传递给客人，包括奶油、糖以及人工甜味剂。

还有另外一种在餐桌上提供咖啡的方式——主人在起居室里亲自为客人服务。主人面前的咖啡桌上，通常会放置一只大托盘，上面放有咖啡杯和托盘、一组咖啡匙、咖啡壶、一只糖碗，以及奶酪罐。主人首先为每位客人倒好咖啡，然后将杯子、托盘、咖啡匙以及每人特殊要求的物品传递给客人。（备注：咖啡匙是个恼人的东西，很容易滑落。所以如果客人点的是黑咖啡，在传递咖啡的时候，最好的办法就是不放咖啡匙）。

如今，人们饮用的餐后咖啡普遍都是无咖啡因的咖啡。但是作为考虑周到的主人，总会同时为客人准备一罐原味咖啡，以满足像我一样即使在夜晚也要品尝地道咖啡的人。

○ 在其他房间内提供咖啡时，侍者会手举一只大托盘，穿插于客人之间进行服务。盘中放有已经倒好的咖啡，方便每位客人使用奶酪罐和糖碗自助服务。有时，主人也会亲自服务：她坐在沙发上，面前的咖啡桌上摆着一只大托盘，里面装有咖啡壶、咖啡杯、托盘、咖啡匙、糖碗和奶酪罐。当客人走过来的时候，她便询问对方是否想要品尝她的咖啡，随后将准备好的咖啡传递给客人。

在大多数宴会上，餐后咖啡都不是在用餐房间内提供的，而是放在一只大托盘上，传递给另外一个房间内的客人。这样客人便能够离开桌子亲自调配咖啡。在图中的大盘上，放着一壶常规酿制的咖啡、一壶无咖啡因的咖啡、一碗附带钳子的糖块、一罐奶酪，以及一小碗袋装糖。

餐后饮料

在餐后咖啡时间，当所有人都在品尝咖啡的时候，侍者将再次出现，手举一只大托盘，上面放着白兰地和一两瓶甜酒，以及白兰地酒杯和小号甜酒杯。客人或自斟自饮，或接受侍者的服务。由于托盘非常沉重，侍者无法在举着托盘的同时进行服务。所以，当侍者遇到一位客人的时候，他会在服务之前先将托盘放下。

然后侍者会再次出现，手持一只托盘，上面放着装有冰水的高脚杯，在全场客人中穿行。他应当首先走到主人面前，这样主人就知道现在在提供什么内容了。在这个时候，侍者还应当询问那些没有饮用白兰地、甜酒或者白水的客人："需要我为您提供一些喝的吗？"也许这位客人一直都想要一只高飞球酒杯（用来盛放苏格兰酒、冰水、白水或者苏打水的高脚酒杯），但是如果没有得到，还

① 葡萄牙产的加强葡萄酒，用葡萄酒和白兰地勾兑而成。——译者注

是保持安静比较礼貌。

在餐会快要结束，客人饮用过咖啡之后，你要将最漂亮的大托盘呈上（或者由侍者呈上），上面放好装有波特酒[①]和甜酒的酒瓶、甜酒杯以及白兰地酒杯。

葡萄酒的服务艺术

葡萄酒的服务是一门艺术，也是历史传承而来的浪漫的进餐仪式，所有精心准备宴会的主人都会对这项服务给予相当的重视。

白水杯应倒至 2/3 满，而红葡萄酒杯则只需 1/2 满。

下面是几种学习葡萄酒知识的方式，不仅令你受益匪浅，而且非常有趣。

- 阅读相关内容的好书（这样的书很多）。
- 参加品酒会（认真聆听演讲者发言，同时享受品尝的过程）。
- 尽可能多地与葡萄酒商店中知识丰富的销售人员交谈（很显然，要选择对方不是很忙的时候）。

○ 和饭店里的葡萄酒服务员（斟酒员）交谈。

○ 到欧洲或者美洲的金牌酿酒厂参观，学习葡萄酒是如何酿造的。

▶ 葡萄酒服务的注意事项 ◀

○ 要想万无一失，应将红葡萄酒杯倒至半满，而白葡萄酒杯则需倒至3/4满。

○ 无论是在家中还是餐厅，如果你对自己的葡萄酒非常自豪，应将标签出示给客人看。（有些精明的客人，当意识到自己正在饮用一杯好酒的时候，会马上问你："这是什么酒？"而你就获得了一个很好的机会，说出酒名并加以赞扬。注意，点到即可。）

○ 如果你明白自己的葡萄酒并不名贵，不妨将酒倒入精美的水晶容器中。（和白葡萄酒瓶不一样，盛酒的容器不会在桌上留下印记，所以没有必要放置杯垫。）

○ 很多鉴酒师都认为，添加了酒精的酒（比如波特酒或者雪利酒中就会加入一些白兰地）应当放在酒容器中。按照一个古老的法国说法，上等红葡萄酒放在容器中可谓锦上添花，有助于真正的醇香充分挥发，而劣等红葡萄酒放在容器则好比鸡栖凤巢，如此得以摆脱卑微的形象。

○ 大多数红葡萄酒应当在较低室温下储存。如果你不得已将过低温度的优质红葡萄酒提供给客人，不妨建议他们用手握住酒杯的碗部，以迅速将酒暖至适当的温度。另外，这样做也可以让实际并不名贵的红酒看似非常特殊。

○ 在宴会开始以前至少两小时，将白葡萄酒放入冰箱；或者放入冰酒器，在冰块、冰水中保存25分钟。（越名贵的白葡萄酒需要冰冻的时间就越短。）如果你忘记预先冰冻葡萄酒，而剩余时间已经不多，可以马上将酒瓶放进冰箱15分钟。（但无论怎样做，都不要忘记把酒拿出来！）

白葡萄酒可以放在装有冰水的冰酒器中，如图所示，也可以放在保温桶中。

○如今，有些人喜欢整晚都饮用自己喜欢的某种葡萄酒。因此，细心的主人会将一瓶白葡萄酒和一瓶红葡萄酒同时放在桌了的杯垫上。在桌上放置冰酒用的保温瓶可能不太好看，但在炎热的夏季夜晚，它将成为非常实用的助手。

○作为主人，你应当站起身来，为旁边的客人斟满第一杯酒，再按照逆时针方向，从坐在自己右侧的客人开始，逐个斟酒，当再次轮到自己的时候，即可结束。接着，你可以请求坐在桌子另一端的某人为坐在他附近的客人斟酒。如果宴会来宾超过8人，你应当准备两瓶葡萄酒，一瓶白，一瓶红（每瓶下面都放置一只杯垫），分别放在桌子的两端。

在餐桌两端分别放置红葡萄酒和白葡萄酒，同时搭配杯垫。主人在客人用餐过程中应时刻留意这些酒，一旦倒空便随时更换。在这种非正式的服务中，客人可以选择自助，也可以由主人指定某人专门负责倒酒。

○避免让客人将一种口味的葡萄酒倒入盛过另一种口味酒水的杯中。这是热情待客的原则，而并不只是因为新酒装入旧杯中会大大影响其味道。

○除非你是一位真正的倒酒专家，否则在给客人倒酒的时候，很可能会需要将餐巾垫在酒瓶颈部的下方。这样，餐巾就可以吸走滴下的酒滴。当然，倒酒时将瓶口向上旋转得越多，滴出来的酒水也就会越少，你就越不需要那些餐巾了。

○有时你会看见葡萄酒以一种近乎水平的角度躺在篮子里，供大家品尝。这样放置的用意在于避免酒水受到沉积物的浸染。

▶几种主要类型的葡萄酒，以及最佳饮用温度◀

如今，美国有好几个州都可以生产优质葡萄酒了，但最棒的葡萄酒仍然来自法国、意大利、德国、西班牙、葡萄牙、澳大利亚、智利和其他一些国家。

餐桌红葡萄酒

波尔多（Bordeaux）、勃艮第(Burgundy)、博若莱（Beaujolais）、奇安帝（Chianti）、巴罗洛（Barolo）以及里奥哈（Rioja），它们分别产自法国、意大利和西班牙，都属于餐桌红葡萄酒的主要类型。还有一些其他品种的葡萄酒，比如产自美国、澳大利亚和其他国家的赤霞珠（Cabernet Sauvignon）、黑品乐（Pinot Noir）以及馨芳（Zinfandel）葡萄酒。

这类葡萄酒应当在较低温度下饮用（不高于21℃）。按照传统习惯，红酒是和肉类、禽类以及奶酪（今天，葡萄酒和食品搭配的规则似乎已被无情地打破了）搭配食用的。

桃红葡萄酒（rosé wine）以其可爱的粉色和清新的味道闻名，人们多选择在夏季冰镇后饮用。尽管如此，它们也算不上是优质的葡萄酒。

餐桌白葡萄酒

这类葡萄酒包括勃艮第、夏布利（Chablis）、莫索（Meursault）、夏莎妮蒙丽榭（Chassagne-Montrachet）、密斯卡得 (Muscadet)，以及桑谢尔（Sancerre），均产自法国；产自意大利的嘉维（Gavi）和灰品诺（Pinot Grigio）；产自法国、美国、智利、澳大利亚和新西兰的雪当妮（Chardonnay）、白苏维翁（Sauvignon Blanc）、白诗南 (Chenin blanc)、夏布利；以及产自德国的雷司令（Riesling）。

餐桌干白葡萄酒应冷冻后饮用，但温度不要低到令味道和香气变化的地步。根据传统，白葡萄酒和低热量食品一起供应，比如鱼、水果、小牛肉和鸡肉等。如今，一些人将白葡萄酒作为餐前鸡尾酒的选择，而另一些人则喜欢在用餐全程饮用，而不是在吃肉类主菜的时候换饮红酒。

开胃酒

开胃酒是指类似味美思（Vermouth）甜味 / 无味酒、杜博尼（Dubonnet）红 / 白葡萄酒、金巴利（Campari）、秦扎诺（Cinzano），以及莉兰 (Lillet) 等餐前用酒。这类酒一般用量并不大，可根据每人的喜好提供服务，可倒入小玻璃杯中常温饮用，亦可冷冻，或者倒入加冰的老式玻璃杯中。

干雪利酒（Dry sherry）是开胃酒家族中的重要一员，通常在室温下饮用，如有条件，应使用特殊的雪利酒杯。（没有雪利酒杯，也可以使用甜酒杯、小的白酒杯或者普通酒吧酒杯。）开胃酒与杏仁、芝士条等有嚼头的干咸味食物搭配，味道最为美妙。

餐后甜酒

几十年来，像法国苏特恩（Sauternes）这样的餐后甜酒（通常冰镇后装在白葡萄酒杯中饮用）尽管不如过去那样流行，却仍有重返时尚舞台之势。在宴会上，甜点过后，每位客人面前的玻璃杯中，将缓缓倒入类似雪利，波特（Port）以及马德拉（Madeira）的餐后甜酒，它们通常都在常温下饮用。

葡萄汽酒

这是第 5 种葡萄酒，包括桃红葡萄汽酒，比如意大利的阿斯蒂起泡酒（Asti

Spumante），以及产自加利福尼亚的优质葡萄汽酒。（如今，很多法国香槟酒产区的知名公司也开始在加利福尼亚开办酿酒厂。）当然，意大利、法国其他地区和西班牙也生产大量优质的葡萄汽酒，价位相应较为合理。不过，要说葡萄汽酒的王后，还是来自法国香槟酒产区的香槟。

▶香槟酒礼仪◀

酒杯

敞口香槟杯已经不再流行，理由很简单：它们难以清理，而且香槟在中空手柄的杯子中容易改变温度——因为温暖的手指会握住手柄。与之相比，容量为7盎司的细长形香槟杯和郁金香形香槟杯更为理想。（香槟倒入量应为4盎司。）

开瓶礼仪

首先，你必须打开软木塞外面的金属丝。注意，一旦开始这一操作，便不能中途停止。（因为酒瓶内压力会逐渐增大，有可能将失去防护的软木塞顶起。）然后，将酒瓶底部抵在腹部，用手指拧动软木塞。有些人会选择固定软木塞，同时用手指旋动酒瓶。无论怎样做，请远离人和水晶、瓷器等易碎品。（我永远都忘不了一位英国收藏家的故事。他曾经在拍卖会上猎得一幅名家大作，圆了自己一生的梦想。当晚，他邀请两位好友前来观赏。其中一人带了一瓶香槟作为贺礼，但在开启的一瞬间，巨大的冲击力将软木塞顶出瓶口，直接冲向那幅价值连城的名画，把它戳出了一个洞。）

因此，与其兴奋地期待打开香槟酒时发出的巨大声响，不如将声音尽量压低成一种轻微的嘶嘶声。吵人的砰砰声会让空气跑得更快，浪费掉大量的香槟泡沫。

当然，今天很多红葡萄酒都是装在螺丝盖酒瓶中的。这种做法曾经被视为重大的罪过，现在也被逐渐接受。不过，香槟酒和葡萄汽酒除外。

○一定要记住，香槟应当在非常低的温度下饮用，从而保证最佳口感。

一旦去除软木塞，就应将酒瓶放入冰酒桶中，冰块和冰水要保持半满状态，或者放入冰箱，直到下次为客人续杯时再拿出。

- 香槟标志着快乐、祝贺以及生命中特殊的时刻。而这正说明了为什么应当购买高品质的香槟，选用美丽的细长形酒杯，确保在低温下饮用。而其本身所具有的浪漫特质，及其享用的礼制，则是其全部魅力所在。

▶餐后酒品◀

当人们开始享受餐后咖啡（或在餐桌上，或在主人专门安排的房间里）那么，是时候提供餐后饮料了。你需要两种玻璃杯：白兰地窄口酒杯，用来饮用干邑（Cognac）和雅马邑（Armagnac）；矮脚酒杯，用来饮用甜味烈酒。如果是饮用波特酒，也可以使用普通的白葡萄酒杯。

最为流行的餐后饮料包括以下几种：

- 波特酒。
- 干邑和雅马邑。根据酒的品质和档次，价位会有所不同。比如，高级白兰地（VSOP）要比拿破仑干邑（Napoleon Cognac）便宜，而列有年份的雅马邑 (vintage-dated Armagnac) 则比不列年份的 (nonvintage-dated) 更贵。
- 生命之水（Eaux-de-vie）—— 一种将水果蒸馏后提取出来的清澈的白兰地。梨和覆盆子是最常用的水果。
- 绿色或无色的薄荷甜酒（Crème de menthe）[①]，经常浇在刨冰上饮用。
- 君度（Cointreau）[②]。
- 奶酒——比如，爱尔兰甜酒 (Irish cream) 和可可甜酒（Crème de cacao）。
- 蜜桃甜酒（以及蜜桃香槟鸡尾酒）。

---

① 以肉桂、生姜、薄荷等材料为原料，其颜色有绿色和无色透明两种，酒精度为30%，具清凉退火、消口臭及提神之功能。——译者注

② 以柳橙为原料制成的蒸馏酒为基酒，再将柳橙皮、叶、花瓣浸渍於酒中而成的一种法国香甜酒。——译者注

如果你的派对有人帮忙，应当让服务人员使用托盘将餐后饮品传递给每位客人（主人最后），托盘上放置 2~4 瓶不同类型的饮品（至少应包括一瓶白兰地）以及与饮料配套的玻璃杯。将托盘放在派对场所的中心位置，比如沙发前面的咖啡桌上，方便客人根据自己的喜好自行挑选。

如果没有人帮忙，你可以在餐后咖啡结束以后，将一瓶白兰地外加一些可选择的甜酒放在桌上，为客人提供服务。要知道，并不是必须有侍者服务的正式晚宴，才能让客人享受到餐后饮料。

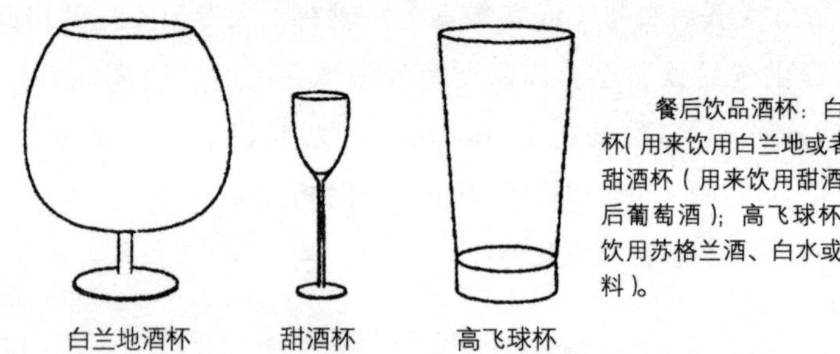

餐后饮品酒杯：白兰地酒杯（用来饮用白兰地或者干邑）甜酒杯（用来饮用甜酒或者餐后葡萄酒）；高飞球杯（用来饮用苏格兰酒、白水或者软饮料）。

▶如何开启白葡萄酒瓶◀

最好用的一种葡萄酒启瓶器品牌为 *Screwpull*®。使用时，应首先将外部套有特氟隆[①] 的螺丝拧进软木塞中心，然后用两只手柄夹紧瓶颈；当你旋转开瓶器顶部的控制杆时，螺丝便可以轻松地将软木塞从瓶口取出了。市面上曾经涌现出各种新式开瓶器，现在大多数都销声匿迹了。

软木塞取出后，应将一小部分葡萄酒倒入厨房水槽中，以去掉其中的残渣。然后用一块干净湿布擦拭瓶颈内外侧，清理污垢。

坏掉的软木塞

如果你在取软木塞时把它弄碎了，应当立刻停止使用任何工具，包括开瓶器和裁纸刀，不要试图将它拿出来。如果破碎的软木塞掉进葡萄酒中（事实上

① 聚四氟乙烯(商品名,一种塑料)。——译者注

结果经常如此)，不要失望。将一只小过滤器放在有柄水罐的上方，倒出葡萄酒。再把水罐里的葡萄酒倒入酒容器中，就此放在桌上，也非常吸引眼球。

我从自己举办晚宴的经验中明白，永远都要在手头准备一两瓶额外的葡萄酒，以防开启酒瓶时出现意外。因为我更愿意从酒瓶中为客人提供葡萄酒，而不是让他们饮用过滤出来的葡萄酒。(这些酒我们会在第二天晚上自己喝掉。)

所以，请小心谨慎地打开酒瓶，最好是在客人带来之前。这样一来，即使软木塞发生问题，也可以提前得到很好的解决。

开启葡萄酒瓶的最简单办法就是使用"*Screwpull*"。

▶在家中品尝葡萄酒◀

作为主人，应当在客人到来之前，将葡萄酒打开品尝一下，以确保没有任何问题。葡萄酒的抽样检验不应在家中当着客人的面进行，而只应自己在厨房中进行。

▶在高档餐厅品尝葡萄酒◀

在高档餐厅里，情况就完全不同了。你选择了一瓶葡萄酒之后，葡萄酒服务人员或者领班、侍者会将它呈现给你。(顺便说一句，永远不要不好意思请他为你提供建议和帮助。)当酒放到桌上时，你，作为主人，应当代表客人进行品尝。(如果你对葡萄酒完全不了解，或者不饮酒，可以请内行的客人代为品尝。)斟酒服务员、餐厅总管或者侍者在按照你的要求开启了一瓶优质葡萄酒之后，会将酒呈现给你，这样你就可以通过葡萄酒标签来确认自己所点的是什么酒了。接着，斟酒服务员（餐厅专门的葡萄酒服务员。只在最高档、昂贵的餐厅里才会提供此项服务）会在点过酒水的来宾杯中倒入一小点葡萄酒（通常是主人），让他进行品尝并予以认可。品尝者应将葡萄酒在嘴中旋转须臾，仔细品闻，以体会其香气，并由此做出“非常美妙”的评价。然后，这瓶葡萄酒就可以依次倒入客人的杯中了。

▶葡萄酒杯◀

葡萄酒杯应当是干净、明亮的高脚酒杯。形状越纤细，手感越舒适，饮用起来味道也更美。

酒杯的碗部应当比杯口宽大，这种设计令酒香能够在鼻翼两侧徘徊飘荡。

如果你需要一系列酒杯来饮用不同种类的葡萄酒，应按饮用的时间顺序将它们分组放在桌上，从右侧外部开始，逐渐向中心位置摆放。这些玻璃杯不必摆成直线，可以非正式地放在一起，但需要有一定的顺序，让客人明白接下来该用哪个。

当然，如果整场宴会只有一瓶葡萄酒，最好的玻璃杯就是“通用”葡萄酒杯，红白葡萄酒都适用。

在一场非常正式的、标准的晚宴上，应使用这些玻璃杯：雪利酒杯、白葡萄酒杯、红葡萄酒杯、水杯和香槟杯（永远都不要将甜酒杯放在桌上，它们应当在餐后用托盘传递给客人）。

香槟应当放在专有的玻璃杯中。如果你没有香槟杯，又正要准备举办一场特殊的庆典，不妨从朋友那里借一些。（永远都不要使用塑料杯或者纸杯来盛放香槟，葡萄酒也不行。那简直等于犯罪！）

▶葡萄酒购买量◀

如果是为一场晚宴派对提供葡萄酒，应当成箱地购买。（不仅节省资金，以后也能随时享用，另外，还可以将剩下的酒作为礼物送给别人。）手头有富余总比存货不够要好，如果事先谈妥，大多数售酒商店都会同意回购未开封或者未冷藏的酒。

不要在桌上摆放两升以上的葡萄酒，相反，要将它们放在美丽的容器中呈现在餐桌上。

通常，一瓶酒可以倒出 6 杯。我总是按照每人饮用 2/3 杯酒的量来计算。（一些人不会喝那么多，另一些人则相反，所以平均考虑后得出了这个数字。）如果有些人在鸡尾酒会上喝白葡萄酒，在用餐时也愿意饮用，你就必须订购比红酒更多的白葡萄酒。

八人派对需要的饮料：

- 为鸡尾酒会预定 3 瓶白葡萄酒，不包括正餐上可能饮用的量。
- 如果正餐你只提供红葡萄酒，应当预定 5 瓶；如果只提供白葡萄酒，除了鸡尾酒会用以外，再预定 5 瓶。
- 如果你在正餐上同时提供红白葡萄酒，应每种预定 5 瓶（即使你的客人消化不了这么多，手头也应当有所准备，以防他们比你预期的饮得多。）

◀提供令人难忘的美食▶

你在派对上提供的食品是否成功取决于：

- 提供什么食品——菜谱的组成。

- 食品及饮品的数量。
- 食品的准备技巧及想象力。
- 原料的质量和新鲜程度。
- 菜谱的内容与季节、宴请场合的匹配程度。
- 盘中食物的外观。
- 餐具的吸引力。

优秀的宴请者同时一定是优秀的策划者，他们思想超前，能够为食物赋予精彩的想象。即使他的食物并非出于自家厨房，而是由美食店、旅馆厨房或者餐饮公司制作，也毫不逊色。

我有一位意大利贵族朋友，以开办顶级餐厅——“美厨”（Cucina）而颇负盛名。她曾经告诉我她成功的秘密。她说，如果我也希望有朝一日成为一名优秀的厨师，必须拥有4样“宝贝”：时间、爱心、一本好烹调书，以及一只好鼻子。

“你必须拥有充足的时间，”她说，“花时间享受厨房，就像是沉浸在爱中一样，我是说像谈恋爱一样！”说到这里，她的双臂在空中优雅地画了一个圈，就像是在拥抱整个厨房。她的目光闪烁着：“我对烹调的热爱每天都在增长，远远超过了因时间流逝而产生的倦意。”

她认为，至少应当阅读一两本能够对自己产生影响，且非常有说服力的烹调书，并将它随身携带。记住每一页内容，可以帮助自己克服意外闪失和不良习惯。（“那种感觉，就像是穿着自己最喜欢的卧室拖鞋一样。”这位女伯爵补充道。）最后，她忠告我说，“你需要一只为食物而生的鼻子。”“为食物而生，”她重复道，“那是爱人的鼻子。它牵引着你走进市场，让你对新鲜食物格外敏感。它帮助你找到目标，那是食物所散发出来的最新鲜、最美妙的气味和芳香。”

“你必须拥有一只热爱意大利熏火腿干咸味道的鼻子。”她望向天空继续说道，“初尝时，你不禁卷起舌尖，随后却会为一股成熟无花果的香甜味道而深深沉醉。你必须拥有一只充满想象力的鼻子——想象面前有一座芳香、丰满的草莓山，当你把它放进盛有奶油芝士的碗中，就像是为它裹上了一条美丽的薄绸丝巾。”

女伯爵解释说，当她在市场上挑选蘑菇时，随着阵阵香气飘进鼻子，她会马上回忆起昔日“与老友共享美食的时光”。是鼻子的想象力帮助她轻而易举将这些食材转化成了可口的菜肴。

“记住，”女伯爵向我保证，“无论你是为即将到来的派对准备烤鸡，还是精心烹制一盘柠檬鸡肉（内填菠菜泥，外包碎蛋黄，四周再用洋蓟装饰好，同时还有一小束糖荚豌豆和新鲜的莳萝草，绑在一起整齐地堆放在小巧的土豆篮里作搭配）两者都将花费同样的时间。”

如果你真的很重视为客人烹饪，不妨遵循女伯爵的建议，你将亲眼见证自己创造奇迹！

▶为客人烹饪也是自我娱乐的过程◀

- ○尝试不同种类的烹饪书，直到发现最适合你的那本。完美的烹饪书值得你像寻宝一样费力寻找，而一旦找到，就应做到如女伯爵建议的那样：“永远不让它离开你的视线。”
- ○当你在美食杂志或者报纸上看到吸引自己的菜谱时，不妨亲自试验一番。准备一个笔记本，将你关注的菜谱剪下（或者复印），贴在本子的空白页上。然后，根据你自己设计的分类方式，用书签将笔记本内容分隔开来，比如分成开胃小菜、汤、意大利面、肉、鱼、甜点，以及蔬菜等类别。有一点不妨听听我的建议：笔记本中只应当存放自己真正成功实践过的菜谱。（不要将你计划某天可能用到的菜谱与之混在一起，这样一来，你很快就无法找到那些万无一失的菜谱了。）

  你还要记住，将一个菜谱搬上宴会餐桌之前，最好在家人或者朋友面前练习三次。他们也许会提出很多批评意见，甚至超出了你的接受能力。但是没关系，你至少可以回到原来的简单菜谱。
- ○争取平衡。当你开始制定菜单的时候，要问问自己：
  - ■是不是有太多的淀粉食物？
  - ■油炸食物是不是过多？
  - ■是否确保有一道蔬菜？（这属于健康食品！）
  - ■是否调味料过重？

■ 是否有太多水果？（我曾经在一次宴会上准备了一道含水果的汤、一道水果汁为调料的鸭肉，一道水果酱饼干，还有新鲜的水果甜点，我丈夫后来忍不住问我："你打算什么时候上水果蛋糕？"）

■ 菜肴的颜色是否诱人？（千万不要像我在美国驻罗马大使馆举办的一次晚宴一样。当时我担任社交秘书，被安排负责一场非常重要的国宴的菜单。可我竟然准备了一桌"全白"宴席：白奶油汤、白色鱼肉配白酒调味汁、炖小牛肉配白色调料、白菊莴苣沙拉，以及一道全白色甜点。我的老板勃然大怒，而克莱尔·布思·卢斯大使的丈夫，著名的出版商亨利·卢斯也不客气地质问我是否患上了色盲。）

▶你需要准备多少道菜◀

举办宴会并不意味着非要准备一桌满汉全席不可。无论你提供怎样的菜肴，只需保证分量足够就好，同时还应适当缩减菜品数量以及正菜以外的配菜。某些示例用的菜单只能作为菜品指南，供举办宴会时参考。在这些菜单上，尽管咖啡和低咖啡因咖啡并没有被列入，也应当在晚餐结束前提供（如果你更喜欢茶的话，也可以将咖啡换成茶水）。

下列菜品意在激发你的想象力，希望你能在此基础上创造出自己的食物计划。

○ 对于一场小规模的，无人协助的宴会，可以准备一道内容丰富的主菜（包括肉、蔬菜、米饭和沙拉），再加上甜点、红白葡萄酒即可。

○ 对于更加正式的宴会，可以在主菜前再加一道菜（比如棕榈心[①]、半只填有小虾的鳄梨、汤，或者水果杯），再搭配红白葡萄酒。

○ 对于一场需要全力以赴的大型宴会，你应当准备：

① 棕榈心是某些蔬菜类棕榈树发芽的茎叶的内核部分，亚洲美味。整个棕榈心和底部都可食用，但由于棕榈心的纤维含量较低，口感更好。棕榈心常搭配沙拉或直接作斋菜食用。——译者注

- 一碗餐前清汤。
- 一小盘鱼。
- 一道有肉的主菜。
- 两种互相搭配的蔬菜，或者是一种蔬菜配上土豆。
- 一道单独提供的沙拉和奶酪。
- 一道轻便甜点。
- 随第一道菜和主菜提供红白葡萄酒。
- 随甜点提供香槟酒。

○ 对于一场非正式的宴会，比如在周日晚上举办的宴会，你可以准备如下食物：

- 一大盘菜。类似勃艮第牛肉面，热意大利面，或者水煮大马哈鱼等。
- 沙拉。
- 甜点。
- 啤酒或者白葡萄酒。

○ 对于一场夏日午宴，你只需准备一道凉菜（比如，水煮大马哈鱼和蔬菜沙司，搭配黑麦面包制成的小黄瓜三明治）以及甜点，同时提供白葡萄酒或者冰茶。

○ 对于一场冬日午宴，你只需准备一道热奶酪蛋奶酥或者热意大利面配沙拉和甜点，外加红酒或啤酒。

○ 对于一场大型自助早餐，你可以准备：

- 一盘热鸡蛋（煎鸡蛋、奶油鸡蛋均可）或者煎蛋卷。
- 烤苹果。
- 玉米粒或者薄煎饼。
- 热饼干和松饼，或者甜蛋卷。
- 培根或者香肠。
- 果汁。
- 甜瓜或者葡萄。

○ 对于一场周末早午餐来说，你仍然可以遵循自助餐的方式，准备：

- 一盘热菜，类似奶油火鸡、匈牙利红烩牛肉，或者海鲜纽堡[①]。
- 烤热奶酪三明治（用新鲜烘烤的黑麦面包制成）。
- 烤番茄配面包屑，顶部撒上调料。
- 绿色蔬菜沙拉。
- 烤水果，配冰激凌，比如朗姆葡萄干口味的。
- 白葡萄酒，或者下面任一种饮料：血腥玛丽（一种以番茄汁为原料的鸡尾酒）；公牛弹丸（一种以牛肉汤为原料的鸡尾酒）；伏特加橙汁鸡尾酒（一种以橙汁为原料的鸡尾酒）。

○ 对于一场鸡尾酒会来说，你可以准备：

- 两道热的开胃小菜。
- 三道冷的开胃小菜，包括蔬菜沙拉蘸酱。
- 小碗装的零食坚果，巧妙地分布在餐桌四周。
- 一个能够提供苏打水、瓶装水和果汁的开放式吧台。

○ 对于一场鸡尾酒自助餐，你可以准备：

- 一盘热意大利面。
- 一盘烤肉片（比如鸡肉、牛肉，或者火鸡肉）搭配各种口味的调料。
- 一大篮什锦面包（面包卷、裸麦粗面包以及佛卡恰[②]）搭配黄油或者人造黄油。
- 一盘什锦奶酪。
- 沙拉蘸酱。
- 一盘水果拼盘。
- 类似巧克力慕斯蛋糕的甜点。

备注：“鸡尾酒会”意味着必须提供各色开胃小菜，而“鸡尾酒自助餐”则

---

① 纽堡指的是一种调味汁，一般用来做海鲜。其成分含有牛油、奶油、雪莉酒、白兰地等，味道馥郁香浓。——译者注

② 一种意式香料面包。——译者注

是一场小型餐会，应提供煲类菜品、意大利面、沙拉和甜点。客人们会在自助餐开始之前，一边饮用鸡尾酒，一边品尝轻便的开胃菜。

- 对于一场晚间招待会来说（比如在演出、博物馆开幕仪式或者演讲之后举办的聚会），你应当准备：
  - 香槟酒、白葡萄酒，以及果汁。
  - 小的切皮三明治，比如全麦面包夹水田芥[①]、奶油奶酪和鸡肉沙拉，或者小片的黑麦面包夹嫩煎牛肉和芥末。
  - 甜品，比如曲奇、糖霜小蛋糕、小水果馅饼和巧克力。
- 对于一场舞会后的晚宴（通常在午夜或者更晚时间举办）来说，应当随香槟酒或者白葡萄酒准备如下食物：
  - 一道振奋精神的热菜，比如培根蛋酱意大利面。
  - 一道热腾腾的薄乳蛋饼。
  - 一道绿色蔬菜沙拉。
  - 冰激凌和冰果子露。
  - 小蛋糕或者糖霜曲奇。
- 对于一次野餐来说，可以有很多选择，而那正是野餐的有趣之处。
  - 如果预算允许，不妨将熟虾、烟熏大马哈鱼片和肉酱装进独立的小塑料袋中，一同放在野餐桌上，让人们选取感兴趣的。
  - 提供各种小三明治：切掉面包皮，分成4片然后制成小三明治，比如，蘑菇丁、鸡蛋沙拉和青葱末三明治；菠菜叶裹鸡肉沙拉和培根三明治；蔬菜丁和罗勒配橄榄油面包三明治等。
  - 一道类似凉拌卷心菜或者炖焖蔬菜的菜品。
  - 蔬菜意大利冷面。
  - 牛肉、鸭肉或者其他禽类烤肉片。
  - 甜点：布朗尼、水果派、曲奇、苹果、橙子和香蕉。

---

① 十字花科多年生植物，常用大桶栽培采其嫩梢作沙拉。叶纤细，淡绿色，有胡椒味，富含维生素C。——译者注

如何令你的宴会简单且充满吸引力

- 当人们给你打电话询问是否可以“带上朋友参加鸡尾酒会”或者“带上住在附近的大学室友”时，如果你有足够的房间，不妨欣然接受。由于客人的来去时间有早有晚，招待空间也会像手风琴一样时开时合。因此，你可以多接纳一些人。注意提前估算名额，因为有些人虽然答应了邀请却可能临时不来，而有些人没有回复邀请却可能突然出现。
- 如果你举办的是一场坐式晚宴，并且客人名额已满，一定要严格控制客人携带朋友的数量。你可以解释你只为即将到来的客人准备了食品、座位和房间，真的无法再招待多余的客人。（如果对方试图将自己的朋友硬塞进来，这种做法就太粗鲁了。）打电话的人若是这样说：“那我也就去不成了。”你可以这样回答：“好吧。我很遗憾，但是实在没办法。”要知道，有太多主人因为受到客人的威胁，而不得不邀请自己并无必要招待也无力承担的陌生人。
- 如果宴会结束时，桌边只剩下一两个女人，不要担心。我曾经注意到，待到晚宴最后一分钟的人几乎都是男人。其实桌边坐着太多女人也算不上是世界末日。女人们宁愿和具有吸引力的，充满智慧的同性聊天，也不愿坐在一位毫无魅力，无聊透顶的异性身边。因此，不要挖空心思地试图平衡餐桌上的性别。
- 如果你准备举办一场大型派对，而大部分来宾都会开车前来，一定要尽量为他们提供方便：安排代客泊车。除非你正在上大学的孩子能和他的朋友们负责此事，否则一定要求助于专业的停车公司。

  在一些地方，尽管主人负担停车小费，但客人在离开派时，仍然会给停车者一美元的小费，在某些更贵的地方，甚至会升至两到三美元。
- 如果你准备在一间公寓房内举办大型派对，并在大堂或者门厅内设置衣帽间，应安排专人守护皮草类服装。

○ 如果你的派对将进行到很晚，而且派对上会演奏音乐，可能惊扰到附近的邻居，不妨邀请他们参加派对，或者提前道歉并送一份礼物，以缓解可能发生的矛盾。

○ 记得用混合味道的香氛来为派对增加色彩，让人们在享受诱人食物的同时，也体会到周围美妙的气氛：在起居室的角落里点燃一只香氛蜡烛；在鸡尾酒时间，将一小束雪白水仙放在客人座椅的旁边（如果你不了解这些芳香的小花，可以请教花店老板）；将混合香味的花束放置在餐桌中央，客人落座之前，还可以在其中滴入一些你最喜欢的香水……

○ 不要在开胃菜上下太大工夫。要知道,人们并不想在正餐前吃得太多，如果你准备了各色诱人的小菜以及丰富的蘸酱，客人很可能会沉湎于此，并在上正餐的时候感到后悔。晚餐应当成为客人们满心期待的压轴食物。如果他们不再感到饥饿,就一定会在晚餐时让你大失所望，而之前所有的勤苦劳动也都白费了！所以我懒得准备开胃小菜。后来我甚至不再准备，顶多是备一些坚果和小点心。

○ 不要将客人带到桌边，除非第一道菜已经上桌，或者最后一名客人已经落座，菜品即将上桌。因为人们一旦坐到桌旁就会感到饥饿。很多时候，主人都早早将客人引入了座位，却没能在 15 分钟内将第一道菜端上，这种情况在饭店宴会时尤其频繁。当客人们吃完蛋卷，开始拨弄黄油，甚至从糖果盘上偷吃巧克力（实际这是甜点过后才应当吃的东西）时,他们已经饿得快要吃餐巾了,派对也当即失了气氛。

○ 如果某位野心勃勃的客人更换了安排给他的座位卡片，试图坐到某位令他兴奋的人或者名人旁边，以便在就餐中进行交谈，请不要让他得逞。你只需将座位卡片变更回来即可。（我向你保证，那位客人不会再次变更卡片了,他会感到非常不好意思。）当然,如果你这样说："我简直没法相信你会这么做，但我原谅你了，仅此一次！"也可以起到效果。

- 如果你准备举办一场大型派对，应避免将夫妻、兄弟、姐妹或朋友安排在相邻座位。在现场有好几张餐桌的情况下，要让夫妻分坐不同的餐桌。给他们一个结识新朋友，为他人带来欢乐的机会。或者，至少和好久没见的朋友畅谈一番。（待他们回到家中，一定会有很多精彩话题可以交流！）
- 如果你准备秘密撮合两位单身朋友（特别是那种顽固派，总爱说“我不感兴趣，谢谢”的人），不妨将他们安排在面对面的位置，这样比相邻的位置更为微妙。这样一来，他们不会感到有任何压力，而且还可以在用餐期间不经意地看看对方，进而萌生坐到对方旁边的念头，他们会非常感激主人没有试图强行安排座位（宴会过后，他们也许就会主动走到一起！）
- 如果你准备了多种调料，可以将它们全部置于一只小浅盘上传递出去。比如，你准备了吃羊肉用的薄荷冻和薄荷酱，或者巧克力、草莓和奶油糖果味冰激凌，可以将它们放进小牛奶罐或者奶酪罐里，一起置于托盘上进行传递。要是你偶然看到某人将所有调料都浇在甜点上，也无须惊讶。
- 既然主人应当负起管理客人交流导向的责任，下面几个交谈管理方法可供参考：
  - 害羞的客人需要特别的关注。作为主人，应当在鸡尾酒时间或者晚餐过后，将这类人委派给某位善交际的客人——“简，如果你能和独自坐在那里的迪克·克里顿说说话，我会不胜感激的。他太害羞了，需要像你这样的人来带他加入谈话，让他为能来参加今晚的派对感到高兴。”
  - 如果餐桌上的谈话渐趋低俗，甚至涉及一些不良内容，主人有义务将话题重新引回正道。
  - 如果出现令人讨厌的争论，主人必须出面干涉，以避免局势扩大。争论的内容也许是极容易引起矛盾的话题。比如政治就是一个容易让人产生敌对的话题。而外国人则可能因自己国家发生的事件而变得情绪化。还有一个可能导致餐桌气氛不和谐的原因，就是某人开始对现场的其他人进行人身攻击。无论是何种情况，主人都应当及时站出来，发表类似下面的谈话：“你们看，争论和愤怒都对消化系统有害。苏茜花了好几个小时为我们准备这场美丽的宴会，我想为了她我们也应当转换一下话题！”这时，一定会有某位客人举起酒杯，说：“我同意！”鼓励其他人为结束争论喝上一杯。接着，某位勇敢的人又会展开另外一个话题，不出几分钟，气氛就将重新恢复平静。

○ 如果你把菜做砸了（我就不止一次经历过这种事），这时一点点幽默感就能挽回局面。不要试图掩盖食物烧焦的事实，不妨对错误加以自嘲，比如这样说：“你们会在宴会结束时获得一份良好行为证书，作为吃完这些肉的奖励。”如果你准备的食物数量不够，可以这样开玩笑：“我知道你们为了保持苗条身材，今晚将不会吃任何甜点。所以我只做了一点点。”（对于孩子来说，开玩笑是可怕的事情，而当成年人遭遇玩笑，则意味着朋友爱他们，试图取悦他们。正因为他们非常可靠，才可以开些玩笑。假如你大方地在朋友面前自嘲，不正说明你就是一位可靠的人吗？）

○ 如果某位客人喝得太多，可以采取如下措施：

  - 替他保管车钥匙，叫出租车送他回家。
  - 让其他客人开车送她回家。
  - 让他睡在你家。

◀外出宴请▶

▶你的个人风格◀

假如你决定在俱乐部或者餐厅、酒店等公共场合举办宴会，那么你既可以把整个派对交到宴会经理手里，和他讨论菜单，然后让酒店完成余下工作；也可以严格地控制整场派对，将你的个人意志强有力地贯彻到整个过程中。而要实现这样的个性化，是需要通过下面一系列行动来实现的：

- 和主厨一起努力，完成一份非常特殊的菜单。
- 选择特殊的织物。定制或者从家里带，尤其是那些美丽的蕾丝餐巾。
- 让你自己的花卉师来进行桌面装饰。
- 从家中带来一些美丽的桌面装饰，比如烛台、银器、瓷质糖果盘、瓷质小鸟，等等。
- 用美丽的器皿盛巧克力或者坚果，再置于桌上。
- 使用和菜单卡片配套的座位卡片。
- 在鸡尾酒时间或者晚宴时间，安排小夜曲三重奏。

▶需要谨记的事情◀

- 早点到达，以便监督座位卡片摆放的位置，检查最后一刻的细节，这些毫无疑问是需要确认的内容。
- 希望你已经解决了客人泊车的问题，并且在邀请函中进行了说明。（在右下角的位置。）
- 检查为客人准备的其他房间是否打扫干净。这在计划阶段就应当准备好，确保它们在派对当天焕然一新。另外，在派对当晚，还应从家中带来客用香皂、客用纸巾、房屋清新剂供客人使用。
- 在派对的前一天打电话确认桌面织物，如果由餐厅或者酒店提供，一定要在派对当天熨烫整齐。
- 确保客人们在鸡尾酒时间有一个舒适的空间可以相聚，而这一空间最好不要安排在举办晚宴的房间。另外，为客人准备鸡尾酒时间享用的坚果和小点心。
- 当食物已经准备好，应按时就坐，即使有些客人还没有到场。
- 随身携带一些额外的现金，以便在宴会结束前为餐厅侍者总管、主厨发放小费（每人30~50美元），当然也包括主要侍者（每人25美元）。如果你对他们在派对上的表现还满意的话，相应的，他们也会对你的赏识感到感激。

- 在派对结束后，将会场中美丽而昂贵的花朵带回家，或者将它们挑选收拾一下，次日送到医院、护理所或者老年之家。

▶餐厅礼仪◀

如果你总是在谈话结束的时候，对某人说“我们必须得找时间吃个饭”或者“我会给你打电话预约吃饭”，却从没有实际行动，这实在非常令人厌恶。遵守“要么行动要么闭嘴”的哲理吧，你要么就和朋友制定一个共进午餐的时间，要么就停止再说类似的话。

在餐厅里吃午餐或晚餐是朋友相聚最快乐的方式。同时，餐厅也是办公室以外谈工作的主要场所，因此，一位经理人的礼仪水平高低，将直接接受公众的无情审查。下面是一些需要遵循的小忠告，无论出于社交目的还是商务目的，都具有参考意义。

当你作为主人

- 如果你不得不取消定好的日期，应当亲自向对方打电话道歉，且不要让秘书替你做这事。然后，在你忘记此事并即将失去一位朋友或者潜在客户之前马上重新安排午餐时间。
- 如果你不得不再次取消，立刻重新安排时间，并且发送一份致歉函。如果你不得不第三次取消——这种事在今天这个疯狂的商务世界有可能发生——重新安排午餐时间，但是还应给当事人送去一份礼物，比如一篮水果，并附一张致歉函，这样对方才会真的相信事实的确如你所说：你对自己引起的不便感到非常恼火。
- 发送邀请函的时候，一定要将日期、时间和地点表示清楚。
- 选择位于客人办公室或者家附近的餐厅，以对方偏爱口味为主。也就是说，在某家以鱼、远东菜、西班牙菜、北欧菜、非洲菜、印度菜、墨西哥菜或者埃塞俄比亚菜为主的餐厅订桌之前，应询问对方偏爱的食物类型。

- 你，作为先打电话邀请他人吃饭并且已经预订餐桌的人，应当承担买单的责任。这一点可不能含糊。事实上，在没有搞清楚应当由谁买单的情况下，永远都不要走进餐厅。
- 和你的客人（或其助理）在约定午餐的当天早上再次进行确认。
- 再次确认餐厅，重申自己希望获得一张好桌子的愿望。（我对于好桌子的定义是，不在厨房门口，不面对其他房间，不靠近电话，冬天时不面对餐厅大门，夏天时不在空调管线正下方。）
- 如果在餐厅开会，应提前 5 分钟到场。将衣服寄存好以后，直接走向餐桌。对客人来说，如果主人迟到了，场面一定颇为尴尬，甚至令人愤怒。主人应当在一张没人碰过的，整洁的餐桌前等候客人（这意味着你没有动过餐巾，没有叫过饮料，没有碰过面包或者黄油盘，也没有将面包屑弄得满桌子都是）。
- 作为主人，你应当在客人出现在餐桌之前起身，即使是在很拥挤的状态下，也应欠一下身。
- 永远都让客人坐到最好的座位，比如，椅背冲墙，或者面朝房间的主要席位。如果有一把椅子面朝白墙或者休息室，你应当自己坐到那里，而不是让客人坐。如果座位放在通道上，有侍者从厨房里出出进进，应由主人坐，而不是客人。
- 如果你有好几位客人，应当提前安排好每个人的位置。用铅笔绘制好一张座位图，随身携带。客人到场时可以迅速找到自己的位置，既不会搞混，也不会堵塞过道。
- 让客人自行选择主菜。对于一场大型宴会来说,应当提前安排好菜谱,只允许个人选择鱼或者肉作为主菜。
- 即使你自己不饮酒，也应为客人叫一些餐前饮料。如果客人选择了某种酒水，比如白葡萄酒或者不含酒精的饮料，你不妨也来一杯。如果你想在午餐时饮用白葡萄酒，而客人并无此意，你不必多虑，为自己要一杯即可。

○ 帮助客人选择菜单。如果餐厅以某种特殊菜品闻名，应当提醒客人。同时负责起翻译外国菜名的工作（因为你已经提前了解了菜单，所以应当具备这个能力）。如果你对预算无所谓，可以这样提醒客人："这里的龙虾棒极了。"（预算很紧的话，首先就不应当选择一家昂贵的餐厅。）当你一旦向客人建议中低档价格的菜肴，接下来他们有可能也会如法炮制。

○ 客人点好的菜上桌后，应提醒他们趁热吃。若是你要的菜先上桌，应当等对方的菜上来以后再吃。

○ 当你看到客人没有碰自己面前的菜时，可以不经意地询问一下："这菜还好吗？"如果菜品有问题，你可以要求侍者采取措施。（客人也许希望肉做得更熟一些，或者他原本要的是不加调料的主菜，侍者端上来的却是加了调料的主菜。）

然而，如果客人只是耸耸肩说："不，我想我只是不饿，没其他问题。"就不要再进一步追问了。也许他有一些不想公开的原因，既然如此，就不要勉强。（他也许认为鱼不太新鲜，或者肉太嫩却又不想麻烦重做，等等。）有些人喜欢在餐厅里表现得引人注目，更多的人则宁肯什么也不吃也不愿显得大惊小怪。所以，具体情况具体处理吧。

○ 作为主人，你有责任缩短开玩笑的时间，将话题引回工作内容。通常十分钟的闲聊就足够了。

○ 永远都不要让侍者或者领班在你的客人面前难堪。少说一些抱怨服务的话题。（你可以在回到办公室或者家中以后，写一封投诉信给饭店高层，他们应当知道哪些环节出了问题。）在客人面前直接批评侍者，只会惹人烦。

当你作为客人

○ 如果你必须取消约定，一定要亲自给主人打电话，而不要让助理替你做这件事。询问对方是否可以让你马上重新安排一次午餐聚会，但这次允许你来做东。

- 严格守时。即使你只可能晚 10 分钟，也要提前给饭店打电话，将这个消息传递给主人。
- 如果你先于主人到达，应直接走到餐桌前，但是不要叫任何饮料或者品尝面包，让你的餐巾保持原样。
- 如果你迟到了，不要耽误餐桌上其他客人的用餐时间。直接享用下一道菜即可，这样你就可以和他人保持同一个步调用餐，而不必让他人等你。
- 如果主人不饮酒，但为你叫了一杯餐前饮料，你恰好也愿意饮用，不妨大方接受。最礼貌的方式是这样说："如果今天您的时间比较紧，我不想拖延时间。现在就不饮酒了，用餐的时候再说吧。"
- 用餐时，饮用一杯鸡尾酒或者两杯白葡萄酒足矣。一旦要得更多，主人很可能会猜想（他这么想也是无可厚非）你有酗酒的毛病。如果你想要一杯白葡萄酒，请小心，千万不要毫无意识地点那种贵得可怕，一杯价格就超过一顿饭的酒。
- 如果主人对于点葡萄酒的事并未表态，你也不要谈及这个话题。即使用餐时没有葡萄酒，也不影响你享用美味。
- 不要点菜单上最贵的菜肴。不妨参照主人点过的菜品价格进行选择。如果他没有做出帮助性的建议，你可以点一些中等价位的菜，总之不要最高也不要最低。
- 作为客人，永远都不要直接和侍者打交道，那是主人的工作。你想要什么东西，可以柔和地提醒主人，他会叫来侍者。
- 如果你参加的是一场商务午宴，不要试图强迫主人在未做好准备的情况下讨论工作。用餐开始时，可以继续闲谈。而发出信号，引导大家进行商务讨论的行为，是主人的特权。
- 如果你是某人的客人，不要争着支付餐费。
- 宴会结束后三天之内，为主人写一封感谢函。电子邮件的方式即可，但是信件更受欢迎。内容不必多于三句，写信、填地址、贴邮票总共花 5 分钟就够了。举例如下：

亲爱的乔：

今天见到你太高兴了，尤其是看到你一如既往地精神十足。我非常喜欢那些美味的软壳蟹！谢谢你举办了这样一次难忘的午宴……

一封感谢函，无论感谢的内容多么普通，也会使主人感到快乐。这意味着你是一个文雅有教养的人，一个拥有较好口碑的人。

餐厅禁忌行为

- 一桌挨一桌地和朋友打招呼（这是一种明显想吸引他人注意的行为，同时也会影响穿梭的侍者）。
- 接打手机。这可是弥天大罪！这表示某人想要吸引别人的注意。
- 在桌上撒满纸张和文件，让可怜的侍者找不到地方上菜。
- 将手提包或者公文包放在桌上。
- 大声地谈话。
- 用餐太慢，拖其他人的后腿，让人厌烦。
- 不断被食物噎住或者不停地打喷嚏，也不赶快去卫生间，仍然坐在餐桌旁。
- 将餐巾纸当做手绢使用（此时要赶快去卫生间）。
- 使用牙签或者叉子，试图取出卡在牙缝中的食物（此时要去卫生间漱口）。
- 补妆，如果你是女士的话（当然，在用餐结尾时快速而不露声色地使用梳妆盒轻轻扑粉除外）。

音乐使世界转动

没有什么比音乐更能为派对带来活力了。天才主人们都懂得用音乐营造美好的氛围，正如一位女士形容的那样，音乐可以“装饰派对的空气”，也让人们感觉放松和舒适；音乐也可以让人们振奋精神，翩翩起舞。

▶背景音乐◀

背景音乐的选择要求严格，欢快的音乐对人们互相问候、四处闲逛或者坐在餐桌旁聊天都会产生影响。抒情音乐则是不错的选择，客人在这样的环境中不会感到精神紧张。注意，歌手不应作为背景音乐师演奏，乐器独奏亦然。如果是一场鸡尾酒会，千万不要用某种乐器独奏来攫取人们的注意力，使每个人都停下脚步，不再相互交流。千万不能这么做。

在鸡尾酒时间播放背景音乐，很可能会发挥出无比的魅力。（如果你使用CD，应随着客人的陆续到场，不断将音量调大。让音乐的片段若隐若现地融合于人们的交谈声中。）用餐时，停止音乐，避免有些人可能因为听力缺陷而在交谈时出现问题。晚餐后，音乐再起，但应转换曲目，表示鸡尾酒时间已过，晚宴进入下一个阶段。

如果你足够幸运，很可能听到演奏师的现场演奏。在鸡尾酒时间，可以邀请钢琴演奏师表演，或者更高层次的——协奏曲（比如钢琴，吉他或萨克斯，以及鼓点合奏）表演。在一场大型晚宴中，还可以邀请竖琴师或者室内乐四重奏表演。音乐将贯穿于整场宴会。（在演奏师离开宴会，晚宴即将结束之前，主人应当走向乐队，向他们给予感谢和赞美，随后转向客人，邀请大家一同为演奏师鼓掌。）

▶古典音乐◀

在任何地区，都有一些优秀的古典音乐家。他们渴望通过在派对上演奏赚些钱。如果他并不是很有名——我们谈论的可不是邀请拜伦·贾尼斯（Byron Janis）[①] 在你的晚宴过后，使用高档钢琴演奏一场肖邦音乐会——每人需付300~500美元的费用（在更小一些的城镇，费用更低）。你可以查询本地社区的音乐教师，以及大学里音乐专业的教职员工。还可以向听过他们演奏的人争取意见，但首先还是应当自己听一听。

---

① 拜伦·贾尼斯（1928— ）美国钢琴家，擅长演奏拉赫玛尼诺夫和普罗科菲耶夫的作品。——译者注

如果你打算雇用演奏师，应确保以下几条：

- 和演奏师本人或其经纪人签署合同。
- 让演奏师彻底理解你希望他们如何做。
- 和演奏师一起对表演内容和长度进行确认。
- 安排好演奏师的到场时间。
- 检查演奏师的穿着。（为了稳妥起见，要求男士正装出席，女士则应身穿黑色长裙，这能够避免他们当晚过于扎眼！）
- 对于演奏时间应严格遵守。

一场安排在餐后表演的古典音乐会，任何形式都不应当长于30~45分钟。人们在享用过美食和美酒之后，处于放松的状态，但他们还想在回家之前再有一些谈话时间。一场音乐会为人们提供了绝好的中场休息时间,但不应拖延太久，无论音乐家们如何出色。

我的朋友有一次雇用了一支室内乐管弦乐队，告知他们在餐后演奏半个小时。但他们没有按时停止，而是演奏了整整一个小时，全然不顾主人持续在演奏曲目结束后鼓掌暗示，提醒他们需要停止了。每次主人还来不及干涉，乐队就进入了下一首曲子，场面变得异常滑稽。最后主人不得不强行告诉乐队指挥，现在演奏的必须是最后一曲了。

▶舞曲◀

如果你请得起一支乐队来演奏舞曲，那可真是太棒了！在大城市，通常都有两到三个以某位知名音乐家为首的音乐团体，并可以为任何形式的派对提供管弦乐演奏师、钢琴师、三重奏或四重奏演奏师，以及各种规模的乐队。如果你的预算比较紧张，也可以邀请当地大学里优秀的舞曲乐队。或者说服当地的摇滚爵士乐队前来表演——如果派对举办当晚恰好乐队没有演出的话。你也许听说当地有人在女儿婚礼上请来了小型舞曲乐队演奏，不妨打电话询问一下这个人是谁。通常情况下，直接和乐队经纪人联系即可，不必直接和音乐家商谈。

▶使用唱片音乐◀

如果你想在家中举办一场舞会，并使用自己精心挑选的CD，不妨雇用一位优秀的DJ。由他提供音响设备，负责在适当的时候调节音乐节奏、音乐类型，以及音量。可能你孩子的大学同学就是位完美的DJ，他不仅热爱所有类型的音乐（最好是音乐专业生），精通所有年轻人喜爱的潮流音乐，还欣赏老一辈人钟情的法兰克·辛纳屈和乔治·格什温（George Gershwin）[①]。我记得曾经问过一位DJ他是如何在拥挤的夜总会里挑选音乐的，他回答说："我一般把他们分为三类，一类叫做'AARP'[②]，他们喜欢三四十年代的音乐；一类叫做'雅皮士'，他们喜欢流行摇滚乐以及类似西班牙弗拉明戈节奏的音乐；还有一类叫做'二十岁小孩'，只要是父母不希望他们听的音乐，他们都喜欢。"

◀适合你的非皇家礼仪▶

了解宴请礼仪的基本原则将帮助你优雅而高效地实现宴请。它教你如何迎接客人，如何安排位置，如何向主宾祝酒等。与此同时，它也会将你打造成为出色主人中的翘楚。

▶如何迎接客人◀

如果夫妇二人在家中或者俱乐部宴请客人，其中一人应当负责关注前门，以便可以迅速地和每位来宾打招呼，并及时引导他们放置衣物。另一人则负责起居室和鸡尾酒服务区，确保客人可以顺畅地交流。如果独自一人举办派对，应当待在鸡尾酒服务区和大门之间，这样就可以同时快速地完成两项工作了。

---

① 乔治·格什温（1898—1937），美国著名作曲家。——译者注

② 美国退休人员协会（America Association of Retired Persons，AARP）。——译者注

迎宾队伍

如果打算举办一场30人以上的鸡尾酒派对，你可以和配偶以及主宾组成一支非正式的迎宾队伍，站在尽可能靠近房间入口的地方。（“非正式的迎宾队”意味着，主人可以随意走到客人旁边，形成几人的小团体，互相交谈沟通，与此同时还留意着房门，随时准备迅速组成新的小团体，欢迎刚刚到来的客人。）

如果打算举办一场百人以上的派对，你应当和你的配偶（确保他可以随时进出队伍）以及其他主宾组成迎宾队。注意，不要让队伍成员超过5人。第一名主宾（不论性别）应当站在第一位主人（不论性别）身边。在纯社交派对上，主人的配偶也会站在队伍中；而在商务派对中，主人的配偶出现或不出现都可（大型晚宴出现者居多，大型午宴则较少）。根据宴会类型不同，迎宾流程也有所差别：

- 公司CEO举办的重要的日本商务派对。迎宾队的组成顺序如下：
  - 主办方公司主席和CEO。
  - 日方客人。
  - 主办方公司的董事长。
- 如果日方客人夫人一同到场，迎宾队顺序如下：
  - 主席和CEO。
  - 日方客人（主宾）。
  - 主席夫人。
  - 日方客人的夫人。
- 如果小乔治·莫温克尔夫妇将要为父母的结婚纪念日举办一场盛大的鸡尾酒自助餐会。迎宾队应当按照如下顺序：
  - 小莫温克尔夫人。
  - 老莫温克尔夫人。
  - 小莫温克尔先生。
  - 老莫温克尔先生。

有关迎宾队伍的建议

- 永远都不要让迎宾队的成员多于 5 人。这么多人站在一起会显得非常笨拙，而且看上去就像是婚礼迎宾队。同时，迎宾队越长，客人通过的时间也更久,会令人感觉很不自在。迎宾队里是不适合交谈的，应当迅速移动，不要在其中逗留。
- 主人夫妇可以随时进出迎宾队,互相轮换。在一场大型的公司派对上，高级管理人员应当轮流和主宾组成迎宾队。
- 当迎宾队变得拥挤不堪，甚至把来宾都排到了大街上，应当采取下列措施：
  - 请人代表主人引导客人向里走，先喝点东西，晚些时候再回到迎宾队中。
  - 客人们应当自行决定去喝点东西，当迎宾队不那么拥挤时再回来。
- 迎宾队的饮酒问题：
  - 主人不应手持饮料。不妨在身后安置一张放饮料用的小桌子，可以随时转身小心地抿上一口。没有人会注意到他们从背后的桌子上喝了什么。
  - 客人不应手持饮料穿过迎宾队。他们可以在穿过队伍之前喝点饮料，然后将饮料放到某处，见过主人之后再取回。
- 客人到齐后，迎宾队便可以解散了，但有时客人会陆续到达，前后持续两个小时之久。如果你的大型鸡尾酒派对（有上百位来宾）将从五点半持续到七点半，主人和主宾就应当从五点半到七点都待在迎宾队里。
- 很多时候，大型派对中的主人和客人彼此并不相识。在迎宾队里，客人会向主人自我介绍，主人也会主动告诉客人自己的姓名。接下来，主人就可以很自然地将这位客人介绍给站在自己右侧的人，而那个人随后又将客人介绍给站在自己右侧的人，以此类推。（在一场真正高档的派对上，会有一名“介绍员”将每位客人带到迎宾队的队首，用洪亮的声音报出他的名字。这似乎有些装腔作势，却的确很管用。）

○ 如果一对夫妇打算举办一场大型派对，而来宾多是夫妻组合，男主人应当站在队伍的第一位，以便将来宾介绍给站在他旁边的夫人。如果派对来宾主要是女主人的工作伙伴，女主人就应当站在队伍的第一位，这样就可以将客人介绍给她的丈夫。

▶姓名牌◀

不要使用姓名牌，除非是万不得已！它们别在衣服上的样子真的很可怕，尤其是在一套裙装上。姓名牌太商业化了，如果在家中或者俱乐部的派对上使用，会显得过于正式。没有姓名牌，人们反而会更加用心，会努力挖掘自己正在沟通的对象究竟是谁。这样有助于推动派对顺利进行。

如果你被要求在晚宴上使用姓名牌（没有人会真正注意到在午宴餐厅、酒店大厅或者大会议厅中使用的姓名牌），要将它放在右侧肩部，这个位置更容易让别人读到你的名字。（如果你身处一个全部由左撇子参加的派对，就需要把姓名牌放在左肩上了！）

姓名牌应当包括客人的姓和名，如有必要还需要公司名称。对于主办公司来说，如果公司名称已经印在姓名牌上，个人职务也应标于姓名之下。因为人们喜欢了解与他们交谈的人所处的职位，特别是当这个人为高层主管的时候。（换句话说，就是了解对方的重要性。）

▶来宾签到簿◀

如果你打算在派对上准备一份来宾签到簿（那种拥有美丽皮面或者织物表面的本子），应将它放在远离拥挤人群的地方。也就是说，不要让客人同一时间在迎宾队伍里签字、放衣服。应让负责管签到簿的人坐在鸡尾酒会的较偏僻处。

依我看来，处理签到簿的最佳方案就是，不要设置签到簿。因为这会导致更加严重的拥挤问题。再说，我们是有客人名单的。第二个好办法，就是让某人将签到簿拿到迎宾队中，让人们在等候过程中签名。

注意：请准备足够的优质签字笔供客人使用。（绝对避免翠绿或者炫目的粉色笔。）

▶座位安排◀

人们总是喜欢邀请朋友前来参加晚宴，但没有人会关心谁要坐在哪个位置。其实，有所考虑地安排客人（即使对方是老朋友）的座位，有助于提高效率，也会令派对更加有趣。

家庭宴会

在自己家中，谁坐在哪里当然无所谓（除非不得不将几个可能随时打架的小孩子分隔开来）。即便如此，年轻人应当学会将父亲和母亲，权威的代表，安排在长桌的两头或者中间位置，将祖父母安排在他们感觉舒适的“荣誉位置”。（如果餐桌是圆形的，父母应当坐在圆形桌的两个相对的位置上。）这是教育孩子尊重长辈的内容之一，除此以外，还包括在自己吃东西之前，应将食物先传递给长辈，直到长辈开始用餐自己再开始。以下是几种座位安排方式的示意图。

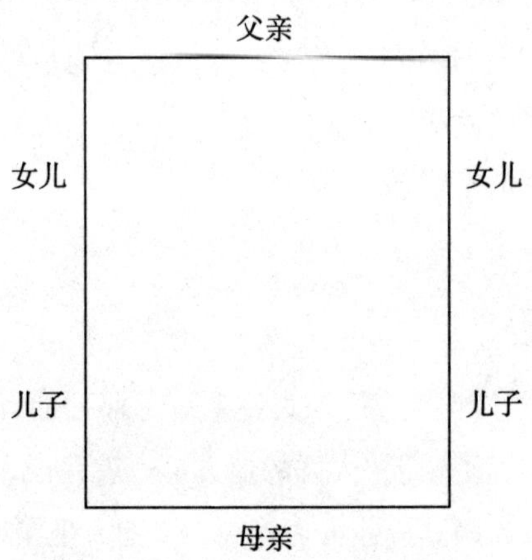

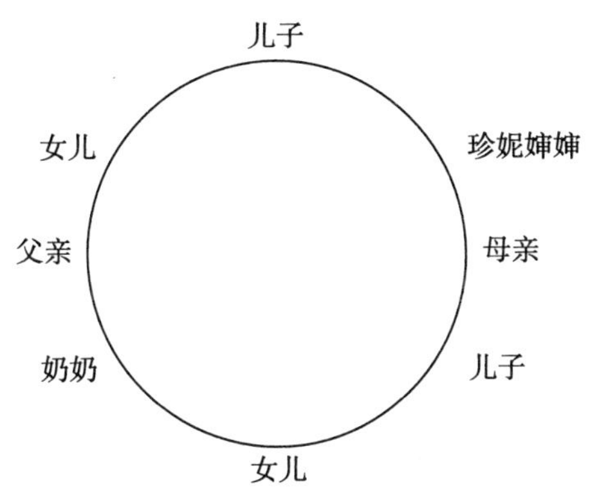

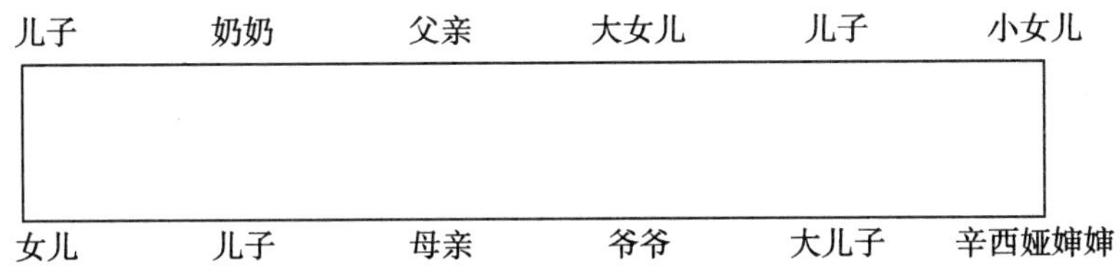

谁坐在主人的位置

每场宴会都有一位主人。通常情况下，主人对面将有一位宴会的共同举办者落座，比如他的配偶，或者某位社会阶层和身份相当的商业伙伴。丧偶独居之人，其兄弟姐妹、原配偶家人，或者其他成年的家庭成员都可以扮演共同举办者的身份，坐在主人的对面。

对于那些近期失去配偶的人，有必要提醒一下：不要在配偶过世不久，就将目前正在约会的对象安排在共同举办者的位置。其他人看到已故配偶的位置被一个新人占据，他 / 她正无意（或者有意）之中担任那位刚刚过世者的角色，或多或少会感到不舒服。

如果在一场大型私人商务派对上，安排有多张餐桌，那么举办方公司的高层管理者们就应当分别担任每张餐桌的主人。每位主人都需承担任务。比如，保证每位客人都得到完整的介绍；确保该餐桌的谈话顺畅进行，不要让任何人单独坐着没人理会。这就是为什么我们应当挑选具有能力的人，而不仅仅是重要的（或者有钱的！）人作为宴会餐桌的主人。

举例来说，如果一家公司在饭店大厅举办活动，你可以邀请公司主席、董事长、高级副总裁以及董事会主席分别担任餐桌主人。而在婚礼纪念日晚宴舞会上，你可以让姐姐安妮、姐夫比尔、婶婶露易丝，以及你正在上大学的儿子哈里，作为4张餐桌的主人。主人的性别并不重要，重要的是能够代表家庭或者公司。他应当充满魅力，举止符合礼仪。

安排座位的规则

- 让客人们按照性别交替的顺序入座，除非某一性别的人数不够，只能将两位同性别的人安排在邻座，其中一人应当坐在你的左边，这样她会感觉受到了重视，而不是像个多余的人。
- 确保不会将两个令人讨厌的人安排在相邻位置。过于羞涩，或者过于爱说的人也不行。成功的餐桌安排需要兼具多样化和平衡性，而不是让人们进行谈话竞赛。
- 既然朋友前来享用晚宴，应当安排他们坐在感觉最轻松愉快的人旁边。谁与谁相邻，这里面是有逻辑关系可以遵循的。就像下面这位女主人一样，一定要对自己的派对安排深思熟虑，然后再做出决定：
    - 将索斯·艾比盖尔安排在脾气古怪的老汉密尔顿先生旁边，因为后者喜欢年轻漂亮的女性。作为补偿，艾比盖尔的另一侧会坐上一位年轻有魅力的男性，这样她便不会介意将一半时间分给汉密尔顿先生。
    - 将路易斯安排在来自法国的交换学生旁边，因为路易斯会说法语，而交换学生初来乍到，英语还不熟练。
    - 将乔治安排在吉姆·琼斯的夫人旁边。乔治从事猎头工作，你知道他将在下周与吉姆·琼斯讨论找工作的事情。乔治或许会给他的夫人留下深刻印象，为自己带来有益的效果。
    - 将阿方索和珍妮弗安排在一起，这样他们就可以整晚谈论野生动物的话题了。他俩都对这个话题感兴趣，但从来没有见过对方，将他们安排在一起简直是天才之举。

- 让格蕾丝坐在比尔旁边。比尔自从夫人过世以后一直很沮丧，那个可以带他走出阴郁，享受一场愉快美好的谈话的人非格蕾丝莫属。
- 将马克安排在女主人的左侧，因为他喝酒太多，而且最近变得令人难以忍受。他们夫妻是老朋友，但只有女主人才是唯一可以对付他的人，就算他那可怜的夫人也不行。

你，作为主人，比其他人更了解如何通过安排座位，让每位客人找到合拍的谈话对象。人们将从交谈中学习知识并获得享受：充满个性的人，可以在引领话题、令朋友忍俊不禁的过程中感受快乐；安静聆听的人，则在享受谈话的同时，与谈话者形成互补。安排座位正如棋盘布局，主人的责任就是把所有客人合理地放在棋盘上，走出正确的几步。安排得当的座位，将令派对产生奇异的化学反应。

当人数为 4 的倍数时，安排座位会遇到的问题

在一张 8 人（或者 4 对夫妇落座的）餐桌上，或者来宾人数为 4 的倍数的情况下，应将共同举办者安排在餐桌右侧最靠边的位置，而不是正对着主人的标准位置。以一张 12 人餐桌为例，客人中有 6 位男性，6 位女性。如果将共同举办者安排在主人对面，就会令两位同性别的人坐在相邻位置，如下图所示：

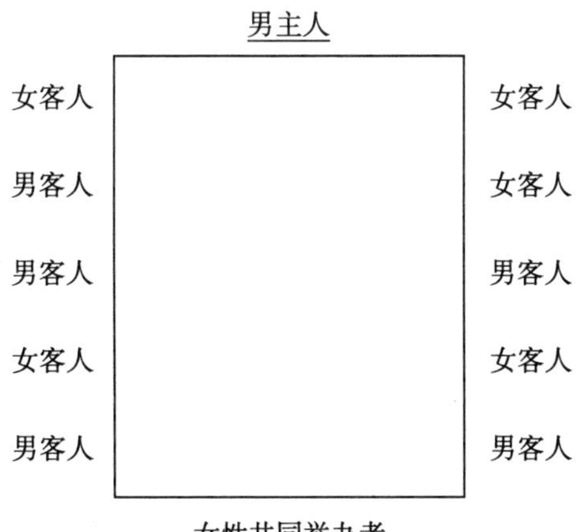

如果让女共同举办者坐在下图位置，而不是餐桌尽头，客人的性别次序就将发生改变：

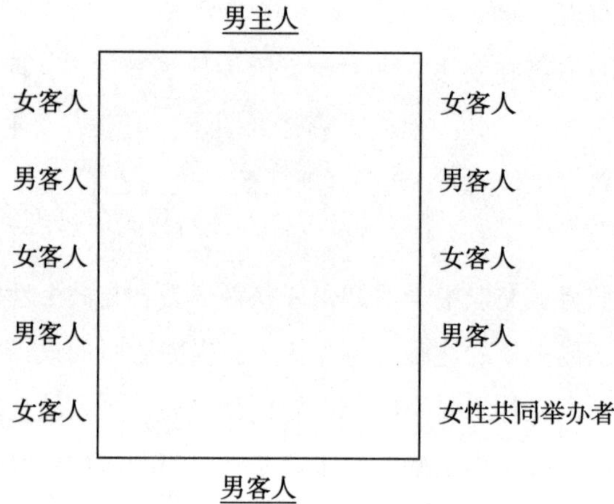

如果在一张人数为 4 的倍数的餐桌旁，某个性别较多（比如 7 位女性和 5 位男性），可以将共同举办者安排在主人对面，让两位同性别的人相邻地坐在餐桌的任意一边，如下图一张 12 人餐桌所示：

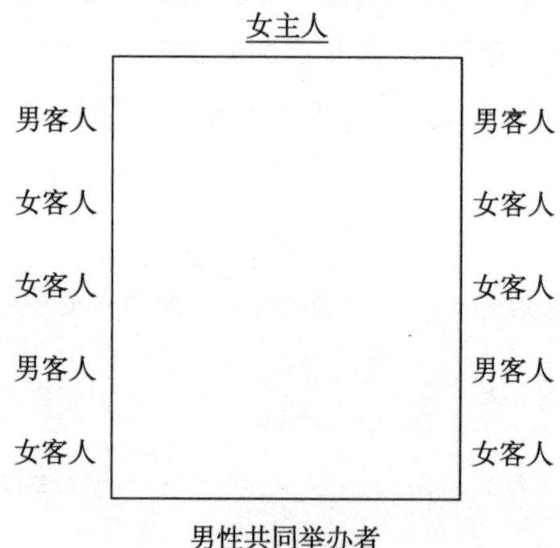

大型派对的座位安排细节

如果你负责一场大型派对，无论是商务晚宴，还是类似结婚纪念晚宴舞会的社交宴会，安排座位的流程并无二致，都遵循以下步骤：

- 决定使用哪种圆桌——8 人桌、10 人桌，还是 12 人桌。(8 人或 10 人桌更适合交谈。）现在假设你即将举办一场 50 人的宴会，那就选择 5 张 10 人桌。
- 拿出 5 张大白纸。每张画一个直径为 10 厘米的圆,从 1 到 5 标上编号。在每个圆的周围用 10 条小竖道代表每位客人的位置。
- 使用另外一张纸制作客人座位卡片。根据性别分别列表，并在每个人的姓名周围留出足够空间，方便裁剪。剪下来的客人姓名放在餐桌图表的旁边，如下面所示：

- 决定这 5 张餐桌的主人，如果需要的话还要决定共同举办者。写下他们的名字，然后用胶带将他们贴在对应的餐桌主人的位置。
- 将每张餐桌的主宾位置安排在主人的右侧。
- 将其他客人的姓名用胶带贴在餐桌标志上，确保不要让夫妻坐在同一张餐桌上，并将男性和女性交替安置——除非有太多同样性别的客人。
- 安排好座位以后，在派对开始前两小时确定最终的客人名单，并进行餐桌号码的调整，然后打印出来。这样做是因为，大型宴会中经常有人在最后一分钟宣布缺席，由此导致座位的调整，人员编号的重新确定，餐桌卡片编号的变更，以及座位卡片在餐桌上的重新摆放等。

当你感觉不会再有改变发生后，就可以将人名单和餐桌号码打印出来，并复印几份，交给所有参与派对管理的人员。这样一来，等鸡尾酒时间结束，客人即将入座的时候，便会有预先准备好的管理人员来帮助客人寻找他们的餐桌。

- 写有每个人姓名和餐桌编号的餐桌卡片，应当按照字母顺序放在入口处的桌子上。客人们可以在放好衣帽之后，和主人打招呼之前，直接在桌上找到自己的卡片。（男士通常会将餐桌卡片放在夹克兜中，而女士则放在手提包里。我总是不可避免地在入座前丢失这张卡片。感谢上帝，派对助理会借助手中的客人名单来帮助像我这样粗心的客人！）
- 餐桌上应放置一只卡片底座，上面插着大大的印有餐桌号码的白色卡片。（客人都落座后，服务员领班应当取走卡片，因为它会妨碍客人的视线。）

祝酒艺术是礼仪的重要组成部分

关于用白葡萄酒祝酒的传统礼仪，是每个人都要学习的技巧，尤其是期待邀请客人前来赴宴的人。懂得如何祝酒是一个人亲切待客的表现，因为它为人们带来快乐。祝酒是一门艺术，它的成功取决于时间、感觉以及传递信息时的发音清晰度。它也是一门妙不可言的技巧。无论你的手中持有何种饮料，只要做出恰当的姿态，一杯白水也可以起到很好的效果。当你向其他人举杯庆祝的时候，那一刻你和客人所处的地点就被赋予了特殊的涵义。你也许会迅速举起一杯苏打水，向站在身旁正准备享用热狗的人祝酒——“杰夫，你刚才告诉我的消息实在太棒了！祝贺你！干一杯吧！”一瞬间，热狗和苏打派对就变成了一场庆祝会，对方一定会因为你的庆祝而备感开心。

无论用餐地点是自助餐厅还是5星级饭店，举杯庆祝都适用。正如我的一位朋友所说：“总有事情值得去庆祝——比如，庆祝我们还活着。”

▶祝酒短语◀

当餐厅或者酒吧侍者将你点的饮料送上，你就可以向朋友们祝酒了。只需要举起酒杯，简单地向对方说：

○“又见面啦。”

○“这杯敬你。”

○“kampai”（日语）。

○“干杯”（汉语）。

○“Here's mud in your eye。”①

○“一切都好。”

○“Cheers！”

○“Skoal”（斯堪的纳维亚人在用餐过程中使用的祝酒语）。

○“Cin-cin”（意大利语）。

○“A Votrc Sante”（法语）。

说完后，快速地从杯中喝一点酒，其他人也会重复一遍你说的话，然后喝上一点。通常情况下，是由主人来进行简短祝酒，但并没有硬性规定。

▶祝酒理由◀

○庆祝某人开始了新的冒险：“祝你的新公司开张大吉。”

○为喜庆之事庆祝（新婚、生子、晋升、中奖等）：“我们为你骄傲，吉尔瓦娜。这个消息简直太好了，祝贺！”

○表达感谢：“真是太感谢你了，吉姆。你真的帮了大忙。这杯敬你这样一位伟大的朋友。”

○庆祝跨国生意伙伴成为你的客人：“亨利，你能过来真是太好了。而且你的状态这样好，即使是刚从法国远道而来也不显倦态。我敬你一杯，敬你在法国的夫人，玛德琳，也祝我们的项目取得成功！”

---

① 据说第一次世界大战时，沙场战士以此为祝酒语，意思是“进入眼睛的但愿只是泥泞，不是子弹”。——译者注

○ 为朋友的好消息祝贺："嘿，彼得，我刚刚听说你的女儿梅拉尼以全班第一名的成绩从法学院毕业了。她的确是父亲的骄傲。这杯为梅拉尼！"

○ 身为客人，赞美主人："我今天享受到了几年来最棒的一次晚餐。让我们为这场美妙宴会的举办者举杯。这杯敬玛丽。谢谢你！顺便问一下，下次邀请我们是什么时候？"

○ 一位好朋友说了个笑话，向订婚典礼上未来的新郎官敬酒："哈里，你终于有出头之日了。上大学时你永远都差我一大截。我永远都比你成绩好（"胡说！"新郎笑着打断说），我永远都比你体育成绩好（"撒谎！"新郎大笑起来），我也永远比你更受欢迎，比你更帅（"不对！"一个迎宾员喊道），但是不知怎么回事，"祝酒人继续道，"你得到了这个城市里最可爱、最漂亮、最性感、最受欢迎的女人。（"没错！没错！"新娘说。）"哈里，"祝酒人继续说道，"我想说，老朋友，你真是个幸运的人，也是个聪明人。我敬我的朋友，祝贺你在我们采取行动之前得到了莎莉。敬我们幸运的哈里！"

▶祝酒时间◀

○ 当你在餐桌旁坐定以后，不要抓起酒杯就喝，因为主人也许正计划着一个简短的迎宾祝酒，在此之前任何人都不应当饮酒。然而，如果什么都没有发生，你看到男女主人已经开始饮酒，你也可以照做，因为他们很显然并没有计划要公开向客人致敬。

○ 在很多欧洲国家，根据传统，宴会开始之际，主人会以站立的姿势向客人进行迎宾祝酒。通常他会这样陈词："我亲爱的朋友们，欢迎大家的光临。我们很高兴能够邀请您参与，让我们共享美妙的食品以及这美好的时刻吧。"偶尔也会有人这么说："佐治亚，露丝，萨姆，艾吉，还有沃尔特，真高兴看到你们开心的笑脸。欢迎，让我们一起享用晚宴吧！"祝酒流程如下：

- 主人先向客人祝酒，然后从自己杯中饮一点酒，坐下。
- 客人对主人的欢迎表示感谢（可以讲一些类似“很高兴出席”的话），然后举起手中的酒杯，回敬主人。
- 现场所有人举起酒杯共饮。
- 甜点时间通常会有更多人祝酒，主人也可能希望利用这个机会向主宾敬酒。
- 当主宾已经优雅地回敬了主人，其他希望祝酒的客人就可以开始了。应允许重要人物先敬酒。注意不要抢了主人、主人家人或者希望先向重要客户祝酒的生意人的风头。如果宴会进入尾声，却还没有人祝酒，你完全有权小声地对主人说：“我现在祝酒合适吗？”十有八九，主人会非常感激你这么做的，因为他也许比较畏惧敬酒。万一他表示反对，小声说：“我希望在甜点时间向客人们祝酒。”（这就表示，你不应当在他前面祝酒。）

○我最难堪的一次失言出现在杰奎琳·肯尼迪和希腊船王的结婚5周年纪念日的正式晚宴上。晚宴选在名为“摩洛哥”的纽约知名夜总会举行，所有肯尼迪家族的人都到场了，他们把这次活动看成是娘家省亲会一般，非常开心地讲述着自己家族的故事，并不停地相互祝酒，却没有人提及结婚纪念日和船王的名字。晚宴快要结束的时候，仍然没有人谈到主人，我感觉这是个疏漏，于是示意乐队指挥，我将要祝酒。音乐停了下来。我计划讲一些浪漫的话题，并赞美这样一个美好的夜晚必将为众人所牢记。灯光聚集在我的身上，周围一片漆黑，我什么也看不见。但忽然听见有人大喊我的名字。我停下来转过身去，发现杰奎琳的一位朋友示意我：杰奎琳和船王都不在房间里。船王在外面结账，很显然他对今晚的活动感到非常开心，而杰奎琳正在卫生间。我说了一声“抱歉”便迅速回到了座位。几位客人为我鼓了鼓掌，似乎也在替我感到窘迫！这件事告诉我：祝酒永远都要在确定祝酒对象在场的情况下才能行动。

- 祝酒时，应使声音尽量柔和动听，并注意清晰度，这样人们就会主动停止谈话，聆听你的发言。说话过程中应直视对方双眼，发言结束时，举起酒杯，点头示意，随后便可饮酒。接下来，其他人也会举杯饮酒。
- 如果你是被祝酒的一方，不要在其他人向你举起酒杯的时候也举起酒杯。甚至不要拿起酒杯。你只需坐在那里，充满赞赏地微笑。如果你希望回敬对方，可以随后站起来向他们祝酒，或者也可以稍晚一点再敬。
- 如果你经常容易紧张，不妨提前练习祝酒。不要使用便笺，而应记住要说的话，练习的次数越多（尤其是在镜子面前练习），你就越自信，也表现得越成功。当你看到所有人都微笑地看着你的时候，很自然地就会感到快乐，甚至从此变得擅长于此。
- 祝酒时，应当起身站立（除非你有点醉了，可以坐着）。否则，房间内的其他人很难看到你，而且你的声音也很难发清晰。另外，站着向对方敬酒也显得更为尊敬。
- 记得要小口饮酒，后面还有漫长的一整晚呢。
- 注意言简意赅。我见过很多祝酒人，不停地说啊说，直至毁掉了整个祝酒过程。两分钟已经足够长。如果你早有准备并且巧舌如簧，5 分钟也可以。大多数人是不可能长时间抓住人们的注意力的。人们在喝足了酒的情况下，通常不愿意聚精会神地聆听某人滔滔不绝，他们只想放松。
- 如果是一张大餐桌，那更应站起来祝酒，即使你的祝酒词只有一两分钟。因为坐着祝酒将使其他同样在座的人看不到你。而且，站着敬酒也会表达更大的敬意。
- 如果是一张 10 人到 12 人餐桌，而你准备的祝酒词是非正式的，则可以保持坐姿，但为了获得所有人的关注，应当使用比平时更大的声音发言："我想要说点什么！"
- 不要先于主人向主宾敬酒！如果桌上有一只香槟杯和一只白葡萄酒杯，意味着香槟将在甜点时间提供。主人很可能会在每个人的酒杯都斟满以后起身，向主宾敬酒，或者庆祝某项特殊事件。如果你希望向主人敬酒，而且在甜点快要结束的时候，主人（或者其他人）很显然也没有发起祝酒的意图，你可以站起身来，为感谢主人提供的美食而发起一次简短的祝酒。我保证,这一行为将获得所有人的感激。因为他们都太害羞了，不敢这样做。

- 祝酒时不要掺入粗俗的幽默。在男女混杂的聚会中这种做法并不恰当，即使是只有同性的场合也不适用。
- 如果你对时间的掌控能力很强，而且你的幽默总能轻易逗人发笑，也可以讲上一个简短的玩笑（最多两个）。
- 永远都要以正面的言论来结束祝酒，即使你在整个祝酒过程中都在打趣女主人。人们希望带着美好的感觉离开，谁也不想听到让人感觉不愉快的玩笑。
- 知道什么时候应该结束派对上的祝酒。这是主人和其他负责人员（比如庆典主管或者婚礼庆典上的伴郎）的责任。这个人应当能够感觉出来，晚会什么时候该结束了。结束总是有一个恰当的时间，比如，在两次祝酒之间的漫长停顿就是一个信号。与其等待另一个人站起来，再来一次祝酒，还不如马上提议："所有美好的东西都有结束的时候，我们的宴会也一样。感谢所有到场的来宾。"这么一说，就等于发出了晚会即将结束的信号。

10 各种餐宴场合的用餐礼仪

只要坐下来仔细想一想，你就能意识到为何在别人眼中，你的用餐礼仪是如此重要。与你同坐一张餐桌，甚至是坐在你旁边的人，只要朝你所在的方向看一眼，就能注意到你用餐的仪态。如果你的用餐仪态非常优雅，就会给别人留下良好的印象。

教会孩子用餐礼仪的不是别人，而是你自己。在餐桌上，只有你树立了良好的榜样，孩子们才能效仿。他们会模仿你的动作，而你应该帮助他们、引导他们，并提醒他们养成良好的用餐习惯。用餐礼仪和生活中任何其他事情一样，只有通过不断练习才能趋于完美。

我的一位朋友曾对她儿子糟糕的餐桌仪态深感失望。他的中学同学清一色全是运动员，他的吃相和他们一样，实在不登大雅之堂。用他妈妈的话说，“简直就像一只大猩猩”。为此，她特地用画架架起一面长 28 厘米、宽 36 厘米的镜子，放在她儿子就餐位置的前方。她还私下里警告其他的家庭成员，无论他们觉得在餐桌上放一面镜子有多么奇怪，也不许发表任何意见。他的儿子不管怎么逃避，都能从镜子里看到自己吃东西时难看的样子。本该用餐叉吃沙拉和豆子，他却用手抓，那模样狼狈极了。无论他是否情愿，每当嚼东西时，他都能从镜子里看见自己因嘴里食物太多，导致脸变形的丑陋样子。他妈妈发现，儿子每当看见自己嘴里塞满东西与人交谈的丑态，自己也会皱眉头。无论他如何躲闪，都无法避开镜中的自我形象，它就在眼前。这面可恶的镜子在餐桌上放了两周之后，他终于改掉了原来的吃相。我还想加上一点，他父母承诺的优厚回报，也是促使他改变陋习的重要因素之一。

◀基本的餐桌礼仪▶

由于一个人在餐桌上的表现会给他人造成一定程度的心理影响，因此自孩子进入青少年时期后，家长就应该拿出尽可能多的时间在餐桌上陪伴孩子，以确保他们养成良好的餐桌礼仪。当今社会，所有的人都在为自己的事情奔波忙碌，确实不是一个易于教授礼仪的时代。经过一天繁忙的工作和学习，家庭成员更愿意在微波炉中把速冻食品加热享用；或是在回家的路上顺便捎回一个比萨或几道中国菜，在电视机前大快朵颐；或是在曼妙的音乐、精彩的影片中愉快用餐。现在很多人坐在屏幕前或麦当劳餐厅里用餐的时间，比坐在餐桌边，规规矩矩用餐的时间还要长。

历史的车轮已经驶进了21世纪，人们选择轻松的方式面对生活没有什么不好。但是，孩子们上了中学之后，至少应该知道在餐桌上该有什么样的坐姿，以及如何在有人服务的餐宴上优雅地用餐。而这种能力也有助于他们日后在工作中获得长足的进步。在大学毕业之前，已经长大成人的年轻人应该能在餐桌上游刃有余。对于一个刚刚步入职业生涯的年轻人而言，如果在餐桌上笨手笨脚，可能对他今后的发展十分不利。

▶餐桌上的肢体语言◀

如果你已为人父母，或许会非常乐意与你的孩子交流以下注意事项：

- 在餐桌上保持良好的坐姿。告诉你的孩子，“你就座时，如果身体保持挺直，双脚平放在地板上，看上去会非常不错。”这并不意味着，他必须像西点军校的学生一样僵直地坐在那里，但也不能像个布娃娃一样，弯腰驼背，浑身瘫软。

- 在用餐间隙，你的手应该如何摆放，可以有多种选择。你也许喜欢把双手放在餐桌上，用手腕抵住桌子的边缘；你也可能喜欢把手放在桌子下面、搭在自己的膝盖上。在餐桌上双手保持静止不动，看上去远比用双手把玩餐具，拨弄盘子里的食物，或玩弄自己的头发要好得多！
- 在上菜的间隙，把一只胳膊肘或两只胳膊肘放在餐桌上并无大碍，因为这是人们谈兴正浓时自然而然会摆放的姿势。但在吃饭的时候，双肘最好还是离开餐桌。
- 干坐在那里等待其他人吃完东西，或结束冗长的谈话，这种经历让人备感无聊。但即便如此，你也不要用手指不停地敲击桌面，或不耐烦地敲打水杯、碟子等餐具。你自己可能意识不到砰砰的响声，但这种噪音会让其他客人感到不安。
- 使用刀叉切割东西的时候，尽量让胳膊肘贴近自己的身体，以避免碰到邻座的客人。如果有可能，安排家里的左撇子固定坐在餐桌的最左端，这样他自己和其他人都感到轻松自在。

▶餐桌上的一般礼仪◀

- 在家中用餐时，食物通常是由坐在主位上的父母开始传递，一般按照逆时针的顺序先传给父母右侧的贵宾，然后再依次传下去。当大碗或盘子传到你跟前的时候，取出你想要的东西，然后再传给你右边的客人。
- 良好的餐桌礼仪离不开“请”和“谢谢”这样的礼貌用语。如果想吃的食物离自己较远，不要直接探身去拿，而是“请”旁边的人帮你递过来，接到之后，不要忘记诚恳地说声“谢谢”。或许在篮球运动中，你对自己的远投功夫颇为自豪，但如果把这种功夫用到餐桌上，就会在探身取物的过程中碰倒各种东西。
- 每次取菜时分量要适中，哪怕是你最爱吃的炸鸡翅、薯条，或浇在冰激凌上的巧克力热糖浆，也不要一次取得太多。

- 添加过多的佐料和调味酱，也可能是不礼貌的行为。你在高档餐厅或别人家里用餐时，如果要来一整瓶调味酱一股脑倒在你盘中的肉片上，是十分不礼貌的行为。这是对厨师和他厨艺的侮辱。（你要让孩子知道，在汉堡连锁店和在高档餐厅用餐有所不同。）在尚未品尝菜肴之前，就在碗里添加大量的盐和辣椒，这一举动非常粗鲁。你要信任主人和餐厅厨师的烹饪技术。他们的菜肴没有佐料和调味酱也一样出色。
- 一次只切一块肉。当你还是孩子的时候，可能有人帮你把一整块肉切成很多小块，便于你食用。但长大成人后，你不可以再这样为自己分肉。一次只切一小块，吃完之后再切另一块。
- 吃饭时不要发出声音。咀嚼食物时，要小口小口地吃；吞咽东西时，要把嘴巴合拢。这样吃饭才不会发出声音，影响到周围其他客人。
- 不要吃得过快。先咽完嘴里的东西，然后再吃下一口。如果你一边嚼东西一边说话，即使话题再有趣，也没有人能听得清。
- 经常用纸巾擦拭手指和嘴巴。纸巾的功用就在于此。如果手指油腻、嘴边沾满碎屑或残渣，看上去极其不雅观！
- 如果在家中用餐，想多要一份尽管提出来。但如果在别人家里做客，还是不提为妙。因为如果有多余的食物，自然会为你端上来。如果你要的东西已经吃完了，这种情形会让主客双方，尤其是你自己，感到非常尴尬。
- 你可以用叉子叉起一小块面包或面包条，用它来沾抹剩下的美味调味酱，然后放进嘴里。在这个过程中，注意不要让酱汁滴到身上。不要用手直接拿面包沾抹酱汁，因为这样可能弄脏你的手。用叉子叉住面包会保持整洁。
- 在别人家中做客时，如果端上来某道菜你非常不喜欢，比如甜菜根或动物的肝脏，不要直截了当地说你不喜欢。放在盘子里不要动，或者用叉子把它推到一边都可以，这样就不会有人注意到你不爱吃这道菜。如果有人直率地说，“詹妮弗，你的鱼怎么动都没动过？”你可以回答，“谢谢，我不太饿，”而不要说“我不喜欢吃鱼！”更不要说，“现在水质污染严重，我从来不吃鱼。”

喝汤时需要特别注意的事项

- 盛汤时要把碗或盘子稍微倾斜，用勺子舀汤的时候离自己稍远一些。
- 先把汤上漂浮的肉或菜吃完，然后再端起汤碗或盘子，把剩下的汤水喝光。
- 不要用嘴吹气使汤冷却。耐心等待就行了。
- 喝汤时不要发出声音，用餐时啧啧作响极不雅观。
- 端起汤碗把汤喝光以后，你需要用纸巾擦拭嘴巴。留胡须的男士要特别注意这一点。
- 不要把面包片泡在汤里吃，我看到很多人都喜欢这么做。如果你手中有汤匙，并且端上来的是一小碗适合浇汤吃的油煎面包块，你可以少拿几块蘸在汤里吃。

就餐时出现的尴尬局面

东西塞进牙缝时

餐桌上千万不要使用牙签，即使你觉得嘴里塞进了一块小石头也不行。多喝点水，看是否能解决问题。如果你实在觉得牙齿难受，不妨暂时离席片刻，退到餐馆的洗手间或主人家的浴室，你可以在那里好好地漱漱口，必要的话还可以放心地剔剔牙。

至于在餐桌上用刀背剔牙，或干脆用指甲剔牙，万万不能在你所爱的人面前做出如此举动。这只会让对方感到恶心！

菜肴中出现异物时

如果看到沙拉中赫然爬出一只小虫，不要出声，赶快用餐巾把它挑出来，然后扔在餐桌下面。不要兴高采烈或大惊失色地指给邻座的人看，因为这种举动可能会破坏餐桌上大多数人的心情。

大蒜或洋葱异味袭人时

如果你用餐时吃了一些大蒜，你会发现你在家里、办公室或聚会上不太受欢迎。下列几种方法可以帮助你摆脱困境，也让别人松一口气。

- 咀嚼并吞食新鲜的欧芹。
- 在舌头和口腔内部涂一片柠檬。
- 咀嚼几粒咖啡豆。
- 喝少许抗酸剂。
- 吃几粒薄荷糖。

用餐礼仪

什么时候开始用餐

在家庭聚餐中，最后一位取菜的一般是父亲或母亲；而在宴会上，通常是男主人或女主人。餐桌上的每位宾客都应等到最后一个人取菜完毕才开始用餐。有一种例外的情况，就是当端上餐桌的菜是道热菜。此时主人有责任催促客人趁热享用，“快点开始吃吧。你的汤要凉了，汤趁热才好喝！”

如果餐桌上没有女主人，那么坐在男主人右侧的女性贵宾应该是第一个用餐的人。等她开动之后，别人才开始跟进，因此开启每一道菜的享用便成为她的责任。如果端来的是道冷菜，她应该等餐桌上的每一个人都拿到之后再开始用餐。如果她不开吃，男主人也不能吃。我出席晚宴曾多次遇到过这样的情况，即晚宴的女主人或女性贵宾一直忙着与人谈天说地，竟丝毫没有动餐具的意思，害得同桌其他客人饿着肚子焦急地等待，但又不敢轻举妄动，生怕举止鲁莽有失礼仪。

▶如何从大盘中取菜◀

所有盛菜的大碗或大盘都是从左边传到你手中。如果传过来的是类似土豆泥一样的菜肴，你只需用大盘里的汤匙取出一勺，放在你的小盘里，然后把汤匙放回大盘即可。如果弄脏了公用汤匙或叉子的把柄，用餐巾擦拭干净，然后再把公用餐具放回大碗或大盘里。如果是从大盘中取用佐以配料的肉片或鸡鸭，情况就比较复杂了。你需要左手持叉，右手拿勺，小心地切下一小块鸡肉或肉片，放到自己的小盘里。然后再取用大盘中你中意的其他配料，比如小马铃薯块、用作填料的蘑菇，或塞了豆子的烤西红柿等。

不要食用大盘中用作装饰的材料。我记得在一次晚宴上，我伸手切下点心盘中央一个用泡沫塑料制成的蜂窝，男主人见状脸上露出惊愕的表情。蜂窝表面覆盖了一层巧克力，因此我误以为是甜点的一部分。我费了九牛二虎之力从蜂窝上切下了一小块，结果却破坏了点心盘的整体设计。面露尴尬之色的主人小声地告诉我，“如果我是你，我就不会吃那个东西，即使抹了巧克力酱，泡沫塑料的味道也好不到哪里去。”

从大盘中取菜时务必牢记，公用餐具一定要保持清洁并按照次序摆好，以方便后取菜的人使用。

▶取用适量的菜肴◀

出门做客时，不管是传过来的佳肴，还是摆放在自助餐台上的菜品，你都要适量取用。你应该时刻想到还有多少人在用餐，以及还有多少食物可以分配。如果食物的分量非常充足，你可以回头多取一些，这是任何主人都会感到骄傲的事情。

如果有一盘切成小块的羊肉传到你跟前，你可以取两片。如果羊肉是中等或大块，只取一片就好。如果羊肉的分量只够每人取用一片，而你却取了两片，因此而导致女主人面露尴尬，这是非常不适宜的。所以这种情形远不如你在第二次传过来时再取一片来得周全。

如果传过来的大盘中有许多小而薄的烤肉片，一次取用两片。如果肉片又大又厚，一次只取一片就好。等到盘子再次传过来的时候你可以再取一些。

即使自助餐台上放着一大碗你最爱吃的意大利通心粉，也要适量取用。第二次取用时，当你看到每个人盘里都装满了食物后，才可以放宽食量。你肯定不希望第一次经过自助餐台时，就被别人当做赢得饮食大奖的贪食者！

▶品尝他人的食物◀

如果你和朋友在一家有名的餐馆就餐，互相交换少量的菜品似乎也未尝不可。但我和其他很多人的意见一样，觉得这种做法不够卫生，也不够优雅。

如果你的朋友坚持要从对方的盘子里取些食物品尝，可以要来两三个干净的小盘子，用干净的餐具把少量的菜品置于小盘中。不要等到大家都开始用餐之后再交换品尝菜肴，而要在大家开动之前就把要品尝的食物放好，这不是礼仪问题，而是关乎个人健康。

▶如果你正在节食◀

如果你正在节食，就应该坚持原则，这对你有好处。但如果你是参加宴会的宾客，最好不要刻意炫耀此事。如果因为健康问题不能吃一般的菜肴，要事先把情况告诉主人，并主动提出先在家吃晚饭，饭后再出席聚会，或者先出席鸡尾酒会，然后在正餐开始之前离席。你还可以假装吃饭，实际上却是在盘中来回拨动食物。最不可取的做法就是强迫主人为你准备一份特殊的餐点。

如果你正因减肥而节食，千万不要在晚餐上提及这一话题。因为对一个正要品尝一大块奶油蛋糕的客人来说，没有什么比这个话题更无聊、更刺耳的了。取用一些能吃的食物，剩下的不妨放弃。如果送上来的是一份富含脂肪的甜点，你可以用叉子在小盘中来回拨动食物，女主人很可能不会注意到你伪装的举动。素食主义者可以取用一些无肉的菜肴或不含奶制品的食物，比如沙拉、米饭、蔬菜、水果，这样可能没人会注意到他的素食倾向。如果是严格的素食主义者则另当别论。我会邀请这类人去喝茶而不是吃饭。

▶如果你在餐桌上打翻了食物◀

在餐桌上打翻食物，无论对于闯祸者还是在家中举办宴请活动的女主人来说，都是件让人不安的事情。闯祸者恨不得立即找个地缝钻进去，这样就不用面对尴尬的场面了。与此同时，女主人通常会努力保持冷静，尽量控制自己的情绪，但一想到餐桌表面或桌布会因此受到大程度的损害，就会感到非常绝望。这种时刻对餐桌上的每位宾客都是一种煎熬。

- 如果你不小心（或者侍者不小心）将滚烫的液体，如茶、咖啡，或汤溢出杯体，立即用餐巾擦拭干净，免得每次端起杯子，杯底都会滴水。
- 如果只是在餐桌上滴了几滴肉汁或酱汁，赶快轻轻地用餐巾的四个角擦干净。擦完后把餐巾放回膝盖时，要巧妙地折叠，避免污渍弄脏衣服。
- 如果打翻食物的情形比较严重，下一步采取什么措施就要视情况而定。如果在餐馆吃饭，做东宴请的主人会叫来服务员帮助你处理混乱的局面。如果这种情况发生在别人家中，而且有侍者或备办宴会的专门人员在场服务，他们会帮你收拾残局。如果这种情况发生在你自己家中，而且又没有侍者帮忙，你只有自己走进厨房，取来一切需要的东西来清理污渍。如果污渍很小，你只需用另一条干净的餐巾将它盖住即可。而对于严重的污渍，我经常先涂上一层盐和苏打水。在我看来，严重的污渍包括红葡萄酒、山莓酱或大滴巧克力酱留下的痕迹。在处理污迹时，先用一块干净的餐巾或纸巾将桌面擦干，避免葡萄酒或苏打水渗透桌布腐蚀餐桌表面。
- 如果你在别人家中打翻东西，造成严重的后果，特别是打碎了杯子或损坏了一张精致的桌布，情况就比较棘手了。事情发生之后，你当然应该向主人诚心诚意地道歉，但迅速采取行动加以弥补也非常重要。询问主人你是否可以进厨房处理残局。这时候主人可能会和你一起到厨房拿湿纸巾和其他清理工具，或者明确地要求你坐在原位，因为“小事一桩，我自己就能处理”。如果是后一种情况，你不妨待在座位上。

- 如果你面前的桌面上留下了一大块明显的污渍，向主人要一块干净的大纸巾覆盖在上面。否则，餐桌上其他人每次向你这边看，都会注意到那一大片污迹。
- 如果在餐桌上打翻了食物，你应该为此向其他客人或你的家人表示歉意，因为你破坏了吃饭时和谐轻松的氛围。（但道歉的方式也不用过于夸张。如果你能自我解嘲一番，对自己的鲁莽行为开个小玩笑，那当然再好不过，因为在场的其他人也会随之一笑，将紧张的神经松弛下来，不再为你揪心。）如果其他客人没有细心地帮你岔开话题，你自己不妨提出一个新话题。派对上的朋友越快忘记这个插曲，越早恢复原来的气氛，对每个人就越好。
- 如果你在主人的桌布上留下了严重的污渍，主动提出次日就把桌布送到一家上好的干洗店清洗。如果你或你的家庭成员破坏了主人家的其他物品（例如你的孩子在主人家心爱的小毯子上呕吐，或者你带来的小狗把毯子弄得乱七八糟），你也应该承担责任。把受损的物品收起来，清洗干净或修复完整后再还给主人。

我清晰地记得19岁那年，我作为一名学生，在一个富丽堂皇的巴黎府邸出席一场晚宴。在宴会上我是唯一一个美国人，却在做一个夸张的动作时，打碎了女主人心爱的12只18世纪的高脚杯中的一只,还把一整杯红葡萄酒洒了出来，破坏了她钟爱的19世纪初威尼斯蕾丝桌布，造成了永远无法弥补的损失。

那天晚上，这位伯爵夫人给我上了一堂令我永生难忘的课。当时餐厅里的客人看到这位“年轻的美国姑娘”的所作所为全都吓呆了。伯爵夫人显然心里非常难过，但她却微笑地看着我，用轻松的口吻说，“没关系，小姐，一点儿没关系。”然后，她叫来餐厅领班“给小姐再斟一杯葡萄酒”，在男仆清理桌面的时候，她又很快引出另一个轻松的话题，以舒缓我因窘迫而深为不安的情绪。

当第二日清晨我到达她家门口，询问我是否可以把桌布拿到巴黎最有名的干洗店清洗，把破碎的玻璃杯交给一名著名的修补专家进行修补时，管家告诉我，他们已经问过了。“没有办法补救，但是伯爵夫人希望鲍德瑞奇小姐知道，一点儿都不要紧，她已经忘记昨天晚上发生的事情了。”那位女士和那晚她所展示出的“卓越风范”将令我永生难忘。这些年来，每当我的孩子或他们的朋友打碎我们家里的古董瓷器和高脚杯（这种事情经常发生），我都会想起“伯爵夫人”，并且效仿她崇高的风范，对闯祸的孩子说，“没关系。不要担心。一点儿没关系。”我承认，有时候要说出这样的话，真的非常困难！

▶欧美用餐礼仪的差异◀

- 熟练地使用刀、叉和汤匙。多数美国人都用右手握住餐叉。使用叉子时，应该用拇指和食指握住叉子把柄的四分之三处。在把柄的最前端用拇指抵住食指的背面，其他三个手指在把柄背面依次向上排列。中指从背面握住把柄。汤匙的握法与此相同。（注意：对于左撇子来说，使用叉子和汤匙的方法与此相反。）
- 拇指和食指合力工作，拇指自下而上用力，食指自上而下用力。食指的位置比拇指更接近叉齿一些。这样你就可以自由地左右移动叉子，同时紧紧地握住它，随心所欲地切割食品了。
- 刀子应该握在右手。拇指和中指紧紧握住把柄的二分之一处，食指在刀背和把柄相接的地方用力下压。刀叉配合工作的情形详见下图：

无论是以美国还是欧陆风格切割肉类食品，都应该按照左图中的姿势进行。特别注意双手的位置。千万不要像右图展示的那样，以拳状紧紧握住刀或叉。

我在美国各地旅行期间，发现大学校园和职场里的许多年轻人都以握拳的方式左手持叉，右手握刀，费力地用刀来回切割肉品，好像在拿着琴弓拉大提琴一样，然后把刀叉砰地放在小盘上，再换个手使用。

欧陆用餐风格

由于全世界只有美国人在切完肉类食品后，要把叉子从左手换到右手，因此我们也要看看其他文化的用餐习惯。（美国人这种独特的刀叉使用习惯，即用刀子完成切割后，先把刀子放下，然后再把叉子换回右手，究竟源于何处，一直不得而知。除我之外，还有很多人对这一课题做过研究，我们甚至去国会图书馆查阅资料，但迄今还没人发现这一习俗的起源。）

按照欧陆用餐风格，吃饭时叉子始终放在左手，而刀子始终放在右手。这是一种合乎逻辑也简便易行的用餐方式，而且比起美国的用餐方式声音要小得多。（因为使用这种用餐方式，就不需要在切完肉类食品后把餐叉从左手换到右手，也不需要每次都要把刀子放在小盘上，自然就不会听到餐具互相碰撞的声音。）

如果你愿意采用欧陆用餐风格，一直用左手持叉，叉齿通常朝下，并用右手握刀，那么，刀具不仅能切割食物，还可以用来把食物推到餐叉上。如果刀叉并用，即使最难对付的豆子和玉米粒，也能手到擒来。

按照美国的用餐风格，在切完肉类食品之后，你要把刀放在盘子上，并迅速地把叉子从左手换到右手，然后叉起一片肉送到嘴里。（遵循这种用餐方式会多做很多工作，但这个国家的国民无一例外都是这么做的。）

依照欧陆用餐风格，你始终用左手持叉，并把切好的食品送进嘴里。刀子始终握在右手，并能巧妙地把肉类和其他食物推进叉子。这种用餐方式更加安静，更加优雅，也更加高效！

使用欧陆用餐风格吃甜点也更加便捷。你会发现，当你适应了欧陆用餐方式之后，使用叉子和汤匙这两种餐具吃任何甜点都非常方便。你用右手拿着汤匙，左手握住叉子以固定汤匙中的甜点——或者反过来，左手拿汤匙，右手持叉，总之选择一种你认为舒服的方式。

以欧陆风格吃甜点时：

- 用叉子和汤匙吃派或巧克力蛋糕，一般左手持叉，右手拿汤匙，或者依据个人喜好右手持叉，左手拿汤匙。
- 用叉子和汤匙吃浆果或切开的水果，仍然是左手持叉，右手拿汤匙。
- 吃冰激凌、布丁和奶油蛋羹只用汤匙就够了。

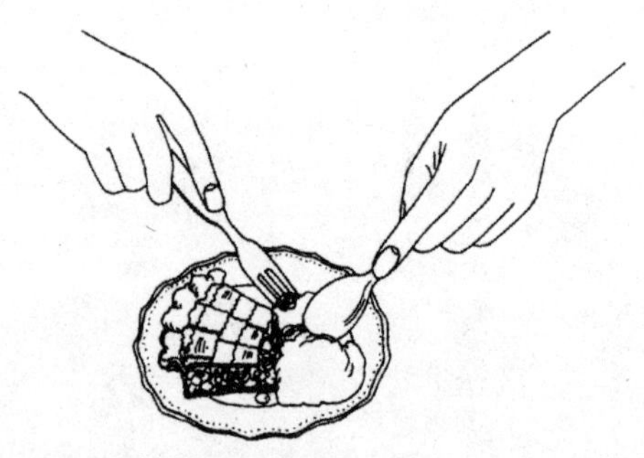

吃冰激凌派的时髦方法是叉子汤匙并用。

我在国外求学十载，然后又在美国驻外事务处任职，当我回到美国之后已经习惯了欧陆用餐风格，也因此被一些亲戚朋友批评是“洋派作风”。从那以后，越来越多的美国人到国外游历、居住，并且采用了欧陆的用餐风格，如今人们对这种进餐方式已经不再大惊小怪。在我看来,父母在教导孩子如何使用餐具时，应该慎重考虑采用欧陆用餐方式，因为这种方式更简单、更安静、更高效。当然，父母应当首先学会欧陆进餐礼仪，这样才便于孩子们效仿。

暂停用餐或用餐结束后如何摆放餐具

依照美国的用餐风格，在暂停用餐时，刀子（刀口向内）应该放在盘子的右侧。叉子放在刀的左侧，叉齿朝上或朝下均可。在你用餐完毕，准备等人撤走餐盘的时候，刀叉也应该如此摆放。

当你把叉（叉齿朝上朝下均可）和刀在餐盘上这样摆放的时候，就向侍者发出了一个信号，即你已经用餐完毕，餐盘可以撤走了。

而依据欧陆用餐风格，暂停用餐时，叉子应该放在盘子的左侧，叉齿朝下摆放。刀子放在盘子的右侧，刀柄露出盘外，刀身倾斜指向盘子上方中央，与叉齿形成一定角度。用餐完全结束后，应该像美国用餐风格那样，把叉和刀在盘子右侧依次摆放，只不过叉齿一般朝下。

餐具这样摆放就是让侍者知道，这道菜你已经用完了。

汤匙应该如何摆放？汤匙应当放在茶碟垫上，而不是竖在杯子或高脚果盘里。（但是舀汤用的汤匙可以放在汤盘里。）如果端上来的是一大杯冰茶，杯中放了一只长汤匙或一根搅拌棒，不使用时，应该将汤匙或搅拌棒放在茶碟垫上。如果没有茶碟垫，就只能把汤匙或搅拌棒插在杯子里。饮冰茶时，一定要用食指和中指夹住搅拌棒或汤匙，以防止滑出杯外。

▶使用餐巾的礼节◀

在餐桌旁就座之后，应该展开餐巾，铺在膝盖上。午餐餐巾（如1平方分米）应该整个展开，而面积较大的晚餐餐巾（如1.5平方分米）则应展开一半，然后再放在膝盖上。

使用餐巾时，最重要的一点是，在你起身离席之前，餐巾应始终放在你的膝盖上。如果在餐宴进行期间，你由于某种原因不得不暂时离开餐桌，应把餐巾放在座椅上，而不能放在桌面上。正在用餐时，看到有人把沾有污渍的餐巾扔在桌面上，会让人大倒胃口！

当大家都要离开餐桌时，你可以把餐巾叠好（不一定叠得很整齐），放在盘子左侧的餐桌上。

把餐巾当做围兜使用

如果你在餐厅点了一份烤龙虾，侍者可能会给你拿来一条围兜，让你围在脖子上，以免用餐时弄脏衣服。但如果不是吃龙虾，在脖子上围一条大围兜看上去会感觉非常滑稽，除非你是个孩子。如果你正在吃容易弄脏衣服的食物，比如汤、意大利面或配以佐料的沙拉，有一种优雅的方法能够避免弄脏你的衣服。在吃这种易溅的食品时，把椅子拉到离餐桌较近的位置，吃东西的时候身子前倾。用左手拉住餐巾的一角，贴近喉咙，使整条餐巾松散地搭在胸口。在用右手持叉吃饭的时候，仍然用左手抓住餐巾贴在胸前。即使有汤汁溅出来，也只会洒在餐巾上，而不会弄脏衣服，同时其他人也不太会注意你把餐巾贴在脖子上。

女士不应该用餐巾擦抹口红。在餐巾上留下口红痕迹让别人看了很不舒服。

女士在进餐前可以先到盥洗室，用餐巾纸抹掉口红。这一做法不但更加得体，而且会给主人或餐馆的洗涤工作减少很多麻烦。

如果你家里使用餐巾环（这是一种老式的习惯，因为现在大多数家庭都使用纸质餐巾，而不用每隔一两周清洗一次布质餐巾了），教会你的孩子在离开餐桌前仔细地把餐巾叠好，并将它挂到餐巾环里。

▶如何使用洗手盅◀

洗手盅在今天几乎已经成为历史遗迹，这个餐具一般在非常正式的宴会场合才会出现。在甜点端上来之前，侍者通常会送上来一只洗手盅（在有些家庭宴会中，洗手盅在甜点上过之后才端上来，以供客人最后清洗之用）。这种小碗一般是由玻璃制成，里面装有四分之三的冷水或温水，常见有一朵小花或玻璃装饰品漂浮于水面上。侍者会在洗手盅下面铺一张小巧精致的桌巾（通常是亚麻或细棉质地，缀有蕾丝花边），置于甜点盘中央。装有洗手盅的盘子端上来之后，你该怎么做，自行决定。把两只手的手指分别放进水中，然后在餐巾上擦干，注意动作不要过于夸张。（如果双手很干净，就没有必要清洗。）清洁之后，把桌巾和洗手盅一起放在你的左前方（就是刚才放奶油碟的地方）。

在正式的甜点服务中，侍者给每位客人端上来一只盛满水的洗手盅，下面铺上一张精致小巧的蕾丝或棉质桌巾，并放置在甜点盘中央。在这种情况下，吃甜点用的叉和刀应该分别放在盘子的两侧（而不是像大多数书中所展示的那样，在整个用餐过程中，刀叉都摆在盘子的上方）。看到每只洗手盅中漂着一朵含苞待放的小花，客人的心情将非常愉悦。

洗手盅端上餐桌之后，许多客人对它的用途感到不解。我在去年出席的一次正式宴会上，亲眼目睹这种事情发生在一家著名美国企业的董事长身上：他看到其他客人把洗手盅从盘中撤走，也跟着这么做，但他忘记把桌巾一同拿出来。于是，他就在桌巾上享用了一大份香草冰激凌和山莓酱，而桌巾也因为山莓酱的浸泡而污迹斑斑。许多年前，我8岁的女儿在弗吉尼亚州一家非常豪华的威廉斯堡饭店用餐时，由于之前从没见过洗手盅，立即把碗端起来，大口大口喝碗里的水，还饶有趣味地打量这只“奇怪的水杯”。（就在这时，坐在我们餐桌旁边演奏室内乐的尊贵的音乐家们却突然停止了演奏，以至整个餐厅都不明白究竟发生了什么事情。）最近我还碰见一位年轻的女主管，拿起浮在洗手盅水面上瓷制的小花准备吃下去。幸亏最后她没有这么做。（她后来告诉我，她原以为那是朵糖果做的花，是甜点的一部分。）

虽然会出现种种尴尬的场面，在客人吃完一些容易沾手的食物，比如蜗牛、龙虾、蒸蛤、或新鲜的玉米棒之后，洗手盅还是很有用的。如果端上来的菜肴容易沾手，应该马上给客人端来盛满温水的洗手盅（或许可以在每只碗里放一片薄薄的柠檬片）。

不要急着买洗手盅。你可以用自家盛放甜点或谷类食品的小碗。当然，如果提供的是具有东方特色的菜肴，你可以为客人送上刚刚在热水中浸泡过、还散发着你最喜爱的科隆香水味道的小手巾。送上热手巾之后，最重要的一点是，一定要记得马上把手巾收回来。客人手里拿着用过的湿手巾，却不知道该怎样处置，这种场面是宴会中不太和谐的音符。

客人应该将指尖伸进洗手盅中蘸点水，在餐巾上擦干净，再把桌巾和洗手盅放到桌面的左前方。然后把叉子和汤匙从盘里拿出来，分别放在盘子的左右两侧。现在空盘子可以盛放甜点了。

食物不同吃法不同

餐前开胃菜食用须知

保持双手清洁

手中端着鸡尾酒很难优雅地品尝开胃食品。在鸡尾酒会上，你不断地与人会面握手。如果你在握手时，手指上沾满了蛋黄酱或奶酪，肯定没有人乐意与你见面！吃开胃食品时，手边准备一张鸡尾酒纸巾，手上一旦有食物残留立即用纸巾擦干净，这是一般人都会有的常识。即使手拿奶酪条或脆饼干也需要用纸巾擦干净手指。我还建议参加鸡尾酒会的朋友用左手拿冰镇饮品，这样至少右手是温暖、干净的，可以随时与人握手。

如何处理用过的牙签

鸡尾酒会上经常使用的牙签可不会自动消失，虽然宾客们希望如此。如果你用牙签叉了一只虾蘸酱，千万不要把用过的牙签放回浅盘里，因为这样一来会使其他想吃虾的客人胃口大减。聪明细心，并支持客人使用牙签的女主人会在酒会场地各处摆放一些容器，便于客人处理手中的牙签（我们很多人不愿意在宴会上提供开胃食品，就是因为大家会因为牙签问题争论不休）。如果附近没有烟灰缸、小碟或垃圾桶，把你用过的牙签放在鸡尾酒会用的餐巾里，然后在离场之前扔到厨房或客用盥洗室的垃圾桶里。我曾看到有些人把他们用过的牙签丢到植物丛中、花瓶里、沙发垫下面、玻璃缸中、男士裤子的翻边里、女士的手包里，或者趁别人不注意时扔到对方的口袋里。

应付棘手的状况

- 开胃食品如果太热，先用舌头小心试吃，注意动作不要过于夸张，然后再大口品尝。很多参加鸡尾酒会的人因为忽视了这一点，经常烫伤自己的嘴。

- 如果你挑选了一个滚烫的蛋挞，咬第一口的时候，里面的馅会飞溅出来。要等到整个蛋挞冷却之后，再一口吞进嘴里。如果你想用牙齿将它咬成两半，里面松软滚烫的馅有可能飞溅而出，喷得自己和周围的人浑身都是。
- 如果你从一盘生菜中拿起一片没有煮过的蔬菜，在蘸上酱汁准备送入口中之前请在蔬菜下面垫一块鸡尾酒餐巾。当然，如果考虑到你的胆固醇和洗衣费用，最健康最安全的方法是不蘸酱汁，清口吃菜。
- 如果你吃进嘴里之后，才发现夹鱼子的烤面包味道实在糟糕，立即把它吐在鸡尾酒餐巾上，然后找一只垃圾桶丢进去。把嘴里的东西吐干净之后，再转身面对其他客人。

▶面包和糕点◀

如何吃面包

如果你在餐桌上发现座位旁边有一个装有面包卷、面包片和棍形面包的篮子，先把它递给旁边的客人，然后自取一些，接着再递给另一边的客人，他会继续往下传。

面包卷应该用手指掰成两半或多半享用，而不是用刀切开。也不要事先在面包卷上全涂满黄油，而要涂一块吃一块。如果你有黄油碟子，把面包卷放在里面。如果没有，把面包卷放在面前任一碟子的左端。

不要担心在掰面包的时候会四处掉落面包屑。你可以用手指尽可能地把面包屑捡起来，放在你的盘子里。你可以一边与人交谈一边自然而然地捡面包屑，别人甚至不会注意到你在做什么。

如果餐桌上有侍者服务，侍者会在上甜点之前走过来，把餐桌上的面包屑全部清理干净。他们通常会用一条干净的餐巾把面包屑推到一个小盘里，或者用一把银刷把面包屑扫进一个银制或金属容器中。

如何取用糕点

○松饼或土司应该切成两半，分别涂上黄油和果酱再吃。

○膨胀的酥饼应该趁热扒开，涂上黄油之后，马上分成小块来吃，因为一旦冷却缩小之后，口感就不好了。

○有粘性的小圆面包或丹麦酥饼应该用刀切成两半，如果特别大的话可以切成4半，然后根据个人喜好涂上黄油享用。（这里的黄油指的是生黄油，或人造黄油）

○英式松饼在端上来之前就已经切成两半并烘烤过了，有时候还事先涂好了黄油。如果你想在松饼上涂些蜂蜜，就向提供蜂蜜的侍者要一大汤匙蜂蜜，放在你的盘子里，然后用刀将蜂蜜涂在半个松饼上。果酱和果冻也是同样的涂抹方法。用汤匙从瓶里取出想要的量放在你的盘子里，然后用刀（不是汤匙）涂在面包片或面包卷上。

○法棍面包由于外壳很硬，有时候很难用手掰开。细心的主人一般会在端上来之前，在厨房里先用锐利的刀子把面包切开。有时候法棍面包会提前加热，有时甚至事先涂上了一层薄薄的黄油。

○刚出炉的小饼干只稍微切开口，里面涂了少许奶油。（如果吃了4块以上的饼干，你就是对饼干上瘾了！）

▶如何取用佐料盘中的食物◀

有时候你在餐桌就座之后会发现一个佐料盘，里面装满小片的芹菜、胡萝卜、白萝卜、橄榄和泡菜等佐料。如果佐料盘刚好放在你面前，你可以端起来，先传给左手边或右手边的客人，再自取一些，然后传给另一个方向的客人，他会继续传给其他人。如果你有黄油碟，可以把佐料放在里面。如果没有，就放在面前任何一个盘子的边缘。从佐料盘里取东西要用手，取完以后先放在你的盘子里，然后再一个一个地吃。（也就是说，从佐料盘里取完食物之后，不要直接送进嘴里。）

○如果佐料盘里有白软奶酪，而你又有黄油碟，可以用外侧的小叉子取出需要的量放在黄油碟里。取完之后把叉子放在黄油碟上，直到需要吃主食的时候再取回。

- 吃橄榄的时候，先嚼果肉，然后把果核吐到叉子上，再放到黄油碟里（如果没有黄油碟，就放到面前其他碟子里）。如果你实在无法完成这个精细的动作，可以迅速地用拇指和食指把果核从嘴里取出来，然后尽可能若无其事地放到碟子里。（千万不要效仿我的兄弟们。我们还是小孩子的时候，他们趁父母不在，隔着餐桌把橄榄核吐到他们的死对头，也就是他们的姐妹身上。）

▶开胃食品◀

喝汤的礼节

喝汤的时候非常容易发出声音。在日本文化中，大声喝汤是很正常很自然的事情，但在美国文化中就不是如此。喝汤时要小声，用汤匙舀汤，就算在入口前吹气使汤冷却，也应放低声音。

- 如果汤是装在汤盘里端上来的，要用汤匙一勺一勺舀着喝。
- 如果汤是装在汤杯中，汤里还漂有其他配料（如面包碎片、胡萝卜丝或蛋黄），先把配料吃完再喝汤。这时你可以端起汤杯，直接喝掉已经凉下来的汤。（但是，千万不要直接端起汤盘喝汤，否则礼仪尽失！）
- 如果是肉煮清汤，而且汤的温度不是太高，你也可以端起汤杯直接喝，而无须用汤匙一勺一勺舀着喝。

鱼子酱的吃法

有一种象征最高社会地位的食物，叫鱼子酱（经常在鸡尾酒会上出现），关于它的浪漫传说数不胜数。鱼子酱是世界上最名贵的食物之一，如果在宴会上第一道菜就能享受到鱼子酱，可以说是受到豪华礼遇了。

据著名的“Petrossian”鱼子酱进口公司介绍，美国最好的鱼子酱是从俄罗斯里海地区进口的。伊拉克的鱼子酱品质非常好，但由于近几年的政治动荡，进口数量不够稳定。

制造鱼子酱的原料是鲟鱼所产的鱼卵。雌性鲟鱼的产卵周期相当漫长，因此造成下列鱼子酱品种的价格非常昂贵：

最名贵奢侈的食物——鱼子酱，最好放在铺有冰块的小碗里端上来。首先取出几勺放在你的小盘里，然后挤出几滴柠檬汁滴在上面，最后用涂奶油用的餐刀把鱼子酱抹在土司或黑面包片上。

- 贝鲁加（Beluga）：鱼卵的颜色呈浅灰到深灰。雌鱼要 20 年才能产卵。
- 奥斯特拉（Osetra）：鱼卵颜色呈浅棕到金黄。雌鱼要 13~14 年才能产卵。
- 塞夫路加（Sevruga）：鱼卵的颜色呈浅灰到深灰。雌鱼 4 年产卵（因此这个品种的价格也最为适中）。

鱼子酱应该放在冰箱的冷藏室里保存（但是千万不能放在冷冻室）。一旦打开包装就应该在 24 小时内吃完（对我们这些超爱鱼子酱的人来说，打开之后还会吃不完，这种情况简直难以想象）。

鱼子酱的传统上菜方法是放在一个漂亮的水晶碗里，下面铺一层冰块，以保持较低的温度。在餐桌上，当鱼子酱传到你跟前的时候，或者当你在自助餐台上看到鱼子酱的时候，用茶匙舀出一勺放在你的盘子上。你在鱼子酱旁边还会找到一片片的黑面包或吐司面包，你可以根据个人喜好决定是否涂抹黄油。把鱼子酱涂在小片土司上，如果你愿意，还可以加一点柠檬汁。有些人还会加捣碎的熟蛋黄，洋葱沫，或者酸奶油。想想吧，如果把所有东西都加在鱼子酱上，你根本无法品尝到鱼子酱的味道。著名的纽约圆顶餐厅老板西瑞欧・马西欧尼（Sirio Maccioni）从不把这些鱼子酱的佐料放到餐桌上，除非客人提出特别要求。真正爱吃鱼子酱的人会直接把它涂在土司上享用，其他什么佐料都不加。

如果你用鱼子酱款待宾客，记得给他们提供冰镇香槟或冰冻的小杯伏特加。

此外，市场上还有许多不知名的鱼子酱品种，包括红鱼子酱、黑鱼子酱，还有几种美国的鱼子酱。

如何吃蜗牛

如果侍者端上来一个金属盘放在你面前，里面装着热气腾腾的蜗牛，你就可以享用一道特别的开胃菜了。吃完这道菜，你很可能手指上沾满蒜茸黄油汁，而且整个晚上嘴里会散发出浓重的蒜味。如果有人计划晚饭后与爱人约会，晚饭要避免吃蜗牛才好，或者确定对方也点了这道菜，才可以放心食用。

有些餐馆会提供一个类似金属钳的“蜗牛钳”，便于你在用小叉子或坚果针挖取蜗牛肉时，另一只手能够稳固地夹住蜗牛。如果没有提供钳子，你可以用餐巾将蜗牛紧紧捏住（这样就不会烫伤你的手指），另一只手取出蜗牛肉。

等到蜗牛壳冷却之后，你可以拿起来一一吮吸里面鲜美的汤汁。如果你觉得这样做太冒险，可以把蜗牛壳倒置在盘子里，然后用叉子叉上小片面包蘸上蒜茸黄油汁尽情享用。

虾蟹的吃法

吃虾和蟹的时候，通常使用你面前餐桌上最小的叉子（一般放在最左侧，但有时也放在最右侧）。如果盘子里有柠檬片，用叉子叉起，然后小心地把柠檬汁挤捏出来，滴在海鲜上。如果这道开胃菜还附带一小碟酱汁，你还可以用汤匙取一些淋在虾或蟹身上，或者用叉子叉起海鲜，先蘸一下酱汁再食用。

如果端上来的是只装在果盘里的大虾，一口吃下去会有些困难，而且肉质可能有些硬，在果盘里又不太容易用叉子将它切成几段。不要灰心。用小叉子叉起这个已经去皮的庞然大物，放在酱汁里，然后用刀切成两三段。如果你觉得这样做有些冒险，也可以用叉子叉起大虾，一口一口咬着吃。

怎样吃蒸蛤

主人在为宾客准备蒸蛤大餐时，最好能体贴地准备几条大餐巾，甚至一条围兜，以防在享受美食的时候，汤汁会溅到客人身上。（蒸蛤一向是室外宴会、龙虾大餐和海滨野餐的主要开胃菜。）每位客人需要一只空碗（或者旁边有一只公用的大碗）来盛放蛤蜊的空壳。此外，你还需要一小罐融化的黄油以及一只汤杯，用来盛放滚热的蛤蜊清汤（蒸蛤蜊的汤水）。

蒸好的蛤蜊至少应该半开口。（如果蛤蜊无论怎么蒸也不开口，最好将其扔掉，因为它很可能已经坏了。）把蛤蜊的壳完全打开，用左手的拇指和食指将其紧紧捏住，然后用右手的手指抓住它纤细的颈部，将光滑的蛤蜊肉从壳里拉出来。用手指剥去颈外的一层薄膜，再把整个蛤身浸泡在融化的黄油或蛤汤里，然后送入口中细品。这种吃法虽然会弄得双手油腻，但整个过程趣味十足。等到吃完整盘的蒸蛤之后，你应该在水里清洗一下手指。（在正式的宴会上，主人会给宾客提供洗手盅，里面装有温水可以清洗手指。但这种吃法过于油腻，只清洗手指似乎不够，不如吃完蒸蛤后好好冲个澡。）

真正喜欢吃蛤蜊的人总是先喝完蛤蜊汤，然后才享受蛤蜊的美味。汤杯底部总会沉淀一些沙子，但真正的蛤蜊迷们总能做到只喝汤、不吃沙。

生蚝的吃法

铺在碎冰块上端来的生蚝或生蛤蜊是一道名贵的菜肴。你用左手稳稳地捏住外壳，右手持小生蚝叉把生蚝或蛤蜊从壳里完整地取出来。（如果有任何部分粘在壳上，用叉子取下来。）然后把生蚝和蛤蜊在盘中央的酱碟里蘸一下。有些用餐者更喜欢在生蚝或蛤蜊上滴几滴柠檬汁，因为他们认为，辛辣的酱汁会破坏海鲜本身的味道。

你可以拿起空壳吮吸里面的汤汁。这个动作会发出声响，而且不够优雅美观，但在这种情况下，对于美味的追求往往超过了对于外表的追求。

如果愿意的话，你还可以把几个小蚝饼放在酱碟里，然后用生蚝叉挑出来慢慢享用。

贝类的取食

熏贝或腌贝有时串在牙签上，当做开胃菜端上餐桌。但通常情况下，贝类是在蒜味汤汁中煮过之后，盛在汤盘里作为开胃菜端上来，这道菜叫做葱烧贻贝。你既可以用小生蚝叉或坚果针把贻贝从张开的贝壳中挑出来，又可以拿起贝壳，把壳缘放在嘴边，将里面的贻贝和汁液吮吸出来。（然后把空壳放在另外一个盘子里。）在享受贻贝的同时，还可以用汤匙舀贻贝汤喝，因为它非常美味。

在享用贻贝的时候，也需要一只手在胸前展开餐巾，另一只手吃东西，而且吃完以后肯定需要一只洗手盅和一条干净的餐巾。

▶吃肉类食品的注意事项◀

切肉时务必使用刀叉，除非端上来的是又小又嫩的肉块，比如炖肉。

切肉块的时候，切一片吃一片，不要预先将肉切成很多片。

分到的肉排或肉片周围有很多脂肪，最好在开始吃之前将脂肪全部切掉。

肉排

当其他人在场的时候，你应该用刀叉把肉切成小片来吃，而不是直接拿起肉排咬着吃。（当然，至于你一个人在家里怎么做是你的私事，与别人不相干！）与朋友一同进餐时，当你已经把骨头旁边的肉尽量剔干净后，当然可以询问主人，是否介意你用手指拿着手中的肉排，将最后多汁的部分吃个彻底。此时，主人应该会鼓励所有的客人都这么做（这是对这道菜的夸奖）。用一只手将肉排拿起来，一边吃一边用餐巾擦手指和嘴巴。（如果肉排上沾满酱汁，你最好不要尝试这种吃法。）

鸡肉

鸡肉、火腿或任何种类家禽的吃法都一样。当然，如果你参加的是野餐、烧烤或任何非正式户外活动，用手拿起鸡肉来吃也无伤大雅。但如果出席宴会等室内活动，你就应该用刀叉切肉，直到靠近骨头，然后询问主人是否介意你把剩下的部分拿起来吃干净。（但如果是出席白宫国宴，与老板共进晚餐，或者与未来的婆婆 / 岳母第一次见面，你最好不要有这样的举动！）

小鸟肉

如果端上来的是一只小鸟，比如鹌鹑，尽量使用刀叉（切割肉的时间不会很长）。然后一只手拿起小鸟，把鲜嫩可口的肉全都吃光。主人和餐桌上的其他客人也会像你这么做。

烧烤排骨

我个人认为，烧烤排骨必须用手拿着吃，这必定会让双手沾满油腻，因此不适合室内聚会的场合。如果你在家里用这道菜肴款待客人，必须要为客人多提供几条餐巾，另外每人提供一只洗手盅，里面装满温水。（有位朋友一直为客人提供周到的服务，只不过把餐巾换成了毛巾！）

▶鱼类◀

如果端上来的菜肴是一道鱼片，食用时可用鱼叉和食鱼刀（现在除非在高档餐馆，否则在一般饭店很少见到食鱼刀。因此你可以使用提供给你的一般刀具切割鱼肉。）

在餐馆就餐时，如果端上来的不是切好的鱼片，而你自己又不太擅长切割鱼片，可以请侍者代为处理。他会在餐桌旁熟练地完成这项工作，如果不够自信，他会把鱼端到厨房，请厨师代劳。如果你想要亲自动手，首先把刀尖插入鱼的脊椎，沿着骨架慢慢滑动，然后轻轻地用刀子取出骨架，放在盘子里。如果在这个过程中有鱼骨残留，回头吃鱼的时候把它挑出来，用舌头把鱼骨推到叉子上，然后放在盘子里。

如果端上来的鱼头部尚在，而你又和我一样从不吃鱼头，先把鱼头切掉，然后再把鱼切割成片。你可以向侍者要一个小盘，用来盛放鱼头和骨架，然后让侍者将小盘撤走，这样你在享受美味的时候就不用和它四目相对了。（真正的渔民将会对这种懦弱的行为感到震惊。）

在吃鱼之前，如果想挤点柠檬汁洒在鱼肉上面，可以用叉子叉起盘子里的柠檬片，然后用叉齿用力挤压。在进行这个动作的时候，请用手指遮住柠檬片，以防柠檬汁溅到邻座的客人身上。有些餐馆为了解决这个问题，事先会把柠檬切成两半，并在柠檬外面套了一层薄纱，这样客人就可以放心地挤柠檬汁了。

▶龙虾◀

龙虾是一道汁多味美的佳肴，而将龙虾肉从龙虾壳里取出来的过程，虽然繁琐，却充满乐趣。无论身处什么场合，在与龙虾展开搏斗之前，都不要羞于穿上一条围兜。（围兜的成本远远低于干洗的费用。）

有些人在吃龙虾之前，喜欢在小碟子里蘸点融化的黄油，有些人喜欢蘸蛋黄酱，还有的人只喜欢在龙虾肉上滴柠檬汁。

如果龙虾在端上来之前，厨房没有将它彻底敲裂（我个人认为，这是一种欺骗行为），你会在餐桌上找到一把胡桃钳和一把小生蚝叉或坚果针。胡桃钳可以用来把壳敲裂，而小生蚝叉则是用来挖取狭窄、难取之处的龙虾肉。（较大地方的龙虾肉用一般的叉子挖取就可以了。）

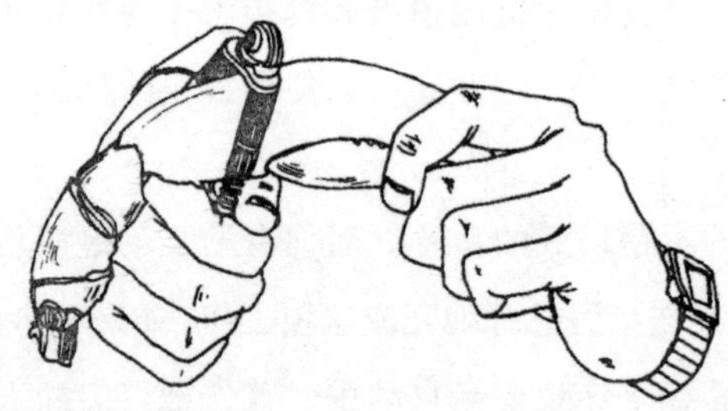

吃龙虾的时候，用一只手拧住龙虾身体的某个部位，另一只手用胡桃钳夹碎龙虾壳。这个动作重复两三次属于正常现象。

首先用左手把龙虾固定在盘中，右手用力拧下龙虾的大螯放在盘子里。然后再次将龙虾固定在盘中，用叉子挑起尾部的虾肉并切成数段，以便蘸汁食用。接着用手指拧下龙虾的小螯，并从开口的一侧吸取甜美的虾肉和汁液。

将放在盘子边缘的大螯夹裂，用叉子挑出虾肉、切成小块，并按照自己的喜好蘸取酱汁。有时会吃到龙虾卵，龙虾卵只在雌虾体内存在，是非常美味的佳肴。用叉子把虾卵分成小块，根据喜好蘸取酱汁食用。（有些人不喜欢吃这部分虾肉。）

主人或餐厅应该提供大碗或浅盘，以便宾客在吃完虾肉之后盛放虾壳。吃完这道菜以后，还应为客人送上洗手盅。

▶面食◀

吃面条或长条状的面食，最简单的方法就是右手持叉，左手拿一把（吃甜点用的）大汤匙。要把千丝万缕的面条缠绕在叉子上还需多加练习：先把少量的面条堆在叉子上，用汤匙抵住叉子使面条不致掉下来，然后把叉子送到嘴边。有些人习惯用左手拿一片面包作为“推动器”，代替汤匙使面条在叉子上保持不动。

吃面食的时候，把餐巾在胸前展开，身体向餐桌倾斜，以免汤汁溅到自己身上。

如果你在吃意大利面、意大利扁面条或任何细长的面条时，坚持纯正的吃法，你就不会用汤匙加以辅助了。叉了是你唯一的餐具。这种吃法的窍门在于，每次只在叉子上缠绕少量几根面条（大概四五根的样子）。慢慢旋转叉子，直到把这几根面条全部结实地卷起来，然后送到嘴里。

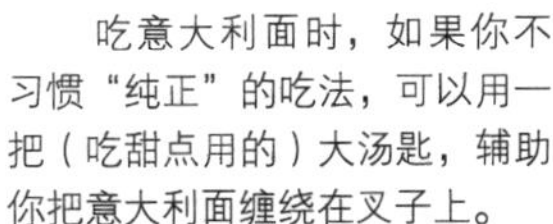

吃意大利面时，如果你不习惯“纯正”的吃法，可以用一把（吃甜点用的）大汤匙，辅助你把意大利面缠绕在叉子上。

如果你是第一次尝试这种吃面的方法，面条很可能会从叉子上滑落下来，卷面条的时候也会因过于松散而屡屡失败。即使是吃意大利面的高手也会失误，因为纤细的意大利面很容易从叉子上滑落，为了将滑落的面条吸入口中，嘴会发出嘶嘶的声音。不过任何事情都一样，熟能生巧。一旦掌握了只用叉子吃意大利面的方法，你心里便会产生一种强烈的成就感。

如果面条上面有酱汁和撮碎的奶酪，开始吃面之前将面和配料搅拌均匀，就像厨师调制沙拉一样。吃完面之后，如果盘里还有剩余的酱汁，可以用叉子叉上一片面包，把酱汁蘸干净之后吃下去。

千万不要把意大利面切割成小段食用，这是孩子才用的法子。

▶不易取食的几种蔬菜◀

最难取食的 4 种蔬菜分别是：

- 豌豆。（因为它们总是从叉子上滚落。）
- 朝鲜蓟。（因为它们的结构过于复杂。）
- 玉米棒。（因为吃完以后弄得满脸是油，而且牙缝里会塞满玉米粒。）
- 芦笋。

豌豆

依照欧陆就餐风格，以右手握刀作为自由移动的支撑，再将豌豆推入左手的叉子里，是件非常轻松的事情。如果遵循美国就餐风格，最好用一小片面包或面包卷将顽劣的豌豆推入叉子里。（当然，接下来你还要把豌豆从盘子里送到口中，这也需要小心地平衡叉子才行。）

朝鲜蓟

朝鲜蓟一般是作为开胃菜端上来的，要一叶一叶地吃。摘下一片叶子之后，将菜叶圆形、柔软而多肉的底端蘸些融化的黄油、蛋黄酱或者其他酱汁。当叶子吃到坚硬难吃的部分时，把这些“吃过的叶子”放在盘中，围绕朝鲜蓟整齐地排成一圈。

当整个蔬菜吃得只剩下灰暗、多毛的中间部分时（即“梗”），用叉子叉住（或用手抓住）加以固定，另一只手用刀子把周围和底下灰色、多毛的部分切掉，这时所有的小叶子都不见了只剩下光秃、圆顶的灰色部分。然后将它从大叶子围绕的底部切下来，蘸些佐料食用。（因为这个部分体积较大，在吃之前要把它切割成若干小块。）朝鲜蓟的心鲜嫩可口，是这种外形奇特的蔬菜最好吃的部分。

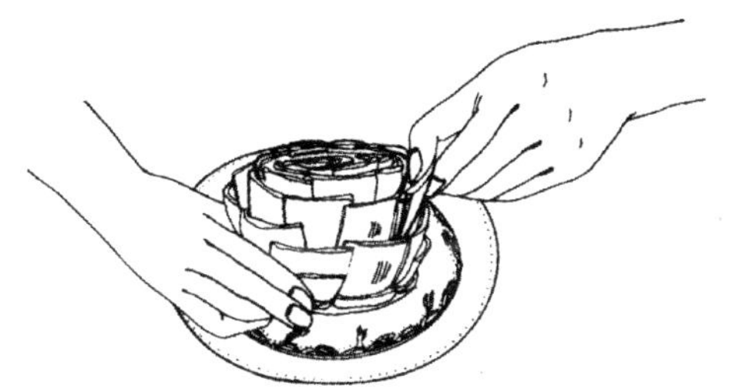

如果端上来的是朝鲜蓟，用一只手稳住它的底部，另一只手一片一片地摘掉叶子。把每片叶子上蘸点融化的黄油或蛋黄酱，一直吃到坚硬的部分为止。把吃过的叶子在盘子上围绕朝鲜蓟排成一圈，或者整齐地堆放在其他小容器中。

玉米棒

再次说明，新鲜的玉米棒特别适合在家庭宴会和室外聚会上食用。但如果是在家里宴请宾朋，最好事先在厨房里剥好玉米粒，用黄油和其他调味品调配之后，再放在碗里端给客人，这样大家吃起来会更加方便。

如果在野餐时吃玉米棒，希望主人事先在玉米棒上调味，并涂上黄油。如果你要亲自完成这个工作，涂黄油和调味品时一次只涂若干行即可，吃完以后再涂下几行。不然的话，整个玉米棒都会油腻不堪，滴得你满身都是。

芦笋

新鲜的芦笋有两种食用方法：用手拿或使用刀叉。究竟选取那一种，取决于烹饪时间的长短，以及浸泡酱汁部分的长短。

如果烹饪的时间很短，笋茎仍然很硬，酱汁应该只会沾到芦笋的顶端。此时你应该用手拿起芦笋，一根一根地吃，一直吃到坚硬难吃的部分为止，然后把“吃过的”笋茎放回盘子，整齐地拼成一堆。

如果烹饪的时间很长，笋茎非常柔软，而且已经整个浸在酱汁中，你就不能用手了。吃的时候用刀叉把芦笋切成容易入口的小段。

▶沙拉◀

沙拉是一道具有多种用途的菜肴。它有如下食用方法：

○ 第一道菜。（比如用半个鳄梨作底料的鸡肉沙拉，或者用椰子肉搭配莴苣和沙拉酱制成的沙拉。）

○ 辅菜。（比如和主菜一同端上来的什锦蔬菜沙拉。）

○ 单独的一道菜，在主菜和甜点之间端上来，配奶酪和饼干食用。

营养学家认为，配制沙拉的各种材料应该在上桌之前再切成容易入口的小片或小块，否则食物中的维生素就会流失。但是，主人一定要记得切分叶子，而不是让客人自己在沙拉盘上费力地把大片的叶子切成小片。如果盘中有大块的莴苣，用叉子切成小块；如果用叉子切不动，则刀叉并用。

如果沙拉是放在主菜盘里，当做一道蔬菜端上餐桌，用主菜叉来吃这道菜。如果是装在辅菜盘里，就使用餐桌上一个特别用来吃沙拉的叉子（如果没有，就用主菜叉来吃。）食用。

如果在主菜和甜点之间，单独上了一道沙拉加奶酪，侍者会把一个单独的盘子放在你面前。你应该备有的餐具包括一个吃沙拉的叉子和一个午餐用的刀子。从奶酪碟里取出一两份奶酪，再拿出两三块饼干。这个时候不该取用过量的食物，因为餐桌上每个人都在盯着你。

如果你盘中的沙拉酱过多，吃的时候要格外小心，因为沙拉酱可能会溅到衣服上。如果沙拉盘中的蔬菜过于丰富，以至莴苣叶掉出了盘子，捡起来重新放回盘子里。（这种事情经常在我身上发生。）如果掉落的莴苣叶在餐桌上留下了明显的沙拉痕迹，用餐巾擦干净，然后就不要再去管它了。

▶餐后水果◀

很多国家都有这样的就餐习惯，即饭后给客人端上来一碗新鲜的水果，可以当做甜点食用，也可以预示接下来有甜点相送。以下是吃餐后水果的几点注意事项：

○ 苹果。如果你只吃削皮的苹果，用主人或餐厅提供的水果刀把苹果皮削掉。最简单的方法是把苹果切成 4 半。然后用水果刀给每块苹果削皮、去核。欧洲人通常用刀叉把苹果分成很多小块，但如果你喜欢把苹果分成 4 块，用手拿着吃也未尝不可。

○ 香蕉。如果是在沙滩上就餐或者野餐，只要把香蕉皮剥掉直接吃就可以了。但如果是参加宴会，就要把香蕉皮剥掉放在盘子的一侧，然后用水果刀和叉子把香蕉分成若干小块，再用叉子把香蕉一块一块送到嘴里。

○ 葡萄。你通常会在客人之间互相传递的葡萄碗里找到一把剪葡萄藤的剪刀。拿起剪刀剪下一串葡萄放在你的盘子里。如果没有剪刀，就用手小心地摘下几个。吃完葡萄后，先把葡萄籽放在手里，然后再放到盘子上，动作要自然，尽量不引起别人的注意。（如果主人能够提供无籽葡萄，那最好不过。）如果有人问你怎样剥葡萄皮，我建议你最好回答，你不剥葡萄皮。

○ 桃子和梨。有些人在吃梨和桃的时候，喜欢连皮一起吃，有些则喜欢削皮吃。如果你坚持削皮吃，就先去皮，然后挖掉核，并将其分成 4 块。由于梨和桃汁液较多，用手拿着吃要比拿苹果吃费事，因此最好将它们切成小块以后再送入口中。

切成片的桃子通常是加好牛奶或奶油（有时候还有糖）再端上餐桌的，而梨一般是整个放在糖浆中炖煮。只有当餐桌上摆放的是一整个新鲜的水果时，才需要遵循比较繁琐的手续和礼仪来食用。

○ 柚子。在柚子端上餐桌之前，主人（或餐厅）应该已经把籽全部挖掉了。更为理想的状况是，他事先已经将水果切分成小块，你只需用汤匙取出一份就可以了。如果柚子预先没有切好，用一把小刀或边缘有锯齿的汤匙把它切开。吃完果肉之后，你还可以把它拿起来，把汁液挤到汤匙里喝掉。

○ 橘子和橙子。先用水果刀去皮（如果皮又厚又松，你可以用手将它剥掉）。然后把水果分成若干方便入口的小块，送到嘴里。如果水果外面包裹了一层白色的纤维，用手将它撕下来。吐出的籽先放到手里，再放到盘子上。

○ 李子、樱桃、杏和金橘。果肉中有果核、且体积较小的水果，可以直接用手送到嘴里。吃完果肉之后把果核留在嘴里，用舌头把果核推到叉子或汤匙上，然后再放到盘子里。

- 猕猴桃。猕猴桃先去皮，然后像西红柿那样切成片。切好薄片一般放在果盘里，作为沙拉和甜点的点缀。
- 瓜、木瓜和石榴。这些水果在端上餐桌之前通常都加以冷冻，并且依据体积的大小切成 2~4 半。像木瓜这种中间多籽的水果，会先把籽处理掉再端给客人。客人只要用汤匙挖出果肉即可。
- 新鲜菠萝。用锐利的刀具将菠萝的头尾两端和多刺的外壳削掉，然后将果肉切成圆形的薄片。菠萝一般是放在盘中端上来（有时候会在上面倒点樱桃酒），客人可以用吃甜点的叉子和汤匙取食。
- 西瓜。将西瓜列入晚宴菜单不够正式（除非已经切成小片，并去籽放在果盘里）。在餐桌上吃西瓜的最大问题是，西瓜籽太多，客人需要不断把籽吐在手上，然后放到盘子里。如果参加的是非正式的户外活动，这种水果就会大受欢迎，因为大家可以把西瓜籽直接吐掉。
- 炖煮的水果。如果你吃的是炖梅脯一类的水果，要把果核周围的果肉切下来吃。如果把果核吃进了嘴里，用叉子（或者汤匙，如果你正在使用吃甜点的汤匙）将它取出。

▶ 非正式食品的取食 ◀

- 三层三明治。如果你嘴巴够大，而且一个人单独用餐，你尽可以把整个三明治塞进嘴里大口大口地吃。但如果有别人在场，最好还是把这么大的一块三明治切成两半。如果你的嘴巴连切成 4 份的三明治都装不下，就把它切成更小的、更容易入口的小块。
- 英雄三明治。英雄三明治是许多人一起分享的食物，非常适合在集体活动时享用。面对一英尺或更长的英雄三明治，要做到遵循就餐礼仪，诀窍在于为自己切大小适中的一份，这取决于分食三明治的人数，你喜爱三明治的程度，以及三明治的大小等因素。即使第一次取的量很小，吃完了再取第二次，也强于一次取一大块。如果你取的量过大又吃不完，会引起别人的不满。如果你是主人，应该在聚会前事先将三明治分割成若干等份。这样客人之间就不会彼此抱怨了。

○汉堡和热狗。这两种都是用手直接拿着吃的食品，取食非常方便。问题是，这两种食物通常都会加入很多佐料，至于洋葱丝和泡菜就更不用说了。吃汉堡或热狗时，每次只吃一小口即可，否则两颊塞得鼓鼓囊囊，实在不美观。用餐巾包住你所吃的东西，这样喷溅出来的酱汁就洒到了餐巾上，而不会弄脏手或衣服。如果你非常担心会弄脏衣服，就站起来，把汉堡或热狗拿得离身体远一些，吃的时候身体前倾。这种情况下，要小心佐料会溅到旁边客人的鞋子上！

聪明的人在吃汉堡或热狗时，总是一手用餐巾包住食物，另一只手预备一两条餐巾以防万一。

○比萨。比萨是一种非正式的食品，通常不会在宴会上出现，因此该怎么吃就怎么吃。将比萨切成若干楔形，取下一块拿在手中。手持比萨的时候，要将外侧边缘向中心倾斜一些，以防中间的佐料滑落下来。手中要多预备几条餐巾。

○玉米粉薄烙饼。玉米粉薄烙饼也是拿在手中吃的食物。在平铺的烙饼上撒上薄薄一层佐料，如菜豆或黑白斑豆，然后把烙饼卷起来，像吃三明治一样食用。

○炸薯条、炸薯丝和炸土豆片。这些食品都要拿在手里吃。如果薯条非常油腻，或上面涂满番茄酱，你应当用叉子将食物叉起来吃。但如果是在观看室外的体育比赛,你尽可以用手抓着吃。吃这种食物时，要多准备几条餐巾擦手，有时还需要擦掉衣服上的油渍和番茄酱。

吃炸土豆片时会发出响声，因此在餐宴上吃这种食品时要非常小心。咀嚼的动作要小，嘴要尽量闭紧。

○爆米花。爆米花是另一种容易发出噪音的食物。最简便，也最健康的爆米花食用方法是既不加盐也不加黄油。当一位女士从碗里抓起一把爆米花送到嘴里，吃得津津有味时，她可能会把口红抹得满脸都是。（因此女士在吃爆米花之前，应该先把口红擦干净，这不失为聪明之举！）嘴里塞满爆米花，两颊变得鼓鼓囊囊，看起来非常不雅观，而且这样也容易呛住。

我认为，我们都应该注意自己的礼仪，维护电影院的环境卫生。说到这一点，我们不得不再提到爆米花！那些不把爆米花丢得满地都是，甚至在电影结束后把空盒子放入垃圾箱的电影观众，是当今社会真正的英雄。

我在大学时代吸取了关于吃爆米花的另一个教训。那时候我有位同学的父亲是最高法院的法官，我有一次去他们华盛顿的家里，我的同学把我引介给她父亲。在与她父亲见面之前，我一直在津津有味地吃爆米花，于是我就用那双沾满了黄油和盐巴的手与她父亲握手了。他露出一副痛苦的表情，从口袋里取出一块白色的大手帕将手擦干净，动作非常夸张。“先生，”我诚惶诚恐地问，“是我的过错，是不是？”

“哦，不是，”他略带嘲讽地回答，“是彼得·潘的过错。”[①]

很多家长并不清楚，他们的孩子连最起码的餐桌礼仪都不具备。当全家一起用餐时，两代人一个比一个吃得快，而晚餐则在快餐店用手拿起食物大啃大嚼。有一天，我看见我那上大学的儿子把汉堡推到一边，用手抓起一把薯条，蘸满番茄酱送到嘴里。他的手指和嘴巴沾满了油和番茄酱，却故意问我：“妈妈，看到我这副吃相，礼仪专家该如何评价？”

“一塌糊涂，马尔科姆。”我冲他说。

他笑着回答，“你看见过你自己吃比萨时候的模样吗？也是一塌糊涂，妈妈。”他的话多少总结了今日美国人的就餐礼仪！我想美国人在使用刀叉时应该好好学习一番，以弥补不用刀叉时就餐礼仪的不足。

---

① 彼得·潘是由苏格兰小说家及剧作家詹姆斯·马修·巴里（James Matthew Barrie，1860—1937）所创造的小说角色。故事是关于一个拒绝长大的小男孩带领一群孤儿在永无岛（Neverland）所遭遇到的各种冒险故事。因此彼得·潘也成为“永不长大的孩子”的代名词。——译者注

第三部分 亲密有爱的家

◀ 11 ▶
家庭也需要礼仪

◀家庭中的谈话方式▶

我认为，作家的任务之一就是，帮助读者认识自己在家庭、团体，以及社会中所担任角色的重要性。我们在意识到自己将对亲近的人产生重要影响的同时,也要相应地承担起一定的责任。我们应当明白哪些行为能够赢得他人的尊重，哪些行为相反。然而，要搞明白这些道理，需要我们首先在一个家庭中，感受到温暖和爱，学习如何做事，并最终掌握重要的生存规则，而遵循这些规则将确保我们顺利度过一生。在家庭中，成年人有责任帮助孩子树立正确的道德观。在为孩子提供合适的成长环境，促进其智力发展的同时，我们还应为孩子提供学校教育，使他们明确地认识对与错。当这些孩子成年以后，他们将把这份珍贵的礼物带入自己的生活中，渗透到工作、团体和家庭的每个角落。

按照这样一种普通家庭的理想模式，随着家庭成员的不断繁衍，价值观也将一代代流传下去。然而，当今社会却不尽如此。在美国，超过 7 800 万人是在单亲家庭中长大的。过去 50 年中，家庭的概念已经大大偏离了其原有含义。恶习泛滥、犯罪率攀升的社会环境使人们对家庭所具有的积极意义视而不见。在大都市中，家庭似乎已经失去了保护公民的能力；即便是田园牧歌般的乡村和宁静的小城镇，也不可避免地受到了这场肮脏瘟疫的侵染。

无论是否拥有自己的家庭，我们每个人都有可能成为导致家庭陷入困境的因素。有时候，正确的价值观无法在一个家庭中推行下去，是因为没有人知道这些价值观是什么，那么我们不妨主动地以一种柔和的、非强制的方式，现身说法地将这些信息传授给身边的人：包括保姆、行政助理、理发师、体育教练、音乐老师、管家、园艺师、女售货员、汽车修理员、门诊医师，以及其他任何人！如果你的好友遭遇离婚，而你和他的孩子一向关系融洽，那么你完全没有必要就此疏远他们。相反，你应当珍惜身边宝贵的人际关系。在家庭中，如果某人的配偶去世，其他成员无论远近都应该团结得更加紧密，这意味着“我们在这里”，这对他来说非常重要。同样，当家庭中某位成员遭遇不幸，其他人也会自发地走到一起，共同帮助他脱离困境。任何人在家庭出现问题时，都会自觉地进行修复，但是，最好的做法应该是在破坏产生之前予以维护。

与亲近的人相处的礼仪

这恐怕是个常识。与自己最亲近的人在一起，必然要更花心思，这个人可能是你的孩子、配偶，也可能是某个感到沮丧的朋友。毕竟，他们已经成为了你日常生活的一部分，再没有比亲近的人之间发生摩擦更破坏心情的了。所以，花费大量时间和精力来营造融洽关系，又有什么可抱怨的呢？难道还有比这个更重要的事情吗？

每当我听到有人谈及“家庭”，总是会立刻联想到一个家谱结构，其中父母或者祖父母地位最高，发挥着主导作用；我和另一半位居其下，随时观察着上下两层的情况；孩子居于最底层。不管怎样，新结合的配偶，其他重要的家庭成员，以往婚姻留下的孩子，都会竭尽全力来适应这个家庭。即使是那些从学校毕业后离开家庭，又因为某种原因回归家庭的孩子也是一样。作为家庭成员，每个人都应当承担责任、履行义务。（对孩子来说，他们的责任就是不时地微笑以及把声音控制在可以容忍的范围内。）毕竟，每一位家庭成员都必须学习如何顾及家庭中的其他成员。其实，维系这种复杂关系的方法也很简单，就是保持良好的礼仪，同时避免任何事情只考虑自己，学会关心他人。当然，这种做法的背后必然存在强大的支撑基础，那就是——“爱”。

▶保持家庭和谐的礼仪◀

如果你生活在一个传统家庭中，那可真幸运。你所处的位置无疑十分重要。让我们来看看这个典型家庭的特征。在家庭中，位居最高层的可能是父母或祖父母，你和配偶以及其他重要的人居于中层，孩子们则占据底层。你的所作所为、内心所想都会对上下两层产生很大的影响。

良好的礼仪和对他人的关心是家庭和谐的粘合剂，对婚姻关系来说尤其如此。

作为一名家庭成员，可以通过许多事情来表现得更好：

- 当家中有人住进医院，除了经常探望，还要每天打电话问候：“今天怎么样？”并询问：“我能为你做点什么？”同时，还要多多提供一些快乐的消息、好听的故事和有意思的事情。用电话传递欢快的声音对于改善病人心情再好不过了，另外，给病人带来他最爱吃的冰激凌或者高级餐馆烹制的上等菜肴也不错！

  组织家庭成员轮流探望并照顾生病的家人。不要放弃家人——永远都不要。
- 真诚地记住每个有纪念意义的日子。包括生日、纪念日以及家人一生中任何值得庆祝的日子。
- 记录下家庭所取得的任何成就。
  - 孙子加入了大学赛艇队，送给他一张祝贺卡片，告诉他大家是多么为他感到骄傲。
  - 侄女在学校音乐会上弹奏钢琴，送给她一张卡片，告诉她你认为她的演奏有如帕德雷夫斯基（Paderewski）[1]，你为她感到骄傲！

---

① 帕德雷夫斯基（1860—1941），波兰著名钢琴家、作曲家、政治家。——译者注

- ■ 当你听说住在其他城市的兄弟赢得了网球锦标赛，寄给他一封轻松愉快的电子邮件以表祝贺，写几句俏皮的话，比如："过去十年来我对你的指导终于奏效了。"
- ■ 当你偶然得知，年迈多病的祖母的蛋糕配方被用在了一个家庭生日派对上，写信向她表示祝贺，同时附上这家人在派对上的照片。

○ 当你注意到某人在身体、精神、情绪或者财务方面处于困境时，想办法帮助他。在家庭成员承受痛苦时，如果其他人没有注意到，或者并不关心，就有必要引起重视了。当家庭成员采取行动互相帮助时，整个世界也会变得充满希望，灿烂无比。

○ 激发家庭成员的凝聚力。其实，只要一个人就可以起到巨大的激励作用。比如，利用节假日、婚礼纪念日等机会，将家庭成员团结起来。给每个人都发一封电子邮件，让任何人都找不到借口说："我没有听说过这件事……"。

○ 确保有人整理家庭历史。事实上，这方面的工作有很多，如果没有人专门负责，将永远无法完成。比如，你可以教会长辈使用小录音机，让他们在头脑清醒，愿意回忆的时候，对着录音机诉说往事；收集家庭资料和有用的照片，复印其中重要的内容，发放给家庭成员；在家庭聚会的时候，用录音机录下家人对过去的节日聚会、周年庆祝、子女毕业等重大事件的美好回忆；鼓励家庭成员在偶尔想起什么的时候给你发送电子邮件，等等。要努力成为家庭的档案员，家庭是宝贵的，有关家庭的资料应当得到保存，并传给下一代，传给所有家庭成员，包括父母、兄弟、姐妹，甚至宠物。

▶ 与配偶相处的礼仪 ◀

婚姻不和谐的一个主要原因（我在本书中所提及的"婚姻"，是指夫妻双方长期忠于彼此的这种关系）产生于一方开始把另一方的爱看成是理所当然。**下面是一些有助于婚姻和谐的行为忠告：**

- 无论大事还是小事，都要学会妥协。
- 确保配偶在家庭成员面前享有一定的地位，不要贬低对方。
- 当夫妻一方遭受巨大的打击，另一方应放下手头的一切来尽力帮助对方。
- 即使你不喜欢对方父母，也要尽量表现得好一些。
- 向对方的朋友表现出平等和友好，这样你才能要求获得同样的待遇。
- 赶赴约会时（尤其是对方认为十分重要的约会），不要迟到。
- 进行重大决策时，偶尔屈服于对方（如果这样做能够挽救婚姻的话）。
- 经常称赞对方。比如，参加社会活动的时候，装做很吃惊的样子对对方说："你今天简直太美（帅）了！"
- 只有你不取笑对方的失败或者失言，对方才有可能同样对你；只有你经常向别人夸奖对方的成功，对方也才有可能同样对你。
- 即使没有特殊的理由，也不时地赠送对方一份意外的小礼物。
- 彼此保持密切的联系，无论你身处何方，在做些什么。（记住，无论如何都要尽量遵守良好的移动电话使用礼仪。）
- 了解对方每天都在做什么。为对方的职业感到骄傲,并与之进行讨论。
- 涉及孩子的任何问题，都和对方平等地协商，让孩子感受到来自父母的平等的爱与关怀。

▶与配偶的父母相处的礼仪◀

结婚以后，配偶的父母将成为家庭的一部分，并理应享受到相应的待遇。因此，从结婚之初你就应当给予他们爱和尊敬，这样做不仅会为你赢得他们回馈的爱和尊敬，也有利于增强你和配偶之间的关系。

- 欢迎父母的造访，不要表现出勉强之意。
- 尽量多地安排孩子与父母见面。
- 不要把照看孩子看成是父母理所应当的责任。体谅他们也会为自己的问题而操心，不要滥用父母的关心。
- 不要在孩子面前批评父母，提及他们的时候永远都要充满爱和尊敬。

- 如果父母住在其他城市，定期给他们打电话，记住他们的生日和纪念日。
- 如果父母一方不幸去世，要对健在的另一方给予更多的关心。
- 如果父母的行为超越了可接受的范围（比如在批评你和孩子的时候），你应当有技巧地、温和地让他们意识到自己的问题。保持冷静，控制情绪，积极主动将有助于事态向好的方向发展。（记住，无论你与父母之间的关系僵持到怎样的程度，都不要因此断绝祖孙之间的来往。）
- 如果父母送给孩子礼物，要告诉孩子在收到礼物的一周内，向他们表示感谢。
- 如果父母在带孩子出去吃饭的时候，教给孩子一些必要的餐桌礼仪，你应当表示感谢，而不是反感。
- 鼓励父母回忆过去，有可能的话，用录音机记录下他们有关家庭历史的谈话。让他们感觉到能够和你们融合在一起。（这意味着你不能说这样的话："你不会理解的，因为你已经太老了。"）
- 永远都不要嘲笑父母的记忆力衰退或者其他年老的迹象。告诫孩子要尊重他们，不要取笑他们。因为，有一天你也会老去。

▶与子女及其配偶相处的礼仪◀

既然你已经开始扮演公婆或者岳父母的角色，就尽量做好吧。与子女及其配偶保持良好关系的最重要前提就是，允许他们按照自己的方式（而不是你的方式）来生活，来养育孩子。

- 尽量避免批评子女及其配偶，尤其是有关他们的生活方式以及抚养孩子的问题。因为，事实证明，他们对你的观点并不会有多大兴趣。
- 当子女征求你的意见时，请坦率、友好地表达想法，然后把事情放下，不要期望他们会经常征求你的意见。
- 如果你对子女的房间布置实在无法恭维，不妨保持沉默。你只要微笑地走进他们的房间，不必抱怨。
- 不要过分强烈地要求看望子女。也许他们非常忙碌，忙碌到没有时间来招待你。

- 更多地和子女外出就餐，而不是到他们的家中做客。当你提议去做客的时候，仔细观察他们的反应，如果不是时候，就改日再约。
- 如果你感觉子女的婚姻不和谐，不要急着向别人打听原因，尤其不要询问孩子，等待子女主动和你谈起。
- 像重视自己子女的生日一样重视子女配偶的生日。
- 即使帮助子女看孩子，也不要让他们感到因此亏欠了你。
- 如果你心情不好，就打电话告诉子女，但是不要抱怨。和孙辈通电话一定能够让你开心起来。
- 在子女的家中要注意物归原位。你可以帮忙收拾屋子，但他们如果拒绝，也不要强求。
- 如果条件允许，你可以在子女出现经济困难的时候帮他们一把。比如给予无息贷款，免除债务，出谋划策，等等。
- 如果你令子女及其配偶感到苦恼，就向他们道歉吧，即使你并不认为自己有错。有些矛盾往往产生于鸡毛蒜皮的小事，只要积极及时地处理，并保持沟通渠道畅通，就能避免事态恶化。

◀与室友相处的礼仪▶

如果你与同性朋友合租公寓，相互之间的影响几乎无法避免。有时候，双方会因为生活习惯或者行为礼仪产生矛盾。但是，如果彼此都待人友善，愿意平等承担各自的责任，关系亦能趋向和谐。

- 坦诚相待，不要让小矛盾无限扩大。避免吵架，保持沟通。如果互相回避，则问题不仅永远无法解决，还可能导致双方关系的决裂。
- 共同分担家务劳动。如果有人感觉分工不公平，可以协商解决。及时地完成自己分内的家务，减少抱怨。注意，邋遢和拖沓足以使最好的关系变质。
- 当室友有客来访时，其他人应当给予帮助，比如腾出地方，打扫房间，以及其他待客准备。

- 学会互相接受，与对方的朋友友好相处、平等相待。记住，室友之间有一条不成文的规则，那就是：不要勾引室友的男（女）朋友。
- 明确消费记录，包括所有开销，从长途电话费到彼此分享的啤酒，从清扫工具到订报纸。注意按时在月底或者月初付清账款。
- 为室友详细记录错过的来电，并确保对方能够一回家就看到记录。
- 举止文明、居室整洁。因为再没有比和粗俗的懒汉住在一起更让人伤脑筋的了。
- 邀请别人来家里做客时，不要只邀请自己喜欢的朋友，还应征求室友的同意，询问他们是否介意。另外，如果是共同邀请朋友或室友的朋友也出席，室友则应当帮助清洁，承担相关费用，反之亦然。
- 不要以性为目的把其他人带入住所。当着室友的面带来其他人，然后关上门与之发生性关系，这种做法十分不妥。"这种做法，简直和大学的男女混住宿舍没什么区别。"一位刚毕业的学生说。

一些关于异性合租居所的观点：

年轻女人甲："和男性同住让我感觉更安全。我的邻居很吓人，如果没有乔我肯定会害怕的。"

年轻女人乙："你不知道乔治对贝翠和我有多么重要。他真的很能干，每个月都要为维护住所做很多事情。乔治已经成为了我们生活中的重要部分！"

年轻男人甲："我们喜欢和詹妮住在一起。她的烹饪水平堪称一流！我们负责所有的清洁工作，而她负责做饭，我们非常乐于享受那些无与伦比的美食！除此以外,她也是我们的朋友。大家会在一起互诉衷肠，帮助解决彼此的情感困惑。"

有些年轻人认为自己有权选择与同性或是异性合租。毕竟，如果两个人之间存在不可告人的关系，完全没有必要以合租的方式来做这些事情。

然而，与异性合租的人需要明白，打破惯例将不可避免地招致一些麻烦：

- 其他人会认为你和异性室友之间存在着性关系，即使事实并非如此。别人这么想是很自然的，因此没必要辩解，你不妨把事实直接告诉他们：“我们只是像朋友一样住在一起，而并非情人。我们之间是普通朋友的关系，不存在性关系。”

  当然，如果你和室友之间的确存在性关系，就不要谎称只是住在一起的普通朋友。要知道，两个存在性关系的人是很难向他人隐瞒这一事实的。不过话说回来，如果性已经成为了合租的主要原因，为什么不考虑一下结婚的事呢？

- 如果你的社交生活远比室友更加成功，则很可能会招致嫉妒。事实果真如此的话，你应当“冷”下来，也就是说，要对自己参加的派对、约会，以及他们所没有接触过的令人兴奋的经历保持沉默。非必要的情况，就不要激起更多的嫉妒了。
- 你的室友没有权利要求和你一起参加所有的活动。从合租一开始，就应当建立起双方的独立性。要让大家都明白，你有权安排自己的晚间活动和周末活动，你会在合租过程中善待他人，但他们没有权利过问你在做什么，和谁会面。
- 对于室友邀请聚餐或者约会的朋友，应当谈论其好的方面，而避免进行批评。和谐相处的前提是尊重他人，不贬低他人——比如批评室友的朋友或者聚会。

◀新家庭模式：成年子女与父母同住▶

“我简直没法相信，”我的一位大学同学在聚会上这样说，“单单在我居住的那条街上，就有5家人的孩子是和父母一起住的，他们都已经是25到35岁的成人了！我以前还以为自己和儿女住在一起很不正常，但现在发现邻居们有过之而无不及。他们的女儿、女婿，还有两个孙子都搬了过来。和他们相比，我和丈夫的居住空间简直太宽敞了。”

另一位同学则以一种近似调侃的口吻说道：“我女儿也搬回来住了。我看她就是存心想把我们气死，然后霸占我们的房子！”

飞速增长的房价和房屋租金，使许多刚刚走入社会或者继续深造的年轻人无力单独居住。作为父母，一开始都很乐意子女回到家中。但他们往往发现，这种快乐还没有持续多久，双方就开始彼此折磨了。父母感到自己的隐私和原则受到了侵犯；子女则不明白父母为什么不能宽容自己，不能像他们想象的那样，理解他们对于自由和独立的需要。

当然，最理想的做法是，在子女搬回家的时候，双方共同坐下来，把生活中所有可能发生的事情都摆出来，从而尽量避免彼此之间的隔阂、不快和意外。如果一方感到不公平，可以随时重新约定。关键是，两代人都应当理解，在共同生活中自己需要遵守一定的原则，承担一定的责任（包括经济责任），尊重对方的生活方式——即使父母完全有理由认为房子是自己的，而不是这些“无情的白眼狼”的。

▶应当事先约定的行为细节◀

- 子女需要为父母提供的房间和饮食支付怎样的费用？
- 除了吃住费用，子女还可以为父母提供哪些服务？（比如清扫、购物、烹饪、驾驶。）
- 子女使用厨房时需要注意什么？（比如冰箱空了以后主动购买食品。）
- 有关隐私的原则。（比如，“不要随便进入对方的房间”、“不随便翻阅对方的信件”……）
- 孩子们娱乐时的注意事项，以及娱乐过后收拾房间的规定。
- 对电视机、收音机、音响所制造的噪音约定忍耐极限。
- 有关子女来客的注意事项。
- 子女在房间装修方面应当负担的费用。
- 子女停放汽车、摩托车和自行车的注意事项。（比如将车子放进车库的时候要保持整洁。）
- 保持房间整洁的原则。（比如离开厨房前要收拾干净；不许穿着脏鞋在卧室的地毯上走动；不许将脏衣服堆放在洗衣机上面，或者随处乱扔。）

○ 使用洗衣机的注意事项，使用吸尘器的时间限制，谁负责为来客开门，谁负责接听电话。（即使成年子女拥有移动电话，仍然有义务接听家中来电，或父母不在家的时候，为他们记录来电。）

我知道有一位搬回家住的成年子女，在不小心惹怒了父母之后，立刻购买了一束玫瑰，连同一封道歉信送到父母手上，从而获得了他们的谅解。还有一位女儿，没有经过允许便使用了父亲的汽车，导致父亲错过了非常重要的商业活动。为了补偿，她主动承担了洗车、打蜡、打气的工作，还在汽车座位上留下了一大包巧克力饼和一封道歉信，信里称“我的父亲是世界上最伟大的父亲，而自己竟然对这样一个好人做出了如此可怕的事情，实在是不应该”。

在成年子女和父母重新组建的家庭里，人们既可以感受到团结、爱与支持，又不可避免地会遇到烦恼和不愉快，不过，只要家庭成员努力采取平和的方式处理生活中的问题，重组家庭甚至有可能成为他们一生中最伟大最快乐的经历之一。

▶父母住在子女家中◀

在美国，直到20世纪中期，还有祖父母与子孙同住的传统。这种现象之所以为社会所接受，一方面，缘于居住空间相对宽裕，另一方面，这也是当时最人道的举措，人们没有其他选择。尽管我们总能听到对于这种现象的争论与反对之声，但是，一个不容忽视的事实就是，几代人共同生活的家庭团结得更为紧密，孩子们也能够从中获得更多的爱和智慧。接纳父母同住，意味着你必须“一直保持宽容，直到他们去世”。你之所以会这样做，是因为你爱他们，而他们爱护你的时间也一定远远地超出了你的记忆。

第二次世界大战以后，伴随着婴儿潮的来临，居住空间开始紧张起来，人们也越来越在乎自己的隐私和权利。养老院、退休社区，以及为老人准备的居住设施成为社会环境的一部分。

现如今，正如许多毕业后的学生又回到父母家中一样，更多的老人也开始和子女及其配偶一同居住。对子女来说，让父母和自己同住比另外支付养老住房及医疗费用划算很多；对父母来说，和子女同住也更符合自身感情意愿。然而，这始终不是对父母及其子女家庭来说最完美的解决办法。

让我们来看看与父母同住的有利方面吧：祖母（一般活到最后的都是祖母，因为通常女性比男性寿命略长一些）对于孙辈的成长和教育将做出超乎想象的贡献。如果几代人都能够有效地自我控制，学会合作和牺牲，宽容彼此的不同，新生活就能够有条不紊地进行下去。

应当教给孩子什么

应当教育孩子尊重祖父母。比如：

- 食物要让老人先吃。
- 祖父母的客人应当受到贵宾式的礼遇。
- 祖父母在家的时候，要把磁带、录像机等电器的音量调低。
- 保证祖父母的休息时间不受打扰。
- 仔细地替祖父母记录来电，原封不动地转交他们的邮件。
- 未经允许，不随意进入他们的房间。
- 遇到事情的时候应当征求祖父母的意见和建议。这样做不仅能让他们感受到自己是家中的重要成员，还可以获取他们对于特定事件的宝贵观点。
- 信任祖父母，而不是将他们看成父母或者兄弟姐妹的对立者。祖父母往往在处理复杂家庭矛盾的问题上具有丰富的经验和技巧，能够为年轻人提供建议。当然，祖父母也不应当对孩子存在偏见。

子女应当怎样做

- 给父母留出个人空间。父母在他们自己的房间里感觉更轻松自在，另外，他们也需要空间存放私人财物。子女不应翻看老人的信件、个人财物、抽屉和衣橱，除非老人没有行动能力。如果由于健康、法律或者经济因素必须了解某些信息，你应当直接向他们询问，而不是背着他们做什么。要知道，互相信任对于两代人之间的和谐相处十分重要。

○ 不要因为父母在，就为他们分派太多的家务或者看孩子的工作。毕竟，父母不是保姆。尽管他们很可能愿意多做一些事情，来回报你在住所或者经济上的帮助，但他们也不应该被看成是保姆或者小时工。

如果父母身体健康，他们也许会在你工作、外出或者旅游的时候帮忙照看孩子，但你不应该滥用他们的劳动。无论父母对于家庭支出能否提供经济上的支援，你都不应根据他们财产的多少来决定自己对待他们的方式。作为父母，理所应当得到你的爱和尊敬，因为没有他们，就不可能有你。

○ 让父母的房间充满欢乐，如果有可能，为他们准备电视机和收音机。父母的房间应该是温馨的、整洁的、舒适的。在他们的房间里摆放一些珍贵的纪念物、照片，或者几件他们用过的家具。这样会让父母从独立生活到依靠子女的调整过程变得更容易些。拥有自己的独立空间，将使他们得到一种必需的尊严感。

我有一位朋友邀请他孤独的母亲与自己和丈夫同住。母亲因为患关节炎变残疾了，无法独自生活。于是，他们在原本不大的房间里为她隔开了一间小房间和一间浴室，费用由母亲支付。房间位于一楼，这样母亲就不必爬楼。在她母亲搬来之前的几个月里，朋友就卧室的布置征求了她的意见。当母亲迈进大门的那一刻，发现新房间竟然和自己以前的住处有着相同的色调，还使用了同样的纺织品（即使是新地毯的颜色也跟自己最喜欢的绿色小绒毯的颜色一样，和她曾经对女儿描述过的一模一样）。曾经饱受病痛折磨的母亲一下子高兴了起来，便安心地住了下去。

○ 尊重父母独立的意愿。父母希望（在自己的能力范围内）拥有并且管理自己的财产。他们应当持有自己的银行账户、支票和存款单；如果无法单独去银行，应当有人定期带他们去，至少从表面上保证其财政独立。如果父母资金充裕，不妨雇用私人律师和金融理财师，那些别有用心的人将找不到机会来污蔑你觊觎父母财产。如果你希望父母负担房租和其他费用（当然，他要有这个能力），应当事先书面写明，并为所有当事人明确理解，如此才能令父母明白自己的责任，且不至于认为积蓄正在被别人随意夺走。

○ 支持父母结交朋友。只要他们愿意，就可以按照自己的方式来娱乐，而不至于感觉影响他人。子女应当告诉他们，客厅、厨房或者卧室的空闲时间，以便他们安排娱乐时间。

○ 确保父母能够去医院检查，在适当的时候得到药物治疗。子女应当关心父母，尤其是在老人年龄逐渐增大，开始变得健忘的时候。

○ 不要因为老人偶尔的健忘或者某些老化特征而批评他们。你和孩子应该提醒自己，有一天你也会变成那样。因此，永远不要取笑老人和他们的朋友。面对家中的老人，所有家庭成员都应当学会宽容和忍耐。（请记住这条黄金法则："你怎样待人，人怎样待你"——因为有一天你也会变老！）

父母应当注意的事项

○ 尊重子女房间内的隐私。不擅自进入他们的房间，翻看他们的抽屉，或者偷听他们的谈话。

○ 不干涉子女在家中的社交活动，除非你是被邀请人之一。当子女和孙辈招待朋友时，你应当待在自己的房间里。你可以帮忙准备食物或者收拾房间，但在客人到来时最好不要出现，即使你对他们所做的事情感到十分好奇。（其实也许不知道更好。）

○ 明确家中的财产是属于特定某人的，而不是你的。比如，你在谈及家中的汽车时，应该说"约翰和芭芭拉的汽车"，而不是"我们的汽车"。如果房子属于子女，而不属于你，就应当说"我儿子和女儿的房子"，而不是"我的房子"。也就是说，作为住在子女家中的老人，你应当分清楚东西是属于谁的。

○ 不要抱怨饮食。（当然，如果你感到吃不饱，就有必要和孩子们坦诚地谈一谈了。）也许他们需要更多的食物预算；也许你的女儿还需要提高厨艺。你也不应该批评子女的房屋状况。如果你感觉房间不整洁，可以询问是否能够帮忙清洁。但他们若是拒绝，你也只能接受现状。

- 无论其他房间怎么样，至少保持自己房间的整洁。因为这将影响到你的孙辈，他们能分辩房间整洁和脏乱的差别。
- 在力所能及的范围内，帮忙做些家务、烹饪以及看孩子的工作。如果你所做的超出他们的预想，你也可能得到超乎想象的回报。
- 尽可能地处理自己的经济问题。金钱总是人们容易关注并且考虑较多的方面，因此你应当尽可能地保持经济独立。
- 在经济水平允许的条件下，偶尔款待一次家人，或者亲手制作一件礼物，为他们带来惊喜。有这样一位祖母，在每一位家庭成员过生日的时候，都会亲手烹制样式别致的蛋糕，而且每年都能创造出比往年更好的花样。我还知道一位富于创造的祖父，他和儿子一家同住，也擅长为人家带来惊喜。一年春天，花园里忽然冒出一片茂盛的杜鹃花，而在此之前，谁也没有看见他种过花。大家发现，在每束花的前面都有一块小木板，上面漆着每位家庭成员的名字。连家中的小狗也不例外，它也得到了一束以自己名字命名的美丽花束。
- 不要在子女吵架或者为下一代发生争执的时候偏袒自己的孩子。你应当为他们提供明智的建议，尽量做到公平、不偏袒、不诱导。家庭战争爆发的时候，要学会沉默。永远都不要试图纠正他们关于原则性问题的决定。

▶家庭论坛◀

我曾经惊异于一位朋友竟然和公公和平共处了 20 年——从他 72 岁开始，直到 92 岁去世。朋友和丈夫在公公房间的墙上搭了一些架子，专门用来收藏他一生中获得的高尔夫比赛奖项；他们又在公公的房间里摆放了一些以往用过的家具，包括老夫妻俩曾经睡过的旧式床，朋友的婆婆直到车祸去世前都在用它。老人的 5 个孙子和其他朋友称呼他“爷爷”，在我的印象里，大家都非常喜欢他。

在朋友家中，所有的争论和抱怨都能够在“家庭论坛”中得到解决，只要有必要，家庭论坛就可以召开。所有年龄段的人都会出席论坛，问题也因此得到了充分的讨论。一旦找到解决方案，大家就用粉笔在厨房的黑板上记录下来。下面是一次家庭论坛的内容。

家庭论坛

爷爷：答应不再敲打假牙，因为那种声音让大家都快疯了。

如果说话不算数，要为萨拉制作两大把奶油软糖，慰劳她的卧谈会朋友。

爸爸：答应洗车，因为圣诞节以前他就承诺过，而他的妻子已经为此十分生气了。

答应修理吉姆房间的窗户，因为去年9月他就承诺过，吉姆也已经不太高兴了。

答应每周起码有一天晚上不听摇滚乐，这一点做到了。

妈妈：同意萨拉每个月可以化一次妆，但必须是在参加女生聚会的时候。

同意不再取笑乔伊的袜子。

保持冰箱里一直都有苏打水。

吉姆：保证不取消下周和皮肤科医生的预约。

答应把鞋子脱在前厅，而不弄脏地毯。

答应把脏牛仔裤放进洗衣机。

每周起码有三天晚上听摇滚乐时不打扰其他人。

萨拉：答应不偷用妈妈的化妆品，不用洗脸毛巾卸妆。

每周起码有三天晚上听摇滚乐时不打扰其他人。

每次打手机时间不超过15分钟，两次电话之间间隔不短于1小时。

乔伊：答应把袜子先打好结再放进洗衣机。

答应在吉姆上学以后，再选择自己想听的摇滚乐。

不用衣袖擦鼻涕。

安妮：在感觉到要吐的时候，赶快去卫生间，而不是求助于毯子。

当爸爸妈妈有客人的时候，不把娃娃放在客厅的地板上。

对保姆态度好一些。

乔治：如果再用吃过鸡蛋的手摸墙，就不要指望看到别人的好脸。

答应不再使劲拽妈妈的珍珠项链并弄坏它。（三次已经足够了，乔治！）

这个论坛的确起到了巨大的作用！

对生活抱有肯定的态度有利于建立良好的人际关系。当然，这也离不开个人的努力和牺牲，对自己说：

“我喜欢我所看到的。”

“即使我不喜欢，也不会对此妄加评判。”

“这个人可能对我十分重要——无论现在还是将来。”

“我或许可以帮助这个人。”

“他是我们家庭中的成员之一——大家都爱他，支持他，即使曾经有过摩擦。”

我们就像是跳法国方块舞的舞者，总是在不断地走进并走出他人的生活，与家人、朋友、同事，以及一天中邂逅的人们交错着迷人的舞步。如果我们面带微笑，语言风趣，态度温和，将很容易和其他人建立起良好的关系。就像花朵向着太阳生长一样，人们都愿意和温和善良的人交往。其实，良好的人际关系和良好的礼仪之间联系十分紧密——事实上，我们甚至可以把二者看成是一回事！

◀家庭成员中的单身人士应怎么做▶

▶学会和孤独对抗◀

孤独意味着与群体的分离，是一种消极的、凄凉的状态。某些成功人士可能会说，他们不介意因身居高位而导致的孤独，但每每当他们意识到社会中“群体”的力量时，却又会变得十分介意。

让我们从积极的方面来分析这个问题。如果单身的你最终目标是寻找一位出色的配偶，或者是拥有很多真挚的朋友，或者两者都是，那么如下建议可以帮助你吸引你需要的人：

- 一如既往地和气待人，而不是偶尔为之。
- 如果某些人对你来说很重要，注意关注他们的生活细节。比如：

■ 他所爱的人的祭日。

■ 她的孩子的生日。

■ 他的生日。

■ 她的结婚纪念日。

■ 某位年轻人入学、毕业，以及其他可以标志他成长的重要事件。

■ 某位朋友获得新工作的第一天。

■ 某人生命中的重要事件。

作为朋友，你起码应该在这些重要事件发生的时候打个电话或者发封邮件，来表示你的关注。不必每次都赠送礼物,但是至少要关注这个事件并庆祝当事人。如果你记不住特别事件的日期，可以把它们标注在日历上，或者让工作助理提醒你，或者在周围贴满记事贴来敦促自己。单身的朋友通常都会为自己找出很多的借口来推卸忽视朋友特殊事件的责任。(“如果我结婚了，这些事情就会由妻子来考虑了。”）然而，与其找一些没有说服力的借口，还不如什么都不说。

○ 当你作为主人，应当热情周到；当你作为客人，应当开朗随和。也就是说，你需要经常付出，而不是一味索取。

○ 用广博的知识武装大脑，在国际局势、文化教育、商业贸易以及政治事件等方面都能提出独到见解，从而使自己成为他人所乐于交往的有趣的人。

○ 不断提高外在吸引力。这意味着你需要保持体型、合理饮食、养护头发、注意修饰、穿着得体，如果你是女性，还要学会适当地化妆。(当然，这一切都要花费你的时间，但毫无疑问是值得的。）尽管世事有别，但在大多数人看来，女人若是不修边幅，似乎要比男人邋遢更加糟糕。

○ 学会保持良好的心境。事实上，好心情是可以自我控制的，不会随环境改变而改变。

○ 不仅要把时间和精力放在挣钱上，还要放在明智地花钱上。

○ 学会掌握主动。这意味着你应当首先发出邀请；用有趣的事例来激发团体热情；在计划变得复杂时,激励所有人团结一心、充满干劲（无论这一计划是旅游、远足，还是聚会）。不要抱怨自己“总是不得不做每件事”。去做就是了。在任何一个群体中，总要有一个完全的付出者。事实上，你能够在危难的时候出现，一次次地在团体中发挥指导作用，是一件值得自豪的事情，完全没有必要为此感到烦恼。

○ 永远都相信，自己所在的这个世界是最美好的。

▶结交朋友◀

聪明的单身者不会抱怨单身的状态，对他人的同情也不过一笑了之。对快乐的单身汉来说，独立无疑是最大的馈赠，他们往往能够以自己的意志力和幽默感，积极地影响周围的人们。

“自己生活”应当是一种引以为豪的生活状态，而不应令人感到窘迫。这意味着你是自立的，同时也拥有与此相关的各项能力。你可能单独居住，但周围的世界就是你的家，不妨关注一下身边的朋友，他们无处不在　　你的住所周围，你光顾的商店，你的工作单位，以及你学习和锻炼的地方。

你周围的人们其实都是你潜在的朋友。你可以通过分析双方交谈的频率，期待见面的程度，对彼此生活是否感兴趣来判断友谊的发展状态。当你面对“谁是你的朋友”这个问题的时候，如果能够不假思索地回答：“这里所有人都是我的朋友”，就说明你在人际交往方面已经取得了很大的成功。如果超市的售货员见到你时面露笑容；汽车修理工为你检查汽车引擎时，迫不及待地想要告诉你一个新故事；等待公交车的路人冲你微笑点头，从谈论天气开始试着和你谈话；你就可以算得上是一个“有朋友的人”了。这里的“朋友”是一个广义的概念，是指无论性别年龄，所有认识你，愿意看到你，乐于和你交谈，即使只是在等候火车的几分钟时间内，也想和你分享一些生活故事的人（正如你也会这样对待他们一样）。

单身不意味着孤独和感情匮乏。我有一位单身的朋友，总是试图从她认识的每个人身上寻求同情。如果你问她过得怎么样，她一定会喋喋不休地讲述自己是如何地不幸。后来，人们上街的时候都会尽量躲着她。她就像是携带了忧郁病菌一样，走到哪里都会传染给周围的人。其实，她私底下是一个聪明且颇具魅力的女人，还有一颗乐于奉献的心，然而，这些优点全都被忧郁所掩盖了。一天，我经过一家面包店，看到橱窗里正在促销脆奶油甜甜圈，每盒一打，4种口味。我知道她喜欢吃，便买下一盒送给她。在诱人的糕点当中，我放进一小张纸片，上面是一句打印的赠言：

有人看到了甜甜圈美味的奶油、香料和蜜糖，有人则只看到空空的洞。

她看到这句话后，认真地把纸片保存了起来，因为她明白这是来自朋友的真心劝诫，而不是来自那些希望她受到伤害的人。另外，她把所有的甜甜圈都吃了个精光……竟然一个都没有留给我！

我还有一位朋友，直到52岁都是单身。在她的公寓里，有一面非常著名的“单身墙”。每当她结识一位优秀的单身男人，或者是特别的单身女性朋友，都会让他们在这面墙上签字。后来，这面墙竟然成为了一种身份的象征，签过字的人似乎在宣称：“是的，我在安妮的墙上签字了。我是单身。”而这面墙也成了城市里人们津津乐道的话题。所有到安妮公寓里做客的人都迫不及待地想要看到这面墙，如果没有被邀请在上面签字，甚至还会生气。有时，单身的朋友们必须站在她的床上才能够到天花板，从而才能找到空间在签名旁边附上一句诙谐的话或者图画。如果后来签字者结了婚，安妮就会划掉他们的名字，这样一来，这面墙也变得更加有趣了。尽管墙面后来变得有些脏乱，她也终于找到了结婚对象准备搬走，仍然有很多人慕名而来，签上自己的大名。安妮在搬家前夜举办了一次感人的单身墙聚会，在很多人看来，那一夜简直可以和柏林墙倒塌一样感人。许多客人建议安妮裁下墙的一部分，把它安装在新家里，但她的未婚夫拒绝了这个建议，因为安妮认识的单身男人都在上面签过字，而他和这些名字住在一起会感到不太舒服。

▶为什么单身是快乐的◀

- 列出日常朋友的名单，包括工作中的朋友。这份名单应当是冗长的，令人震撼的，甚至连你自己也会惊异。但是，如果情况不是这样，你就需要再多交些朋友了。

- 好好研究你的朋友名单，当你感到灰心丧气的时候，就试着在上面增加一些名字。其实你是幸运的，因为你有额外的时间来结交更多的朋友，这一点已婚人士很难做到。单身生活赋予你更多的机会来发展潜力，因此，你不妨从这个角度来审视自己的生活。
- 单身的人拥有更多的时间来追求理想，范围可以涉及教育、文化、旅游、运动等各个领域。
- 你可以奢侈地把时间花在浴室里，也可以悠闲地淋浴，而不必担心外面有人在不耐烦地等待，高声地说一些挖苦的话。
- 当你把无线音响或者其他昂贵的电子设备放错地方的时候，除非你自责，否则没有人会责备你。在非单身的家庭里，如果某人因为把东西放错了位置而引起电脑、电视，或者其他电子设备失效，其他人很可能会大光其火。
- 想睡觉的时候你就可以睡，想吃的时候你就可以吃，你有充分的自由来安排自己的生活。
- 你可以享受不断变化的生活节奏——工作时和同事一起忙碌，在家时独自安静地生活。
- 你有更多的时间去参加集体活动，做志愿工作，把精力放在付出自我上。通过帮助他人（比如为盲人读书；送老人到医院；教孩子学习；在医院劳动；帮助行动不便的人发送电子邮件等）你将获得心灵上的巨大满足。其实，被别人需要的感觉也很美好。
- 你可以有时间来为非营利机构服务。
- 你可以自己开家公司。（为什么不行？）
- 当你感觉沮丧时，出去走走，看看周围美丽的风景——阳台上盛开的天竺葵；广场喷泉在太阳下形成的小小彩虹；公园里玩跳房子的孩子们；大楼阳台上雕刻得美丽绝伦的石头栏杆……
- 出去旅行。你可以随团出游，和其他人分享游览苏格兰城堡、参加欧洲高尔夫球课程、在爱琴海轻装潜水的乐趣；也可以单独出行，细细品味在群体中不可能获得的独特体会。

- 为自己办理一张公共图书馆借阅卡，走进图书的世界，尽情阅读自己喜欢的读物，哪怕里面尽是些无聊的内容。提醒自己，一本好书将成为你闲暇时光里最好的伙伴。
- 如果你许久都没有好好地听过音乐，那么从图书馆借一些古典乐曲，和异域风情的音乐。聆听不同类型的音乐——摇滚、说唱、爵士、嘻哈、拉丁旋律将是一件十分有趣的事情。
- 拿起笔来写字！给长期没有联络的朋友写一封漂亮的信。不妨用上一句讨人欢喜的话——“过去几个月（几年）以来，我经常想到你。”一封好信件需要花费时间来组织，你应该把想说的内容用美妙的语言表达出来，重新点燃友谊的火焰，再次加强与朋友的联系，从此不再让这些关系归于平淡。
- 在自己的经济范围内，重新粉刷公寓。让房间换上新的色彩，新的墙纸，新的艺术品。这一切都将使你心情舒畅，充满活力，乐意做更多的事情。
- 尝试一些新的活动，比如：
  - 学会一种新运动或者练习瑜伽。
  - 享受香薰按摩。
  - 养一只宠物，为生活注入爱心。
  - 寻觅一种全新的精神激励，比如学习一门外语；参加飞机驾驶课程；学习绘画；写一本儿童图书；或者充当朋友的甜点厨师。

如果你不明白为什么要费心做这些事情，答案很简单。你将发现自己在朋友中的评价提高了，他们绝对不会把你看成是讨厌的人。所以，充分而合理地利用你的“单身时光”吧。

▶如果你想结束单身◀

建议一：摘下眼罩，环顾四周。也许你的好友中就有合适人选，只不过你从未往这方面考虑过。不要想当然地认为自己和那些单身的、颇具魅力的异性之间只是友谊，有时友谊也值得培养成进一步的感情。（吸引力是分成不同程度的，这要取决于双方的感受。）

建议二：让朋友们知道你在寻觅爱人。越多的人意识到这一点，你成功的机会就越大。

警告：

- 不要让朋友置身尴尬的境地，不要苛求他们向你汇报自己在做什么，是如何做的。
- 不要冲朋友过分地唠叨，不停地告诉他们怎样做才能够帮助你。
- 当朋友为你安排见面时，愉快地接受下来。即使结果非常失败，也不要大肆渲染，只说彼此不满意即可，同时表示对下一位充满了信心。热情地感谢朋友，永远不要否定他们关于男人或者女人的品位。下一次，他们将很有可能为你找到符合条件的候选人。
- 不断地告诉朋友：我很感激你为我做出的努力，请继续尝试！

建议三：在时间允许的条件下，尽量多参加社会活动。如果你在同一晚被邀请参加 4 个圣诞聚会，有机会和年轻人士交往，不妨全部接受。你永远都不会知道奇迹什么时候发生。所以，安排好往返路程和派对时间吧。（你可以做到！）

即使你讨厌鸡尾酒会，也不妨去看看，脸上带着微笑，保持乐观的态度。

建议四：建立自己的情报收集网络。询问公司里其他部门的同事，随时了解是否有异性刚刚丧偶或者离婚，换句话说，谁刚刚恢复了单身。（我有一位朋友 50 岁时离了婚，他送了一副望远镜给一对经理夫妇。并在附带的纸片上写着“请为我睁大眼睛寻找。”他们照做无误，最后成功地完成了任务，当然，并没有使用望远镜！）

警告：

- 不要让人感觉你饥不择食。你可以表现得幽默一些，在请求朋友帮助时不要施加压力。（有一位女性曾要求在其他部门工作的好友每月递交一份文件，报告在工作场所观察到的合适男性，这一做法最终导致了两人友谊的终结。）

建议五：让自己的表情好看。当你出现在公共场合的时候，问问自己："我的面部表情如何？我看上去是安详，还是像个怒气冲冲的人？有没有看上去忧心忡忡、不高兴、惊恐万状？"大部分人并不知道自己脸上是什么表情，除非特别关注它。这说明我们总是忘记考虑他人，而只考虑到自己。如果你的表情呆滞，很可能会吓跑那些想和你交朋友的人们。试着微笑一下，放松面部肌肉，微微张开嘴巴。你可以照照镜子，看看这样做使你的眼睛和整个面部表情发生了怎样的变化。你会发现自己变得温和而有吸引力了！尝试让面部一直保持这样的表情，无论开车还是走路都这么做，慢慢就会成为习惯。

你在参加商业或者社会活动的时候，要让自己以一种快乐的、平易近人的姿态出现。（我永远都记得一位身为高级主管的单身贵族，是如何评论自己所见到的美丽女人的："不，我并不认为她特别吸引人。尽管她的外表出众，但是表情却像一只狗——一只准备向我狂吠的狗。"）

当你偶尔往镜中看去，会发现怎样的一张脸？快乐的？微笑的？还是愁容满面，眉头紧皱，甚至怒气冲冲的？要知道，你在镜中是什么样子，在别人眼中就是什么样子。你完全可以通过表情来表达自己的想法：

"我是一个好人，长得也很好看。我很高兴来到这里，请和我说话吧，我很愿意和你交流。"

▶ 创造结识朋友的机会 ◀

你的状态其实是由你自己决定的。没有任何理由可以成为孤独的借口，除非你在生理、心理或者经济上存在障碍，即便如此，孤独也是可以避免的。不妨把生活看成是一只盒子，里面已经放进了不少美好的往事，但还有很多空间需要填满。你可以享受现在的生活，但还要不断再添加新的内容进去。所以，别再找借口浪费时间了，现在就上路吧！在这本书里，我不会建议你到单身酒吧结识朋友，或者在网上寻找浪漫。在和单身人群交往时，如果你感受到哪怕是一丝危险的预兆，就要尽快逃离。

- 为你所在的社区贡献爱心、劳动力和知识技能。你希望结识的好人也会做同样的事情，而这正是与他结识并进行交流的最自然方式。

○ 参加为单身父母举办的教育会议。这些会议非常适合你结交新朋友，发展社交生活。

○ 参加或者观看体育比赛。这是结交热爱体育的朋友，展示你的体育才能及运动精神的最可靠方法。

○ 参加实况表演（比如比赛、芭蕾、歌剧、音乐会等）。广泛尝试那些从来没有接触过的活动，忘掉曾经耗费在电视机和电影屏幕前的无聊时光吧。

○ 和朋友们到海边或者湖边野餐，多带一份食品。这样，当你和某位新朋友交谈的时候，多余的食物就可以方便地派上用场了。

○ 参加和自己的孩子有关的活动。这些活动通常都很有趣，比如野餐和节日聚会等。你将有机会结识那些同龄孩子的家长。我认识一位年轻的母亲，在搬到一座新城市后的头个周末，就参加了儿童公园聚会。在聚会上，她自愿为孩子们画脸部彩绘。当天活动结束时，她一下子收到了 5 份邀请，那些父母都希望她能到自己家中做客。

○ 别忘了遛狗活动。如果你看到某人每天都要出门遛狗，不妨友好地和他打个招呼。待彼此熟悉之后不经意地邀请对方："你和爱人一起来我家做客吧，当然，还要带上你们的狗。"（如果这个人没有配偶，不是更好吗！）

○ 参加业余戏剧或歌唱团体。如果你不介意做一名蹩脚的演员，将很容易找到和自己有同样爱好的人。每位演员都需要观众，你不妨当一回观众。当然，应当首先学会欣赏他人。

○ 参加读书俱乐部。这是一项比较适合知识分子或者学者的活动。你可以根据自己喜爱的书籍种类，来寻觅相应的读书群体。读书活动可能会在私人住所进行，也可能设在某个餐厅或者咖啡厅。如果没有找到合适的群体，你甚至可以开创一个新的俱乐部。本地书店或许能够帮助你找到预期的俱乐部成员。

○ 参加诗歌会。如果你所在的社区没有周末诗歌阅读会，你也可以开创一个。

- 参加野鸟观察小组。一些极富魅力的人都热衷于野鸟观察活动。当然，在找到适合自己的小组之前，你需要准备几样东西：一本有关野鸟的图解手册（你必须了解知更鸟和鹰的区别！）；一双舒适的运动鞋。
- 参加电影俱乐部，最好还有单身人士的电影晚餐会。这样你不仅能够结识新朋友，还享受到了精彩的电影和美味的食品，其中任何一项都值得你花时间参加这个俱乐部。
- 参加园艺俱乐部。当我们用手中的铲子挖掘泥土时，也收获了珍贵的友谊和浪漫感觉。城市和郊区的园林通常都有迫切需要志愿者服务的项目，和朋友们一起劳动吧，让美好的感情也生根发芽。
- 参加汽车赛会。这是一项热情奔放的活动。如果你恰好感兴趣，不妨试试。当然，你可能只是赛车迷，而不会亲自尝试或者投入巨额消费,但是一定要注意着装得体。刚开始的时候可以参考别人的穿着，渐渐地你将找到适合自己的服装类型。
- 参加舞蹈活动。在茫茫人海中寻找喜欢并且擅长舞蹈的人似乎并不容易。参加舞蹈班则方便许多。在课堂上,你将遇到许多热爱跳舞的人。你们可以不只是在晚上，在某人的家中或者餐厅里跳华尔兹和狐步舞,还可以尝试一些最时尚的新式舞蹈,无论什么风格都可以。比如，在餐厅或者酒吧里，组织一场“邦拉”舞会（这是一种以悠久的印度旁遮普民族音乐为基础的嘻哈舞蹈）。你们可以请来老师和音乐师，同时提供南亚口味的美食。另外，也可以通过本地的舞蹈工作室组织一场新式拉丁舞的晚间教学，费用由大家一起承担。
- 参加健康俱乐部。这里是健康关注者的乐园,也适合希望交朋友的人。那些工作忙碌，性格风趣，收入比较高的人往往会在清晨上班以前锻炼身体，这使他们失去了很多和别人交流的机会。不过话说回来，我建议每个年轻人都要注意自己的身体健康。
- 购物，尤其是购买食品。也许某位很有魅力的人每周都在固定时间去超市购买食品。悄悄地关注一下这个人的购物篮里都装着什么东西。这些东西是为两个人买的吗？如果他在买水果的时候显得经验不足，你正好可以借这个机会上前帮忙。同样，你也可以向他咨询汤料品牌。在几番类似的“严肃交谈”之后，你可以问他：“你在家负责烹饪吗？或者由你的妻子（丈夫）负责更多？”这样，你马上就会知道他是否已经结婚。

○ 成人拓展训练。参加智力开发课程将使你获得更多结交新朋友的机会。邀请“同学”在上课前后共饮咖啡是再自然不过的事情。通过日常交谈，你可以很快了解对方是否已婚。（另外，手上是否带有婚戒仍然是最简单的判断方式。）

○ 参加桥牌俱乐部。大城市都有桥牌俱乐部，小城市也有桥牌小组，具体情况可以向周围人打听打听。不要因为有人可能对你的打牌方式表示反对，就轻易退出俱乐部。要知道，有些人不适合出现在同一张牌桌上。（比如我和我丈夫就是这样，我们最后一次也是唯一一次玩桥牌，是在40年前度蜜月的时候。）参加邻居举办的扑克游戏也是很好的交友机会。但要注意：别下太大赌注。

○ 在车站、月台邂逅情缘。如果你每天早上都在同一个地方看到同样的人，交谈将不可避免。我有一位好友，40岁那年，就是在地铁中心车站遇到了自己的丈夫。每天早晨八点半，他们二人都要从白原市换车到纽约。在共同经历了39个早晨之后，他们开始相互微笑打招呼，并寻找沟通话题，7个月以后，两个人便结婚了。

○ 参加计算机俱乐部。这里是进行社交活动的好地方，不少聪明的单身者聚集于此。你不妨为大家带一些美味点心，或者邀请他人来自己家吃饭。这种做法一定会使单身的你大受欢迎。

○ 节假日期间参加飞行课程。在特别的日子里参加私人飞行课程再浪漫不过了。不信你可以问问那些和飞行员坠入情网的人。拿出研究飞机驾驶的劲头，来仔细研究一下身边的人吧。

○ 参加远足、打猎、钓鱼俱乐部，或者环境保护小组。热爱环境的人们，大多数也喜欢远足活动。他们对于野外环境的保护十分注意，并且随时愿意结识和自己抱有同样想法的人。穿上远足靴，带上几份诱人的三明治，出发吧。（我认识一位年轻女孩正是和远足爱好者坠入了情网。那天,他带来了美味的野餐与大家分享。后来这位女孩告诉我："是那些按照《美食家》[*Gourmet*] 杂志配方调制的美食让我情不自禁地喜欢上了他！"）

- 参加外语俱乐部。也许你因为工作原因不得不学习一门外语，其实，很多人和你面临同样的处境。学习外语或许是痛苦的，但它可以通过社交互动转化成为快乐的源泉。假如你的公司即将到中国扩展业务，而你必须学习中文。那么，不妨和同学一起到中餐馆吃饭，看中国电影或者演出，这些都可以成为课余的乐事。如果你只是喜欢另一种语言的发音，也去上课吧！你将感受到异域文化的奇妙。
- 参加校友聚会。许多大城市的校友会都能够提供广泛的社交机会，如果你参加的校友联合会在这方面功能较弱，不妨多拉些朋友加入你的团体，改变孤家寡人的局面。
- 参加艺术课堂。艺术课堂可以营造完美的交友氛围——同学之间友好地表扬彼此的艺术品，进而互相邀约到自己家里吃饭。而且，也不必担心自己该穿什么，因为人们在绘画或者雕塑的时候总是"灰头土脸"的。
- 参加投资俱乐部。许多这样的俱乐部都带有性别针对性。你可以在公司或者住所周围寻找类似的俱乐部，这些活动不仅能为你增添乐趣，或许还会带来经济上的收益。
- 参加历史协会。这也是个很有意思的组织，因为历史本身就是具有教育性的、充满趣味的。通过参加会议、志愿筹集资金、协助研究或者举办展览，你将结交到不少头脑睿智的新朋友。
- 参加单身俱乐部。你可能会在这里得到出人意料的惊喜。不过，在加入之前一定要好好调查，和以往及现在的成员多多交谈。
- 参加品酒俱乐部。品酒俱乐部的活动离不开葡萄酒鉴赏家的滔滔不绝，当然，期中也混杂着某些假装成鉴赏家，和一心想与品酒专家为伍的人。参加活动之前，你需要仔细研读一些葡萄酒知识，也可以查阅网上的相关的内容，这些都可以让你对相关知识略知一二。

- 参加旅游俱乐部。通过查看分类广告，可以了解到本地的大学和博物馆都在组织什么样的旅游活动。你可能喜欢,也可能厌烦旅游的同伴，但不管怎样都能够学到许多东西。而且，旅游的经历将成为你在未来和其他朋友谈话的一大主题。
- 参加国际象棋俱乐部。如果你会玩国际象棋，可以尝试一下本地的俱乐部，或者找找自己所在的城市哪里举办这项活动。如果不会玩，但是对此颇感兴趣,不妨先上课学习一番。你将因此获得终生的爱好，并使大脑得到锻炼。也许你只有一位棋友，而他住得很远，那就试试网络对弈吧！
- 在网络上或单身酒吧会见朋友。以我看来，这种方法不适用于寻找未来的配偶或者恋人。因为整个过程充满了危险，而我曾经听说过太多的负面故事。总之，我不推荐这两种办法。要知道，还有更多更安全的方法可以选择。

▶绝不能问单身人士的几个问题◀

随着单身的日渐普遍，人们已经不再为此感到害羞。但我们仍需注意，不要取笑单身的朋友，刻意突出其单身身份，或者把他们和完全不合适的人随意配对，这些都是很不友好的行为。**还有一些问题是绝不应该询问单身朋友的，无论是认真还是开玩笑：**

- 你一定非常想结婚，不是吗？
- 你究竟为什么不结婚？
- 你不结婚和性障碍有关吗？
- 怎么回事——你不想承担责任吗？
- 你认为自己的年龄是问题吗？
- 你是同性恋吗——这是你不结婚的原因吗？
- 你是否认为自己没有能力结交异性？
- 有人认为你过于特立独行。你觉得你能够承受这种评判吗？

○ 你是不是害怕生孩子——这是你至今单身的原因吗?

○ 你以前受过伤害吧?

○ 你对于异性的魅力是怎样定义的?

○ 如果你即将和这里的某个人结婚,会选择谁?

▶如果你想当媒人◀

问:在介绍双方认识之前,应当询问哪些问题?

答:一些普通的问题。通常人们都会问:“你住在哪里,在哪里工作,以前结过婚吗,离婚多长时间了,有孩子吗?”在安排浪漫会面之前,你需要先下工夫了解一些必要的信息。

问:需要为介绍活动花费多大工夫?

答:如果你对某位朋友感到亏欠,或者朋友曾经请求你提供帮助,那么,安排两次会面已经足矣。能坚持三次的人可谓热心至极,但的确没有必要再去尝试,除非你内心认为自己非要负责到底不可。毕竟,安排相亲也是一件非常耗费时间和精力的事情。(我就认识这样一对夫妇,他俩非常负责地帮助女友找到了合适的另一半。这对夫妇曾经到意大利阿尔卑斯山滑雪,当时被大风雪所困,偶尔结识了遭受同样境遇的意大利人。为了不被冻僵,大家只好不停地讲话,而这对夫妇的话题就是自己害羞的女友。就这样,他们回国后便把女友介绍给了这位颇具魅力的意大利人。一年以后,两人喜结良缘。在婚礼上,新郎向新娘敬酒时说道:“是高山纯净的空气让我的心变得如此直接。”如果当时这位女士只是鸡尾酒会中的普通宾客,他也许根本不会有任何想法。)

◀ 12 ▶
孩子应该掌握的礼仪

对孩子来说，礼仪包括正确的价值观、伦理观和道德规范。孩子的品性主要通过生活中的种种经历来塑造，除此以外，还有一个重要的渠道，即亲人对他的影响和教育。理想的状态下，父母和子女对待彼此的态度应当比对待其他人更有礼貌。

既然孩子是我们最宝贵的民族资源，既然在许多人看来，现在的社会道德水平正江河日下，那么，父母抚养教育子女的责任就变得更加艰巨了。

对父母双方来说，孩子本来就是不小的负担。然而当今社会，双职工家庭、单亲家庭、再婚家庭等现象日益增多，出现在孩子身上的问题也像快速分裂的细胞一样不断产生。比如：

- 孩子与继父母以及继兄弟姐妹之间的敌对。
- 新婚姻关系中夫妻与公婆或岳父母之间的敌对。
- 双职工家庭中孩子的心理孤独问题。
- 父母在家中吸食毒品、过量饮酒的问题。
- 子女原因不明的学习障碍。
- 攀比心理带来的负面影响。
- 对社会现状的畏惧。

这些都是十分沉重的问题，不过我们也不应忽视孩子所具备的强大适应能力，尤其是他们天生的智慧和耐受能力。当今社会中，除了家长和孩子需要共同面对的问题以外，单身父母更需要鼓起勇气，因为他们必须凭借一个人的力量来塑造孩子的良好人格。

礼仪和世界观、伦理道德是一个人人格的基础，要塑造美好人格，这几方面缺一不可，它们实际上是个同源的整体。我们必须尽一切努力告诉孩子什么是正确的，并给予他们充分的信任。孩子是明天的主人，他们将不得不面对并解决今天大人们留下的诸多问题。孩子也是民族的希望，必将比父辈们做得更加出色（在这个毒品、犯罪和纵欲泛滥的时代，父辈的道德行为是如此苍白无助）。

我们应当首先教会孩子道德准则和建立牢固的是非观。你不一定是父母，但作为祖父母、叔叔阿姨、兄弟姐妹、继父母、继兄弟姐妹、保姆、护士、护理中心教员、教师、青年中心指导员、教练、社区志愿者，也可以发挥教育孩子的作用。无论是以个人还是以集体形式，我们都能够给孩子带来巨大的影响。

对于年轻人来说，在好人和坏人所提供的帮助之间做出正确的选择至关重要。能否与同类为伍，追随正确的领袖，决定着一个年轻的生命能否成功。

◀孩子如何学习区分是非▶

▶父母的榜样◀

孩子总会模仿父母的行为。如果孩子明白做某件事是错误的，而父母偏偏那样做了，或者孩子做错了事情而父母不加干涉，那么，在孩子眼中“错误”就会立刻转化为“正确”。比如：

- 当孩子听到父母讨论新的逃税办法，他就会认为欺骗政府的行为是没错的。
- 当孩子听到父母为了逃票而向警察撒谎，他就会认为不遵守法律，向警察撒谎是可以接受的。

- 当孩子从超市货架上拿起一袋糖和一小袋饼干，母亲看到了却没有付钱，孩子就会认为偷超市的东西也没什么。
- 如果母亲购买了三份报纸（一份买给自己，剩下两份买给邻居），却只投了一枚硬币，孩子就会认为可以只付少量的钱而索取更多的东西。
- 如果孩子参加朋友的生日聚会，在游戏中作弊得到了礼物，父母却不要求孩子承认错误，并向举办聚会的孩子及其父母道歉，孩子就会认为作弊也不算什么，既然父母不坚持自己必须返还礼物，以后只要没被抓住就可以继续作弊。
- 如果父母经常把办公室的办公用品带回家私用，孩子就会认为偷公家的东西也没什么。
- 再比如，母亲邮购了一份商品，但零售商错误地寄出了两份，这时候她如果说："太好了！他们多寄了一套玻璃餐具，我要把它作为结婚礼物送给玛丽·艾伦。"孩子听到后就会认为，如果以后零售商失误多配发了商品，最好的处理办法就是好好地把它利用起来。

当父母的所作所为与孩子们理解的"正确"完全不符，他们无异于是在激励孩子长大以后去说谎、欺骗、偷盗，或者变成勒索犯、投机者。如果作为父母不能教给孩子起码的道德伦理，哪里还能指望他们学习其他什么有用的东西呢？

▶让孩子从阅读和交流中接受道德教育◀

在父母的帮助下，孩子从小就可以学习区分对错。其中一个重要的方式就是通过日常的语言交流和图书阅读。比如，父亲在女儿睡前为她阅读神话故事，可能会随时加上自己的评论："做这样事情的人是个坏人，对不对？"

女儿说："是的，他非常不听话。"

父亲又会加一句："你永远都不要那样做啊，苏茜。因为那是错误的。即使你们班上的其他孩子认为没关系，你也知道是错误的，对不对？"

就这样，父亲在愉快地为孩子讲故事的同时，也为她上了一堂德育课。

一周又一周，父亲在讲述故事的过程中，不断强调主人公的好与坏，强调故事里的坏人最终都受到了惩罚，小女孩逐渐形成了对正确与错误的认识，明白自己永远都应当做正确的事情。

父亲还可以向女儿解释，残忍地对待他人是多么不好的行为。比如他可以这样说："你不要做坏事，因为那是会伤人的。"这样一来，当遇到故事中特定的环节时，小女孩就会模仿父亲，对被别人伤害的人给予同情。即使孩子只有三四岁，也能够具备社会道德之心。

另外，孩子在吃饭的时候，也可以从父母谈论周围的事情（包括在当地城市中，父母社交圈子里，或者工作环境中发生的事情）上，学到一些道德规范。孩子能够识别父母对于某些做法不公正的人，做了坏事并受到惩罚的人，以及因为其他人的恶行而受到伤害的人所持有的态度。当父母耐心回答孩子的问题时，孩子将从父母的眼神中区分出好与坏，判断他人是否需要获得帮助。比如，孩子有可能会遇到下面的情况：

○听到父母讨论如何帮助经济上有困难的朋友。

○听说某人偷了别人的钱，被抓住并进行了赔偿。

○听到父母讨论怎样帮助生病的朋友。

○听到消防队员或者警察救助他人的事情，理解英雄行为的真正含义。

○无意中听到父母计划帮助某个失去家人的家庭。

○学会在朋友发生不幸时采取一定的行为。

学习如何采取行动非常重要。比如一个男孩的朋友刚刚失去了心爱的宠物。母亲也许会这样对他说："鲍比，吉米的宠物昨天死了，他一定感觉非常难受。"

"是的，他难受极了。"

"那我们做点什么吧，你说呢？"

"您的意思是？"

"我们做点事情让吉米感觉好一些怎么样？"

"好啊，不过……该怎么做呢？"

"也许你可以送他一个礼物让他高兴起来。"

"是啊，一个礼物！您觉得送什么礼物好呢？"

“我觉得你应该自己想一想，鲍比。”

“我不知道。”

“如果你的宠物刚刚死掉，你希望得到什么呢？”

“也许我希望得到一辆新玩具车。”

“那明天下午我们一起去商店，看看有没有吉米喜欢的玩具车好吗？”

“好的，妈妈。我会让吉米感觉好起来的。我要送给他一辆特别棒的玩具车，可以跑个不停，或者送一只和原来一模一样的宠物。”

不可否认，这堂课非常重要。

▶当孩子对公共场合遇到的残疾人感到好奇时◀

当孩子遇到拄拐者、侏儒、外貌怪异或者浑身缠满纱布的人时，通常情况下，他会死死盯着对方，并大声地问你：“那个人怎么了？”或者说：“你看那个女人滑稽的脸。”当然，你应该要求孩子保持安静，不要盯着人家看，回到家后再向他解释这些人都是好人。当孩子遇到某方面和大家不一样的人时，也许会感到害怕，所以，如果有必要，你应当低声地安慰他。如果你恰好离那些人很近，而孩子提出了相关的问题，你应当在离开时轻声地向对方道歉，比如：“很抱歉我的孩子那样说。他只是不理解而已，我为他所说的话向你道歉。”

◀10岁以上孩子应该掌握的基本行为准则▶

男孩和女孩长到10岁，从某种意义上来讲，就是社会人了，应当拥有良好的礼仪。在这个年龄，他们几乎已经接触到了所有重要的礼仪原则，所欠缺的仅仅是成年人的优雅，以及具体行为上的细微差别。而这些差别将伴随着中学毕业而逐渐消失。

○礼仪的教育从孩子上学前班时就开始了。父母可以从图书馆里借到有关儿童礼仪的书籍，带回家与子女一同阅读。更多的书籍则可每年从超市买，包括卡通漫画和神话故事等。这些书使礼仪教育变得轻松愉快，而不是繁琐枯燥。

- 另外,父母还可以和孩子一起做礼仪游戏。我有一位朋友是这样做的,她为 8 岁的女儿设计了 25 道选择题，和她一起找出正确的答案，对于某些非常经典的答案,她们还会打印出来保存。她的女儿三年级了，非常喜欢和同学们一起玩这个游戏。下面就是其中的几个问题：

如果你不小心把意大利面酱倒在了朋友房间的桌布上，你会：

a. 用手指抹掉污渍，然后用衣服擦干手指。

b. 到厨房里再拿一些面酱，因为朋友的母亲希望你们能够好好享受这顿饭。

c. 向朋友的母亲道歉，询问能否从厨房拿一些湿纸巾来擦干桌布。

在你的生日聚会上，有两位客人送来了相同的礼物，你会：

a. 把一个礼物还给其中你不太喜欢的那个客人，让他重新换一个。

b. 感谢两位朋友，告诉他们你真的很喜欢这两个礼物，但你会把其中一个换成同样喜欢的其他礼物，这样就等于他们送给了你两样美妙的礼物，而不是一样。

c. 告诉他们你会把两件礼物都带走，再换一个更大更好的礼物。

课间休息的时候一个男孩打了你，你会：

a. 在下个课间休息的时候也打他，而且更使劲。

b. 告诉他这次你不会和他计较，因为你认为他并不是故意要那样做的，但是他如果再这样，你会让他吃不了兜着走。

c. 向校长哭诉，要求惩罚该男孩。

以上三题的正确答案是：c，b，b。

▶行为基准◀

孩子到 10 岁的时候，应当有人帮助他（她）们建立起一套正确的行为模式，使他们的礼仪观得到不断地发展。

行为得体的孩子应当这样做：

- 看到大人从外面走进屋时，主动站起身来——即使只是父母的朋友从隔壁突然走进来借东西，或者孩子当时正在做他自己的事情（听音乐，和好友聊天，看电视，或者读书）。当大人走进房间的时候，孩子应当主动起身，说一些欢迎的话，只要简单的几句就好："您好，史密斯太太。"孩子不需要在史密斯太太每次穿梭房间时都起身站立，只要一次就够了。如果父母向孩子介绍从未谋面的客人，孩子在打招呼的同时还应当和客人握手。

○ 用餐之前，待所有大人入座之后，自己再入座。

○ 在用餐之前，先把食品送到客人或者父母面前，等待大人先动餐具，自己再开始。

○ 在大人交谈时，安静地聆听（也就是说，在交谈过程中，不要打扰，但是在中间的空隙，可以谈谈自己想说的话）。

○ 温和地对待弟弟妹妹，并保护他们。

○ 遵守良好的餐桌礼仪。

○ 懂得如何与大人讲话，做好父母的小帮手。比如，当主人的女儿在走廊里遇到拜访父亲的客人时，她应当和他握手并微笑地说："您好，格雷先生。我是阿玛利亚，非常高兴再次见到您。我帮您把外套放进衣柜吧。"

"谢谢，阿玛利亚，非常高兴再次见到你。"

"我父亲稍后就到，您先到客厅里坐吧。"然后她将客人引导至客厅，打开电灯，让光线更加柔和舒适。

阿玛利亚完成自己的工作，在让客人感觉舒适以后，就可以离开了，当然，她也可以在父亲到来之前和格雷先生先聊一会儿。

其他得体的行为：

○ 明白在公共场合（包括在公共交通工具上，在海边，在电影院，在街上，或者其他地方）制造噪音是粗鲁的行为，会让他人感觉不快。

○ 不冲家人大喊大叫。（当然，父母首先不应该这样做！）

○ 任何时候都尊敬老年人。这意味着不说无礼的话，不做出莽撞的行为，不藐视权威（父母、祖父母、老师、警察等所有具有权威的角色都应该受到尊重）。

○ 在被问话的时候，有礼貌地回答，而不是沉默不语。

- 不在别人说话时打扰对方。
- 尊重自己的家和朋友的家——不把泥踩到地板上，不把脚放到桌子或者沙发扶手上，不在地板或者地毯上留下食物碎渣（尤其是难以清洗的油腻腻的爆米花、比萨饼、苏打饼干、冰激凌筒等）。
- 遵守家庭规定，比如在合适的时候正确地使用电话，并为家庭成员仔细记录来电信息。
- 坚持每天都把自己的房间整理好。
- 养成良好的浴室使用习惯。比如，不在浴室呆太长时间，以免影响他人使用；使用完毕后自觉打扫，保持浴室整洁。
- 被分配做家务的时候，快乐、准时、高效地完成，而不是闷闷不乐。
- 演奏乐器时尽量降低音量，让家里其他人在相对安静的环境下做自己的事情。
- 不干涉他人的隐私，包括兄弟姐妹的。
- 不在别人面前大嚼特嚼口香糖，或者吹泡泡，令人不快。
- 无论是穿过一扇门，进入一部电梯，还是上自动扶梯或者公交车，都坚持在自己的位置上等候，而不是随便加塞。不在穿过拥挤的过道时碰撞他人，也不会三五个人并排过街，让其他人不得不从旁边通过。
- 当别人退后以方便自己通过，或者为自己开门等候的时候，向对方表示感谢。
- 做个好客的主人。所作所为不是只考虑自己，而是尽量满足客人的需要；不会因个人私事把客人丢在一边；提供符合客人口味的饮食；让客人选择电视节目。
- 当自己经过他人身旁时不小心碰到对方，或者造成对方不得不为自己让路时，表示歉意。
- 收到礼物之后，写一封感谢信作为回复（包括从祖父母、叔婶，或者其他朋友那里得到的礼物）；在朋友家吃饭或者应朋友邀请在餐馆吃饭后，向对方表示感谢。
- 学会守时。当家庭决定集体出行时，不拖延时间。

- 对汽车司机表示尊重，不打扰对方开车，因为那样很危险。
- 遵守保护环境的所有法规——正确丢弃垃圾，玩耍时注意保护树木、草坪、花朵以及树丛。
- 懂且能小心地遵守安全规则，包括红灯停绿灯行；划船时注意水上安全；骑自行车时遵守交通规则；滑冰时注意不撞到别人等。
- 友善地对待动物，永远不虐待它们。

▶青少年需要遵守的其他准则◀

除了10岁到20岁青少年应当遵守的通用准则以外，十几岁的孩子还应该遵守一些特殊的准则。

无论其他孩子怎样，父母应该教会自己的孩子遵守下面准则：

- 控制自己在家里制造的声音响度（包括收音机、录音机、录像机、电视机、数码系统所发出的声音，以及正在学习的乐器，比如，鼓）。
- 合理使用自己或者父母的汽车。孩子应当明白，以下行为是不能被接受的：在没有通知父母的情况下，用光了父母的汽油；没有经过允许就借用父母的汽车；在父母的汽车里和朋友一起吃东西，而且不彻底清理干净；自己没有停好汽车，造成公用车道堵死，等等。
- 当孩子在父母的房子里举办聚会，但结束之后没有及时收拾好时，应该明白，父母不喜欢水池里塞得满满的脏盘子，烟灰缸里撒落的土豆片碎渣，还有藏在沙发套和椅子下面的偷喝剩下的啤酒瓶。
- 当然，喝光冰箱里的汽水而不更换瓶子，或者留下半瓶子汽水，一不留神就倒在地上，都是让人气愤的行为。
- 不得体的行为还包括：夜里很晚还有朋友打来电话，或者时时刻刻把着家里的电话不放。
- 在房间里到处散落运动器械或者运动服。比如把混合着汗臭味的篮球鞋摆在客厅门口；三角绷带搁在暖气片上；运动短裤扔在沙发背上；汗津津的汗衫和运动袜放在灯罩上晾干。未来的奥林匹克健将不应当把家弄得像一个杂乱失修的运动场。

○有关吸毒和酗酒的行为。他们不仅应该知道自己不能这样做，还应该知道，自己的朋友也不能在你的房子里这样做。

当然，即使他们存在上述种种问题，这些十几岁的孩子仍然是世界上最最可爱的孩子。

十几岁孩子在家中的不良表现

○对父母的请求视而不见，甚至在家人需要自己做家务活，完成某项任务或者提供帮助的时候，把责任推给兄弟姐妹们。

○不能保守秘密，是家人隐私的“告密者”。

○偷看家人的邮件，偷听电话，或者干涉其他方面的隐私。

○没有得到明确允许就借用别人的汽车、衣服等东西。或者借用以后没有按时原样返还。

○当兄弟姐妹迫切需要某样东西的时候，拒绝出借。无论这样东西是一辆车，一件衣服，还是用于工作的电子设备。

○当家人出错或者判断失误时，毫无顾忌地取笑，从而让对方觉得更加丢脸。

○批评家人的朋友，包括父母的朋友。

○拒绝在客人来访之前把家收拾干净。

○虐待兄弟姐妹的宠物，或者不给予它们适当的照顾。

○取笑兄弟姐妹的男朋友或者女朋友。

○在家人有急事需要沟通的时候，表现得漫不经心。

○在同学的众目睽睽之下，指出兄弟姐妹的无能之处。

○拿家人的烦恼或者痛苦开玩笑。

○在兄弟姐妹身处困境的时候（比如感情受挫、运动成绩不佳、升学考试失利等），没有表现出同情心。

○对父母或者祖父母的客人不够友好，甚至粗鲁。

○当兄弟姐妹征求意见时表现得不屑一顾，却喜欢在对方不需要干涉的事情上妄加批判。

- 因为自己在家中的不良行为对年幼的弟妹产生负面影响。
- 认为不尊重父母是很“酷”的行为。
- 以忙碌、没有时间为借口，拒绝聆听家人的倾诉。
- 不考虑谁对谁错，随意对家人生气。要知道，“家庭”是十分宝贵的财富，任何有可能影响彼此密切关系的事情都不应该发生。
- 身为年轻的家庭成员，却不在老人需要照顾的时候承担应有的责任。
- 不能合理处理继亲关系，以及同父异母的兄弟姐妹关系，从而造成家庭关系紧张。

▶电话礼仪◀

- 迅速、准确、有礼貌地接起电话，记录电话内容，并请求对方留下有用的信息（比如电话号码、饭店名称等），最后不要忘记向家人转达这些信息。
- 所有家庭成员都应该做到，在铃声响起二至三声之内接起电话。不必争论应由谁负责接电话，谁离得最近就谁接。而且不应该这样说：“我知道这个电话不是我的，所以你来接吧。”
- 任何接电话的人都要重视音量和语气的作用。家庭成员在电话时的声音代表了整个家庭的状态，它听上去应该充满了热情与活力，而不是像一头没有教养的野兽在嘶吼。即使你当时感到不高兴，也不应将坏情绪传递给电话另一边的人，那样只会破坏对方对你们全家的印象。不妨在声音里加些快乐的音调，让自己表现得轻松愉快，电话那头的人也会感觉舒服许多。
- 尊重打来陌生电话的人，而不是呵斥对方。当孩子告诉母亲：“有一位 XYZ 保险公司的女士打电话来，想和你谈一谈新产品。”母亲应该这样回答：“告诉她我们已经有了完善的保险，对任何产品都不感兴趣。但是一定要感谢她打来电话。”作为家长，要向孩子解释，即使是面对不受欢迎的推销员也应该保持礼貌。
- 让孩子明白，无论是使用自己的移动电话还是家里的电话，都不应该煲电话粥。因为长时间地打电话会浪费很多时间和精力，不仅带来噪音污染，还影响年轻人学习和做其他有意义的事情。

- 告诉孩子，世界并不总是美好善良的，可能会有人粗鲁地对待他们，挂断他们的电话，用不友好的方式和他们说话。然而，无论如何，你的孩子应该在电话里表现得快乐而有礼貌，确保圆满地完成对话。如果孩子对你说："但是，为什么我要对一个不友好的人礼貌呢？"你可以这样回答："因为那个人不懂事，而你比他更懂事！"

▶年轻男女约会礼仪◀

无论是男孩邀请女孩赴约，还是女孩邀请男孩，对邀请方来说，都不希望被拒绝。当拒绝发生时，情况往往比预想的还糟。

男孩邀请女孩的礼仪：

- 提前一段时间发出邀请，让对方感觉自己受到了重视，同时也方便做一些准备。
- 在约会细节上与女孩协商一致，比如要去的地方，要做到事情以及同往的其他人。这样女孩才好安排自己的穿着。
- 做到守时。每一分钟的迟到都会给女孩增加压力。随着时间的流逝，她或许会考虑是否还有必要等下去。
- 在约会的最后，应当将女孩送到家门口，而不是留下她一个人在门外摸索钥匙。看着女孩安全地进入房间，已经不仅仅是良好礼仪的问题，而是保护对方安全的问题。

如果女孩邀请男孩约会，除非她是个美女，否则将不得不付出比男孩更多的努力才能劝服对方接受。相反，只要男孩不是笨得可以，他只需简单地问上一句："周六晚上一起玩好吗？"就能够得到女孩轻松的答案："好啊。"这种不公平的现象正是社会生活中令人遗憾的事实之一，在传统观念看来，"勇敢"意味着应由男人来邀请女人（即使他并不一定会成功）。

如果女孩做到下面几点，也可以成功地邀请男孩赴约（这些建议同样也适用于男孩）：

- ○留给对方足够的时间来提前准备，让他明白自己不是别人最后一分钟的替代品。
- ○准备男孩感兴趣的活动入场券，无论是比赛、电影、演唱会，或是大卫•莱特曼聊天节目的观众票。
- ○如果女孩比较害羞，可以制作一张邀请函，把邀请的内容写下来，表示自己是多么用心地安排了一切——准备交通工具、支付入场券、晚餐和停车费用。相比而言，面对面的邀请则可能因为紧张而把精心安排的邀请搞糟，或者令对方受惊，马上予以拒绝。邀请函的优势在于，可以给对方足够的时间来品味邀请、做出决定，或者寻找合适的拒绝借口。

女孩应该在约会之前保持沉默，而不应该到处宣扬，以免约会还没开始，双方就受到朋友们的逗弄和取笑。

外出约会的双方都应注意的事项：

- ○穿着得体。约会见面时，男孩绝不能像是刚从煤矿倒班出来，女孩也不能是一副刚擦完车的样子。无论是正式会面，还是参加朋友们的非正式聚会，年轻人都应努力打扮得整洁得体。你对约会越用心，就会觉得越有意思。
- ○约会双方应明确各自需承担的费用，从而避免令人尴尬的局面。当实际费用超出某一方通常承担的部分时，另一方还应协助承担。如果双方认可，可以约定各自付账。
- ○让双方父母都知道自己在哪里，遵守父母对于约会结束时间的规定。
- ○约会时，给予对方足够的关注，而不是和旁边的其他人调情。
- ○使约会在轻松愉快的气氛中进行，无论实际情况如何，不要试图改变任何事情，尤其不要在约会的过程中抱怨。
- ○无论是在约会之前、之中还是之后，都不应以侮辱的口吻谈论对方。比如男孩冲朋友抱怨说："昨晚和我约会的女孩实在太难看了。"或者女孩对朋友这样描述约会："他简直讨厌极了，我真想马上从门口逃出去。"因为这些话不仅很没意思，还让人觉得你很刻薄、很靠不住。

- 约会结束的时候，向对方表示感谢，并在一周内为对方写一封感谢信。如果约会时还享受了对方家庭提供的饮食，或在周末进行了家庭拜访，还应为约会方父母写一封感谢信。

▶让规则变得容易遵守◀

- 当父母要求孩子承担某些家务和责任时，不仅应督促他们圆满完成任务，还应让他们明白这些规则存在的原因和内在逻辑。（“乔尼，洗盘子和清理洗碗机由你负责，但你这次又没有做。我们每个人都有自己要负责的家务。你是愿意把自己的工作做好，还是让我帮你做了，但是明天上班之前忘记准备早餐？那样的话，我一定会非常生气，而你就要挨饿了。”）
- 与其命令孩子按照某种特定的方式来做事，不如让他们亲自感受以良好礼仪对待他人的做法背后所蕴涵的人性光辉。（“简，约翰逊太太来家里做客的时候，我之所以让你站起来，是因为她是我的老朋友和同事，她应该受到年轻人的尊重。当你有一天到了她那个岁数，当走进一位年轻人的房间，看到他站起身，并向你握手问好时，你肯定也会非常高兴的。”）
- 如果不得不批评孩子的朋友，请在私底下进行，并且做到指摘公正。（“正因为他是你的好朋友，我才单独和你说这些而没有让其他人听见。他在我们家的表现有些失礼。他把脏靴子放在咖啡桌上，把外套放在地上而没有挂起来，他还损坏树木，并且老说粗话。我认为你应该委婉地告诉他，请他保持礼节，也对我们表示尊重，不要再像之前那样做了。”）
- 认真地聆听孩子感兴趣的事情。参照你所尊重的家长的行为，检查自己是否制定了不公平的规则。（“苏，真不好意思打扰你。但是我和吉姆一直都想搞清楚，我们是否对孩子过于严厉了。我们要求孩子周六晚上十一点以前回家，但他抱怨说其他孩子只需要在凌晨一点前回家就可以。你们在这方面是如何处理的呢？你了解其他孩子的家庭是怎么做的吗？”）

○ 无论如何，不要为了取悦孩子而违背你的基本信仰和价值观念。

○ 当孩子失利的时候，不要摧毁他的最后一点点自尊。相反，应当鼓励他建立自信，迎接下一个挑战。（“嘿，每个人都会遭遇失败的。没有被选中不代表你就是失败者。你是很优秀的孩子，还会有其他机会的。下次你会做得更好。你在全家人眼里是最棒的，振作起来，忘掉失败吧。”）

○ 给孩子机会与父母的朋友一起用餐，让他们从中学习有益的东西，并期待更多类似的经历。（“惠灵顿先生和夫人今晚要来我们家吃饭。惠灵顿先生上大学时是橄榄球队优秀的近端锋[①]，现在则是一名律师，还为我们的社区做了许多志愿工作。他身上有好多让人深受鼓舞的地方。而他的妻子为人很和善，她在零售行业工作，能告诉你好多时尚的信息。你能有机会见到他们，还可以向他们询问感兴趣的事情，真是很幸运！”）

○ 让孩子多花些时间和祖父母在一起，即使作为父母的你已经离婚。对孩子来说，和祖父母在一起，将对他的一生产生非常有益的影响。即使离婚的双方仍然感到痛苦，也永远不要在对方的父母面前表现出来。相反，要让他们和孩子亲近，因为他们将在有生之年承担起非常重要的支持性角色。

○ 出席孩子所参加的重要活动（比如，钢琴演奏会表演、班级表演、重要的游戏等）。哪怕因为工作原因，不得不提早离开，也应至少抽出时间露个面。无论老板多么需要你，你总是可以向他解释，或者通过加班来补偿耽误的工作。如果实在无法参加这些重要活动，也可以请亲朋好友代为出席，并于事后向孩子好好解释。（这么做总比没有任何表示好。）

---

① 是指橄榄球比赛中的边锋，列队于左绊锋或右绊锋外侧，有时担任接球，有时协助“内攻击线锋”做阻挡。——译者注

- 从家庭健身到智力练习，任何活动都可以当做游戏来做。比如完整地阅读一遍报纸，然后根据报纸内容进行轻松问答。通过与家庭成员一起游戏，孩子将感受到快乐与温情，并由此获得学习和成长。而孩子在感受爱的同时，也学会了如何将爱传递给他人。有一天，他们会以同样的方式来养育自己的孩子。
- 在每一天结束的时候，问问孩子是怎样度过的。这样一来，无论孩子遇到了小问题，还是遭受了大伤害，都能够被及时发现。“好，现在轮到比利了。说说今天都发生了什么？”如果比利谈到当天学校里发生的“可怕事件”，父母和兄弟姐妹都可以出主意帮他解决问题。作为父母，你还可以在他睡觉之前，再次提醒他哪些方案更好一些。
- 同样，父母也可以向孩子描述自己的一天。孩子应该知道父母在做些什么，并能够将这些内容准确地讲述给他人，表达对父母的自豪感。这种做法让孩子明白，大人也会遇到问题，也需要通过努力来解决。（“我今天过得很糟。这个月的业绩数字又下降了，可是老板却要在我们部门再加三个人。我只能告诉这些人没有工作可以安排，然后帮他们向可能有工作机会的其他公司打电话。我为他们撰写了热情洋溢的推荐信，安慰他们工作变动也可能是一次很好的机会。我花费了一周时间来帮助他们清理自己的办公桌，搜索招工广告，编写简历。我已经为他们竭尽全力了。”）当孩子听到家长谈论帮助他人的事情时，将体会到更多的安全感，同时也学会了抛却自私，乐于助人。
- 父母为小孩子买衣服的时候，孩子没有选择权，只要穿上就好。当他们长大，对时尚产生感觉时（这种感觉有时甚至产生于小学时期），就会要求更大的选择自由。从初中开始，孩子们都愿意按照学校里最流行的趋势来穿着，而这一点或许会与父辈人观点不太相符。其实，在价格适当和穿着得体的条件下，不妨让孩子选择自己喜欢的服装。

▶礼仪教育的最佳场合◀

如果说，利用进餐时间来进行礼仪和价值观教育的传统在你的家庭已经不复存在（正如许多其他家庭一样），那么你不仅可以，而且也应当去寻找一种合适的替代方式来延续这种教育。当你在咖啡桌旁，厨房的凳子边，壁炉旁，甚至不那么舒服地坐在孩子托儿所里的儿童家具上，假装等待洋娃娃和小熊派对开始的时候，都可以随时展开礼仪的教育。成年人是可以影响孩子的，无论是通过督促孩子去学校，观看孩子玩滑板（并帮助他们做好防护），还是一同观看电影时排队入场。谈话的机会总会随时出现，今天讲明白一个道理，过两天再讲一个。孩子一定听得见大人的讲话，即使他们装着并没有听。要知道，餐厅不是房子里唯一的教室，饭桌也不是房间里唯一的课桌。

对孩子进行礼仪教育并不需要特别的场合，只要拥有一颗关心他人的心就能够办到。比如，叔叔带侄子去麦当劳吃快餐的时候，就可以顺便上一堂很好的礼仪课。要知道，番茄酱就是番茄酱，无论你是在塑料餐桌旁吃着纸袋里的汉堡，还是在从奥斯陆拍卖会上买来的齐本德尔式桃木餐桌旁，品尝精美磁盘上的汉堡，味道并无分别。

你当然可以把整个生活花在为社会现状担忧上，但与其如此，还不如采取实际行动，把担忧所浪费的大量时间和精力放在其他方向上，比如重新发现家庭在生活中的重要性；帮助失去家庭的人寻找可替代的温暖等。今天，我们可以，也应当不止成为一个家庭的组成部分。因为无论在何处、在怎样的情况下，都有很多人需要帮助。在我看来，每个人都有义务为没有家庭的人提供家庭成员般的服务。人们往往并不清楚,亲临其境的行为能够产生非常大的作用。比如，我们在帮助他人调解争论时所采取的安抚行为，不仅有助于制止摩擦，同时还能让双方感到舒服。类似“没事，没事，一切都会好起来”的话，不正像是父母对孩子所说的话吗？再如，当你看到一个孩子主动为陌生老人或者残疾人捡起东西，便表扬他说：“你真是个做好事的孩子！”这句话正强调了孩子的善举，而你的微笑和赞美对他来说无疑就是最高的奖赏。如果这个孩子身旁没有父母，或者父母并不在意这些事情，那么你恰好起到了扮演合格父母的作用。

家庭无所不在，需要家庭的人也无所不在。既然如此，为什么不将二者融合起来，为那些需要帮助的人带来家人般的关怀，让美好的行为在家庭环境中得到激励和赞美，并一代代传承下去呢？除了关怀亲友的孩子和子女的同学，对陌生人的善行报以微笑或称赞，也能够使美好行为得到宣扬。

假设你是一位女孩的母亲，一天，女儿和同学舞蹈彩排归来，成群结队地走进厨房寻找汽水和饼干。

“你妈妈真好”，你听到孩子们这样对你的女儿说。这无疑是种高度赞美，而且对你的女儿来说也是再美好再珍贵不过的话语。“你妈妈总是让我们到你家来”，她们继续说着。显然，这群身穿粉色芭蕾舞裙的女孩子都认为你是个伟大的母亲。后来，你发现两个小女孩开始争吵，并且越吵越凶，最后有人哭了起来。

你决定上前轻柔地打断她们：“孩子们，不要这样，在我们家谁都不许不开心。”（你将礼仪和快乐联系在一起，是个聪明的说法。）

“但是她——”其中一个女孩大声抗议着，另一个也不甘示弱。你打断她们：“我不在乎是谁的错，或者由谁挑起的。我要你们俩现在就握握手，看着对方的眼睛，笑着说‘对不起’。听明白了吗？来吧。现在就做！”

两人有点不好意思，但还是乖乖照做了。你告诉她们，这样做其实是非常美妙的事情，孩子们听了，渐渐露出真诚的笑容。风暴平息下来，穿芭蕾舞裙的女孩们学会了如何处理僵局。可以肯定的是，她们会比以前更加渴望来你家。当她们再来的时候，你可以继续讲授一些与人相处的道理，让孩子们体会妥协与合作的精髓。从这一点来看，你已经把她们变成了自己的家庭成员。而你的孩子也将学到重要的一课：当两人意见不同时，要试着用调节取代指责。同时，你也教给她身为主人的责任：不仅确保每位客人都得到招待，还要使每个人都获得说话的机会。

再比如你是两个男孩的父亲，孩子们已经成年，离开了家庭，而你正在离家不远的棒球队担任教练工作，原因很简单：

- 孩子们迫切需要一个教练。
- 你对教练的工作略知一二。
- 有些潜力很好的孩子需要指导。

于是，尽管业余时间有限，你还是放下诸多的业余爱好，成为了一名志愿者。你渐渐发现，接受指导的孩子对于你所倡导的运动家精神抱有不同的态度，而这恰恰是你认为最关键的地方。有些孩子处理问题的方式欠妥，他们不尊重教练，取笑成绩不好的选手，贬低对方球队，甚至在自己表现不好时向队友发难。经过一番调查，你发现这些欺负弱小的孩子大都早年丧父，由承受着巨大压力的母亲一手带大。

你开始私下展开工作，先从那些身手笨拙、不擅长运动的男孩开始。你向那些欺负弱小的孩子表示，这些男孩身上蕴藏着巨大潜力，而你会让他们把能力都发挥出来。不仅如此，你还夸奖他们是“真正的运动员”这样一来，欺负弱小的孩子也开始期望获得同样的关注。一天，你邀请他们来家中观看经典棒球电影，影片主题正好是你所倡导的运动精神。电影结束后，大家一边喝汽水，一边谈论电影里的好人和坏人，你也抓住机会加入了他们的谈论。当孩子们走出你家大门的时候，你提醒他们：“嘿，孩子们，现在你们打算怎么做呢？你们确定没有忘记什么吗？”

孩子们向你表示感谢，那个平时表现最让人头疼的男孩低声对你说，他非常喜欢这部电影。你温和地告诉他：“如果你的父亲还在，他一定会带你看这部电影的。”

听到你的话，孩子回答说：“是的，我想——是这样的。他一定会带我去的。”你发现他的眼睛里闪烁着骄傲的光芒，那一刻，他一定是在想象父亲为自己付出的场景，即使这已经永远不可能了。

◀父母在孩子之间充当的角色▶

▶兄弟姐妹之间◀

让孩子在成长的过程中，与兄弟姐妹建立起亲密无间的关系。这种关系日后将成为他们一生中最伟大的财富，并为他们带来幸福。当孩子进入大学，兄弟姐妹之间的竞争也逐渐减弱。而父母早年关于尊重彼此的教育，才是他们成年后巩固彼此关系的重要因素。**孩子小的时候，父母就应当教育他：**

- ○尊重彼此拥有的东西。（“你不要动我的东西，我也不动你的。”）
- ○礼貌地借用东西。（礼貌地提出请求，然后按照约定的时间完璧归赵。）
- ○尊重兄弟姐妹的朋友，无论是在谈话中涉及对方，还是欢迎对方到家中做客。

○让孩子明白，对兄弟姐妹给予充分的支持有多么重要。当对方在学校受到诋毁的时候，要勇于出面保护，不分家庭内外，都忠于对方。

▶与身患残疾的兄弟姐妹相处◀

在一个大家庭中，有一位残疾的孩子，他在家中备受宠爱，同时也是最具爱心的成员。即使多年后父母去世，这个幸运的孩子也会在兄弟姐妹的照顾下度过一生。这是多么让人欣慰的现象。

残疾孩子在家中理应得到不断的照顾，但有时兄弟姐妹会因为嫌麻烦而嘲弄他或者冲他发火。这对父母来说无疑是个棘手的问题，所以必须找到合适的时机让孩子明白，他们有责任照顾残疾的兄弟姐妹。

父母应当解释清楚，即使某个残疾孩子需要他们付出更多的时间，也不意味着父母对其他孩子的关心将减少。他们会通过另外的方式来表达对其他孩子的爱。

如果家中的残疾孩子只有一个兄弟姐妹，父母往往会担心他们离开人世以后，这个孩子该如何生活。这时，父母应该对健全的子女逐渐灌输这样一种思想："当我们离开人世，上帝会赋予你无比的仁慈和力量，来照顾你的兄弟或者姐妹。"

◀和孩子谈论性▶

▶母亲对女儿说◀

谈论到性问题时，母亲和女儿之间应当建立起一种特殊的、私密的并且相互信任的关系。在如今这个性病肆虐的年代，如何向要求发生性关系的男孩说不，是母亲应该教会女儿的最重要的事情之一。首先，母亲需解释为何一定要说"不"，这个理由也许是基于道德、宗教信仰，也许是基于女儿的健康和安全。其次，教会她有礼貌地拒绝男人——既不让对方感到冷漠，也不会觉得仅仅因为提个建议就被无情地拒绝了。(当然，如果他试图使用暴力，自然没有理由再顾及礼仪或者考虑其感受。在这种情况下，唯一要做的就是逃跑或者寻求帮助，而且要快！）

对于今天的年轻人来说，听从母亲的警告性建议，将有助于正确认识性问题。然而，尽管母亲的建议再清楚不过，年轻的女儿却不一定愿意轻易接受。

我认为，母亲们应当将我年轻时，甚至更早时代的关于妇女的重要警告拿出来：这关乎一位年轻女性的名誉。人们在任何时候都会谈到这一点。失去这一点，意味着被社会所抛弃。假若你谈到一个女孩是“随便的”就等于将她永远和“红字”[①]联系在了一起。1965 年以后，有关妇女名誉的观念发生了改变，道德标准开始被认为是陈旧、不合时宜的东西。然而，尽管道德规范的说法为很多人所不齿，有关性行为的警告却在实践中越来越受到重视。艾滋病以及其他性病的危险，使某些打算成为性事能手的人望而却步。现在，我们有足够的理由反对滥交，而“名誉”将再次成为年轻女人最重要最珍贵的东西。

当母亲和女儿谈话时，讲到拒绝性的方式，不妨这样解释——拒绝，但可以通过愉快的方式表达出来，而不是通过鲁莽或者低劣的方式。比如：“如果一位男士提出进一步的要求，不必表现出很鄙视的态度——‘什么？和你做爱？你在开玩笑吧！’这样说的结果是，你将再也不会看到他了。记住，被你优雅拒绝过的男人往往可能成为你的好朋友或者男朋友，甚至有可能在未来成为你的终身伴侣。因此，应当以一种友好的措辞来坚决说不，比如，‘抱歉，我不能那么做。尽管我认为你是个很好的人，但我还没有做好这方面的准备。’或者，‘我们还不够了解对方。我很愿意和你交往，但你必须理解，我还没有准备好和你上床。’”

母亲可以继续加上这两句话，“如果他说：‘但是，为什么呢？’然后不停地追问，那么你应当提前准备好回答的话。不要害怕说出类似下面的原因：‘

因为我在这方面有着非常严谨的道德准则。你尽可以嘲笑我，但我要把自己留给最终结婚的那个人。（大多数年轻人面对这样的解释，都会冷静地停下来。这个看似古老的理由现代男士却很难对抗。）

① 19世纪美国浪漫主义作家霍桑的长篇小说。创作于1851年。书中主人公海丝特•白兰太太由于被认为犯了通奸罪而受到审判，并要永远佩带代表耻辱的红字。——译者注

因为艾滋病等疾病。不要和我说可以用安全套的废话，因为我知道，即使使用了安全套，也无法避免一些问题。以我们现在的关系来说，我还没有准备好和你发生性关系。如果这就是你想从我身上得到的一切，那就再见吧。'

夸奖可以安抚一颗被拒绝的心灵。比如，你可以给拒绝的炮弹裹上这样的糖衣：'我和你在一起很快乐，我认为你是个很优秀的人。但我对你的了解还没有到可以发生关系的地步。如果不发生关系，你就感受不到和我在一起的快乐，我想我们最好还是不要再见面了。如果这样的话，正说明了是我更愿意和你在一起，而你并不这么想。'

对此，他的反应可能是，'那就让我看看你有多喜欢我。'你应当重复上面的话，表示并不愿意和他发生关系，还没有做好准备，或者最好不要再见面了。"

今天，大部分男性面对一位持有良好道德准则、自控能力以及自我约束能力的年轻女人，都是持尊敬态度的。当男人提出性的要求而被拒绝的时候，如果他为人正直，而且真心喜欢对方，是会理解的。随着了解的加深以及愉快交往时间的延长，没有性关系的压力，反而有助于双方自然而然地恋爱、结婚，再发生性关系。

上面，我用自己的语言，表达了一位母亲对女儿提出的建议。当然，每位母亲都可以使用自己的语言。当女儿进入性成熟期，就有必要和她谈论相关的话题了，或许也就是在她十几岁的时候。过去，这些话都是在女儿出嫁以前才谈起，但这种传统如今已经成为很多年轻人的笑柄。有些母亲从不和女儿谈论性的问题，这真的很不好，一位母亲曾经可悲地说："我的女儿对这方面事情的了解远远多过我。"我想说的是，清白的丧失并不值得喝彩，相反，要深深地感到悔恨。

▶父亲对儿子说◀

我在前面章节中提及了母女谈性的许多内容，这些内容也同样适用于父子之间。价值观并非像泡泡糖那样，会突然从青少年的嘴巴里冒出来。价值体系的根基是在孩提时代搭建起来的。如果在男孩子的成长过程中，父亲一贯奉行"大男子主义"，把女孩粗俗地称为"婆娘"，在电视上看到性感的女子就与儿子开低俗的玩笑，平时也对女性进行庸俗的嘲讽，那么他的孩子在进入青春期后就很难建立起对女性的尊重。这样的一个父亲也不可能在儿子约会的时候教导他要学会自制，并保持良好的礼仪。

父亲要教育儿子尊重女性，他自己首先要做到尊重妻子，并且在孩子面前提到女性时使用庄重的语言。他要用自己的实际行动向孩子传输这样的观念：女性应该受到与男性平等的待遇，她们是男性情感上的伴侣，事业上的伙伴，而不是他们愉悦的对象。

在性的问题上，一位明智的父亲应该帮助儿子了解性方面的知识，并让他明白在与女孩子相处的时候自制何等重要。如有可能，他们还可以讨论有关性病的知识，如果父亲知道儿子已经开始了性生活，他就要向儿子仔细说明安全套的使用时机和方法。

▶ 警惕孩子对网络的使用 ◀

如果父母正试图将孩子培养成一名端庄体面的社会人，电子邮件的使用将是训练的重要一环。**作为孩子的父母，你要警惕以下行为：**

- ○有些人通过使用污秽语言借以引起别人的注意。
- ○你的孩子参与到上面这种另类行为当中。年轻人向同班同学发送猥亵信息就是在进行性骚扰。如果是年龄大一些的人发送类似的信息，事情会非常严重。但就是有些性变态者，他们通过电子邮件对无辜的人，特别是年轻人进行性骚扰。
- ○语音聊天室。正如有人所说，“如果孩子们只有在聊天室里与陌生人在线联络才能交到朋友，那就太可悲了。”孩子们应该在健康的环境中，与正常人面对面交流，并建立友谊。
- ○父母要屏蔽不良网页，如果孩子经常在这个网站收发邮件的话。如果孩子和他们的朋友在线视频时突然出现意外访客，父母要根除这些陌生访客的信息。另外还要教育孩子，任何人提出要和他 / 她或他（她）们的朋友见面，或进行性交谈，或发送色情图片、在线色情信息，都要坚定拒绝，因为这些行为非常危险。如果孩子们意识到危险性以后会非常害怕，那么父母不妨亲自帮他们完成。

要采取的安全措施：

- 知道你的孩子在网上做什么。
- 制定规矩并坚持遵守。
- 限制孩子的上网时间。
- 浏览孩子的邮件，并尽可能这么做。“我之所以买这台新电脑，是因为你向我许诺过，要让我阅读你的邮件，让我看见你的语法和拼写一直在进步。我要求你实践自己的诺言。这也包括你在聊天室的谈话。”
- 购买软件，以屏蔽不良网站。

孩子成年之后如何维持家庭的凝聚力

- 经常安排家人团聚。事先确认所有孩子的行程安排，以免有人错过。
- 孩子择定配偶后，敦促他的兄弟姐妹支持他的决定。全家人都应该热情欢迎新成员的加入。
- 帮助所有的孩子彼此保持联系。（我非常欣赏一位母亲的做法。她在 5 个孩子全都长大成人、独立生活后，支付他们彼此保持联络的长途电话费用。她说，虽然这笔开销很大，但她从没这么愉快地消费过。）
- 当某个子女需要帮助的时候，巧妙地暗示其他子女伸出援手，不管是挽救一桩濒临破裂的婚姻，还是资助突陷财政危机的同胞。在某个子女的家庭出现变故的时候，鼓励其他子女扮演代理父母的角色。（例如，兄弟或姐妹在女儿出嫁时得了重病，就由其他兄弟或姐妹代理新娘的父亲或母亲。）
- 让大家分享彼此成功的喜悦。要做到这一点，有时甚至要给年轻一代定期发送一张家庭简报，把每个兄弟姐妹及其家人的好消息告诉大家。

▶善待家庭成员的巧妙方法◀

善待朋友能体现出你的慷慨和友善，但请记住，你的家庭成员需要你倾注更多的关爱。一个和谐的家庭应该是能为每位成员提供支持和帮助的有机体，如果你的家庭还没做到这一点，不妨担当起这个美好的任务吧——让每位家庭成员都能为其他成员提供更多的帮助！

○ 如果家里有人生病住院：

- 每天给病人打电话，让她振作，并安排其他家庭成员到医院探望。
- 主动询问可以为她做点什么。
- 如果打不通病人的电话，就在病房所在楼层的护士站留言，请护士代为转告。
- 如果病人有手提电脑，不妨号召亲人和朋友给她发送简短而乐观的电子邮件，为她送去欢乐。
- 请病人公司的办公文员发送录好的语音信息，让她知道公司的情况，但千万不要告知令她难过或担忧的消息。
- 得到医生的许可后，给病人送去她最爱吃的冰激凌，写上她的名字后，把冰激凌放在病房所在楼层的冰箱里。如果身体情况允许，为她奉上一顿烤牛肉或龙虾大餐。

○ 在家庭成员生命中的重要时刻——比如生日，结婚纪念日等类似的日子，送上你虔诚的祝福。

○ 关注家中所有重要的事情。比如外甥加入了大学划船小组，侄女在全市拼字比赛中荣获第二名，胞弟在公司晋升了。当你知道家庭聚会上采用了祖母的蛋糕配方，不妨给年迈的祖母写封短信，向她报告这个好消息，同时附上一张聚会的照片。当侄子第一次接受圣餐时，寄给他一张卡片，上面写着——“里基，这是你生命中的一件大事。在这个特别的日子里，即便是我们这些生活在其他城市的人，也会在精神上一同为你庆贺。”你还可以附上一张支票，作为额外的馈赠，让这份礼物更加与众不同。如果你的继女即将参加成年仪式，而你因故不能出席，那就给她写一封热情洋溢的信，并送上一份礼物吧。换句话说，一定要有所表示。

- 如果朋友或家庭成员中有人生病，经常为他跑跑腿，干点家务活，做些需要的文字工作。
- 如果家庭成员中有特别好或特别坏的消息需要告知朋友，不妨代为通告。换句话说，如果有人，或某个家庭，因为特别繁忙或健康原因无法与亲近的朋友沟通，你要主动提供帮助。这是馈赠他人的最珍贵的礼物。
- 在家庭成员需要的时候帮她检查健康和保险状况。
- 如果家庭成员在身体、精神、感情或经济任何一方面遇到困难，一定要及时关注。不仅关注，还要提供帮助。
- 如果某位家庭成员的健康状况出现问题，及时向他提出来，因为病情一旦延误，有可能影响他的工作和生活。（“爷爷，让我带您去见听力专家吧。最近你好像听不清我们在说什么，这让我们感觉和您有距离感。”）
- 如果家庭成员中有人出现表达障碍，或者无法理解别人的意思，催促她寻求必要的帮助，比如治疗、咨询等类似的服务。
- 如果某位家庭成员遇到经济困难，帮他分析可能存在的原因，征求专业人士的意见，并帮他渡过难关。
- 如果兄弟姐妹中有人去世或离婚，担当起代理父母的角色。经常在学校运动会和班级表演上出现，像慈爱的父母那样鼓励孩子。在家庭出现变故的时候，祖父母、叔叔、姑姑和堂亲表亲对孩子来说非常重要。
- 在重要的假日和特别的节日，为亲人寄电子邮件和祝福卡片。我会一次性购买很多用于不同节日和场合的贺卡，全部贴好邮票以备邮寄，每张贺卡内附一封私人短信，然后在节假日到来的时候寄出去。这些卡片适合不同的场合，从庆贺婴儿出生到慰问食物中毒的朋友。在朋友遇到不幸的时候，送去一张卡片鼓舞士气，这已经成为我的习惯；而无论是两岁的婴儿，还是102岁的老人，都能从贺卡中感受到我的友善。

- 在你举办宴会的时候，偶尔邀请鳏寡家庭参加。这些客人会对你的善行无比感激。
- 发动全家举行聚会。只要一个人牵头，就可以凝聚全家的力量，一同欢度家庭节日，比如某对夫妇结婚纪念，或某人的生日等类似的节日。有了电子邮件这个方便快捷的工具，谁也不能以“我不知道这件事”为借口不参加了。
- 确认家中有人在进行家族史的书写和记录工作，以便能够让家族史代代相传。这是一项艰巨的工作，需要由专人负责（因为如果成立家庭成员委员会，负责人太多反而会降低工作效率）。如果没人愿意负责就毛遂自荐。家族成员要包括每一个通过婚姻或再婚进入这个家庭的成员，包括所有的异父姊妹、异父兄弟以及继父（母）。给舅老爷哈里和苏珊表姐每人配备一台录音机，定期录下他们的回忆。搜集家庭成员对昔日家庭聚会的回忆，还有每个人现在和过去的精彩故事。培养家庭成员养成习惯，每当他们回忆起重要的事情，就记录下来，再以电子邮件形式发送给你。把你能找到的每张家庭照片都保存下来，并注明日期、地点和人名。家族的每一份记忆都是弥足珍贵的，所以热情满怀地担当起家庭案卷保管人的责任吧。同时不要忘记家庭的所有宠物，它们应该在家族史上占有一席之地！

维持家庭的凝聚力是一份切实的工作。世界上没有哪份工作比它更重要。孩子在幼年时受到兄弟姐妹、父母、祖父母和其他长亲的帮助越多，他就越是能对下一代付出同样的关爱。

你一旦成为父母，不管你的孩子有多大，你永远都是父母。而你在老辈人眼中将永远都是个孩子。

所谓家庭，就是身份的不断变更、交替和爱的永恒延续。

◀出门在外的日常礼仪▶

一个受到众人爱戴和欢迎的人，就是能够与他人和谐相处的人。他一定不会见风使舵，根据不同人物和场合调整自己的举止行为。一个对家人笑脸相迎，和颜悦色的人，对他人也一定如此，不管对方是邮递员、帮她从地下车库取车的人、她要去拜访的经理办公室的前台接待，还是早上卖给她报纸的报童。

我们与每个人的关系都很重要。有位女士非常出色,受到周围所有人的喜爱。我曾经问过她这样一个问题："你对所有的人都这么友善，难道不累吗？"

她这样回答："对某些人友善，而对另一些人冷漠，来回转变你的态度表情，那样反而更累。"我仔细琢磨她的话，觉得非常有道理。不抱怨售货员工作效率低下，反而感谢她的帮助，要比与她大吵一架，并把糟糕的情绪带到其他事情上容易得多。以此作为与人为善的理由或许有些消极，但是仔细想来，只要能做到友善待人，任何理由对我们大家来说都是有意义的。

在礼仪周到的前提下，你做事的态度和行为本身一样重要。你或许非常欣赏一位服务员，想给她丰厚的小费，但如果举止失当，有可能会让服务员有受辱之感；另一方面,你不经意间的一个手势可能让她产生误会。你做事是否成功，取决于你是否注重每一个细节。

结语

礼仪大师也抓狂——如何弥补过失

对我来说，世界上最糟糕的感受莫过于我做了傻事，或者严重冒犯别人之后所产生的尴尬之情。每个人都有应付窘境的独特方式。而当我深陷其中时，我会心跳加速，诚惶诚恐，胃里像被一块巨石击中一样。显然，遇到这种情况，我们希望减轻心中的负罪感。就我而言，只有求得对方的谅解，我内心的痛苦才能所有缓解。

经过数年的磨砺，我已经成为难堪场面的解围专家。以下是若干实例。

9 岁那年，我和我的朋友帕茜·加勒特曾在内布拉斯加州奥马哈市举行的大型舞会上担任“门童”。对于市民来说，舞会是每一年最盛大的社会活动，所以演出场面非常隆重，参加庆典活动的演员全都身着华丽的礼服。

帕茜和我都为能够担任开门人而深感荣耀和兴奋。当晚有 2.5 万人涌进偌大的剧场观看演出，而整场演出将由我和她两个门童，为观众开启。我们身披白色绸带，礼服上点缀着人造钻石，帽子上插有白色羽毛。当收到后台传来的“演出即将开始”的信号之后，我们就要打开巨大的庆典大门。信号终于传来了：我们好像听到了 1 000 只喇叭的奏鸣（实际上只有 15 只）。帕茜和我迈着统一的步伐走到舞台中间（这个步伐我们已经排练了无数次），用异常优雅的姿势去拉开巨门上的金色把手。大门纹丝不动。25 000 双眼睛在注视着我们。喇叭还在鸣叫。不知哪个工人神经出了问题，可能是想报复舞会官员吧，竟然在演出前把大门钉牢了。我们听到导演正在幕布后面咒骂我们俩。最后他们终于意识到了问题所在，于是导演从门后对我们说："务必冷静。在没有叫来木匠之前，你们两个要保持笔直站立的姿势。双手叉腰，像是在守卫大门。微笑，露出你们最甜美的微笑！"（这些语言充满了智慧。我不知道帕西·加勒特是怎么做的，反正我在日后遇到许多尴尬的场合，都保持最甜美的微笑。）喇叭继续鸣响，我们站在那里一直微笑，似乎这是整场演出的一个情节。最后终于取来了锤子，拿掉了钉子，我们这才把大门打开。

更尴尬的场面是在我读 8 年级的时候，有一天晚上我在修道院举办的独奏晚会上演奏一支钢琴曲，由于道具没有摆放妥当，三角钢琴的盖子突然砸下来。整个演奏过程不断掺杂着噪音。我看见妈妈在台下用双手捂住脸（她是哭是笑，我永远不得而知），但我从爸爸的脸上读到了这样的信息，"继续——你一定要弹下去。"我一边问上帝，为什么要让这样的事情发生，一边对着观众微笑，终于弹完了整支曲子。

如果你像我一样，竟然惹怒了美国总统，你就知道事情有多么严重了。我曾经在美国总统肯尼迪上任的第一个星期一，就让他恼羞成怒，因为我竟然在白宫前为所有新任政府官员安排的招待会上出了差错。当晚我以多年的驻外经验，把吧台巧妙地安排在主楼层的四周，以便客人们自由走动。不想，第二天一早报纸就刊出大幅标题，痛斥肯尼迪破坏了若干传统，包括为到场的记者提供烈酒（这种做法绝无仅有）；破天荒地在白宫设吧台；竟然在星期日开派对，等等。我一举打破了所有规范，以至于一支教会代表团竟然立即前往白宫，向总统表达他们的震惊与厌恶。总统把我叫到椭圆形办公室，狠狠地训斥了一番，因为我让他在新官上任第一天就出了洋相。

我为给他惹了如此大的麻烦而懊恼不已。我告诉他，我宁愿以死谢罪。我对他说，我将雇一架飞机在天幕写字道歉，承认一切都是我的过错，而不是肯尼迪家族的过错。如果能减轻我的罪孽，我愿奔赴刑场。听到我的话，他把手放在我的肩头笑起来，并恭喜我有如此了得的道歉本领。"永远不要忘记这种道歉方式，"他对我说，"非常感人，甚至连教训你的机会都没有了。"（顺便说一下，此后再也没有人在白宫设吧台了。祝酒总是在官员就职典礼的时候进行。）

我不得不经常道歉，担任驻外使节和就职白宫时如此，驰骋商场亦然。在经商生涯中，我的确经历过几次灾难性事件。其中一次是和柏林顿产业全美室内设计计划有关，即颁发一年一度的“柏林顿金屋奖（Burlington House Awards）”。那时候柏林顿是世界上最大的纺织品供应商，这一颇具权威的奖项就是颁发给那些品味高雅、又极具创意的室内设计师的。有一年，同往常一样，我把一份写有 32 名比赛获奖者的获奖名单，和另一份未获奖人名单一同交给邮递公司。我还给失败者写了一封安慰信，信中感谢他们参加比赛，赞扬他们的设计作品，但是非常遗憾地告诉他们没能入围。我在信上签好名，让邮递公司复印之后一并邮寄。

我同时也给所有的获奖者写了一封恭贺信，向每位获奖者表示祝贺，并通知他们颁奖典礼的细节，以及将会得到哪些荣耀。不幸的是，邮递公司在邮递过程中出了差错：他们一时疏忽，调换了名单，并把写有“祝贺你赢得柏林顿金屋奖”的恭贺信寄给了未获奖者，而把“抱歉，你没能入围”的安慰信按照名单寄给了少数获奖者。

我先花了几分钟思考“上帝为什么让这种事发生在我身上”这个问题，然后迅速想出补救措施，即借助美国电话电报公司（AT&T）遍布全国的电话线以及公司员工的聪明才智，联手完成了这项不可能完成的任务。我把所有员工，以及几位能干的朋友集合起来，接下来整整两天，柏林顿的电话线完全被我们占用。我事先对所有人进行了彩排，那简直就是一堂表演课。我对如何措辞，以及如何运用表演希腊悲剧时的语调道歉进行了详细指导。从一个时区到另一个时区，我们给几百人打了电话，如果对方没有应答，我们就不停重播。两天之后，我们终于通知了所有没有入围的家庭，而他们原以为自己获了大奖。我们拿出表演戏剧的本领，“痛心疾首”地解释我们所犯的“不可原谅”的错误。我们饱含深情，用无比难过和真诚的语调道歉。（“请求您原谅我们，斯诺得格拉斯夫人。我们怎么会对您做出如此愚蠢的事情？您会宽恕我们吗，斯诺得格拉斯夫人？”）结果是，除了有一个人对我们的错误揪住不放之外，我们联系上的所有人都非常通情达理，态度友善，并最终原谅了我们。他们在电话那头说，

“没关系。没什么大不了的。不要挂在心上！”（这件事再次证明我的处世哲学非常有效——只要你真诚地向别人道歉，最终会赢得对方的谅解！）

所有人都通知到以后，我才向柏林顿的管理层告知了这桩错误邮递事件，这件事对我造成的心理伤害也逐渐弥合。由此可见，低声下气地道歉威力有多大！

▶弥补过失的方式◀

如果你全然忘记了与朋友的午餐约定，害得他顶风冒雨在街角等了你 45 分钟，你的朋友当然有理由生气。但是你因为爽约而产生的担忧和不安可能更甚于他对你的怨恨。当你放某人的鸽子时，无论对方是客户还是朋友，你都会感到惴惴不安。你不仅应当立即补救，而且还要讲求方法。我有一次到外地出差，当地分公司的同事让我在机场傻等了一个多小时，而且最终也没有出现。当他意识到自己的错误以后，做了以下几件事情进行补救：（1）寄给我一封长长的道歉信；（2）送给我 12 朵玫瑰花；（3）下次到本地出差时请我吃饭；（4）午饭前后都叫车接送。（我把这称为成功的赎罪。）

我有一位朋友约好与素未谋面的男士吃饭，却被对方放了鸽子。事后这位男士亲手烤制了两打热腾腾的饼干送给我的朋友，以证明自己的诚意。另一位朋友由于疏忽大意，和两年未见的老朋友相约进行业务会面，结果却忘记了。为了弥补自己的过失，她送给对方一大块爱吃的意大利进口熏火腿，并附上一封短笺，“你在切火腿的时候，每一刀都当做是对我爽约的惩罚。”男士后来对她说，当他把火腿切成薄片的时候，心里想到的都是她的好。后来两人保持着商业往来。这些例子告诉我们两个道理：并非所有的爽约行为都会带来灾难性的后果，我们每个人心里都有一小片火腿。

我经常放朋友的鸽子，不仅因为我的邀约太多，而且因为我在做备忘录的时候经常漫不经心。（我有两个笔记本，办公室和公文包里各放一本，因此常常把时间搞混。）由于我的疏忽，我和先生曾不止一次兴高采烈地去朋友家赴晚宴，结果却发现弄错了时间。（当你盛装打扮到达朋友家，却发现主人身穿睡衣长袍前来开门，这种感觉非常奇妙。）我还曾经在日记本上记下错误的约会日期。我这样说并非是要为自己找借口，而是说主人有必要提前给客人寄送提醒卡片，内容包括所有的重要信息，以便那些在电话里接受邀请，却没有记录详细内容的客人有所准备。

我还曾经邀请朋友星期天晚上到我家里参加非正式晚宴，结果却忘得一干二净，甚至忘记和先生提起这件事。遇到这种情况，你有几种选择。你可以利用朋友的恻隐之心，可怜兮兮地向他们道歉，并立即提议邀请他们几天以后参加一个更加盛大的晚宴。或者你可以装作若无其事的样子,热情欢迎他们的到来，并在当晚邀请他们品尝家里能够找到的现成饭菜。（如果想采用第二种方法，你在客厅陪客人聊天的时候一定要表现得镇定自若，即使此时你的心思早已飞到厨房，拼命想冰箱里有什么东西可以招待客人。）

你越是健忘，越要想出有创意的道歉方式，这样才能抚平对方的伤口。朋友邀请我赴宴，我曾数次爽约，每次我都会采取以下步骤向对方道歉，结果每次都能求得对方的谅解。我的做法虽不足取，但应变之道或许可以借鉴一二：

- 给主人打电话，用生动、真诚的语言向对方道歉。你要承认主人完全有理由生气，并告诉他们，你知道被别人放鸽了是多么不光彩的事情。你可以向主人提议，是否可以由你出面打电话，向其他几位熟识的客人解释你爽约的原因。（你通常可以找到合理的借口，比如助理在老板的日历上写错了赴约的日期。当其他客人知道这个原因之后，也就释然了。）关键是要消除主人心头的阴影，不要让他产生当众出丑、不光彩的感觉，和主人不熟的情况下更是如此。
- 亲自登门道歉。这种做法通常会给对方留下深刻印象。
- 邮寄或留下一封道歉信，并附上一束鲜花或一份礼物。

你也可以综合以上三种方法向别人道歉。

▶介绍时犯了严重错误◀

我在外交圈摸爬滚打了许多年，也曾在介绍别人时犯下严重的错误。当我在罗马担任美国大使的时候，印度和巴基斯坦的边境战争正打得如火如荼。我有一次把来自巴基斯坦的新大使介绍给全体外交使节团时，竟然把他说成是来自印度的新大使。他并没有马上意识到我犯下的严重错误，因为我在介绍他时使用的是意大利语，他一点都听不懂。当他明白真相以后，立即火冒三丈，拂袖而去。我在大使馆给他打电话，他根本不接。后来我给他写了两封情真意切的道歉信，他也没有接受。万般无奈之下我让人给他送去12朵娇艳欲滴的红玫瑰。他立刻拨通了我的电话，说一位年轻小姐送给他红玫瑰，这样的诚意他无法拒绝。我因此得到了他的谅解。（从那时候开始我给很多男士赠送过红玫瑰！）

在日常生活中，当我们介绍别人的时候经常会犯错，虽然严重程度不及印度和巴基斯坦之间的战争。但是如果你犯下错误后保持缄默，任由错误继续蔓延，被介绍的对象会觉得非常尴尬，甚至恼羞成怒。

记得我在罗马大使馆的顶头上司克莱尔·布斯·卢斯告诉过我，别人曾多次在公共场合弄错她的名字。克莱尔·布斯·卢斯能言善辩，进行公共演讲时，主持人总是对观众说她是"著名演员克莱尔·露丝（Claire Luce）"，因为两个人的名字非常相近。这件事情让她非常恼火。克莱尔·卢斯还写得一手好文章，她曾写过一本关于悍妇热衷于离婚的著名剧作《女人》。而在一次有两千观众到场的演讲会上，她竟被介绍为"写《小妇人》的知名作家"（《小妇人》是描写19世纪家庭生活的著名作品，其作者为路易莎·梅·奥尔科特），这个头衔让克莱尔·卢斯大笑不止。她对观众说，她很高兴有人把她的作品和路易莎·梅·奥尔科特红遍全球的经典著作混为一谈，但她怀疑路易莎·梅是否和她一样高兴。

我的父亲曾是一名著名的共和党领袖。他当年竞选内布拉斯加州国会议员的时候，某家全国无线电台竟向听众介绍他是"来自内布拉斯加州的著名民主党领导人。"他听了以后笑着说，虽然他是共和党的一员，但是他很高兴共和党能够吞并民主党，让在野多年的民主党能够品尝到政治领袖的滋味。

我记得一位商界的朋友向别人介绍一位军官时，把对方的军衔升高了两级，对此他感到十分尴尬。没想到军官对大家说，他非常感激介绍人把他的军衔升高两级，而不是降低两级。"你的思路十分正确，"他说，"任何军官遇到这种事情高兴还来不及！"

被别人错误介绍的时候，你需要幽默地化解尴尬气氛，而不是义正词严地加以纠正。如果你忘记好朋友的名字，或者有人忘记你的名字，千万不要放在心上，避免让对方感到尴尬。你可以说，“安迪，我也经常忘记别人的名字。千万别当回事。我可能下周就忘记你的名字了。这样说你会不会感觉好一点？”

换句话说，如果你在介绍别人时犯下错误，你可以运用聪明才智向别人道歉。而如果别人在介绍你时犯下错误，请保持幽默感，让大家知道你是亲切随和的人。

如果你在社交场合犯下小错误，并能及时向对方真诚道歉，你不仅不会失去友谊，而且还会巩固友谊，因为大家都看出你是真心在乎朋友内心感受的人。

▶不要生气◀

谁都不喜欢无法控制自己情绪的人，无论脾气发作得是否有道理。任何人都会发一两次火，这种情形不可避免，但是大家都有不同的发泄方式。有些人表现得充满敌意，让人无法忍受。但大多数人不过是踢踢椅子，埋头痛哭，猛捶桌子，或者找个对方的小人像刺上几针。

我认为，以幽默感来浇灭你胸中的怒火，是处理这种情况的最佳方式。比如：

- ○偷偷与你的爱犬说话，尽情倾诉你的愤怒和不满。没有什么能比这种方式更能让你感受到支持、同情和理解了。或许你家的小猫和小鸟也是忠诚的听众，但是爱犬（即使是从别人那里借来的爱犬）可能最懂得与你进行眼神交流。
- ○给做错事的人写一封火药味十足的信，把你想说的话一字不落地写出来，尽可能把他狠狠教训一番。然后运用各种戏剧技巧大声朗读，至少读上 5 遍。最后把信撕成碎片并销毁。（绝对不能把信寄走！）
- ○尝试练习瑜伽。如果你对此项运动一无所知，不妨找本瑜伽书来练习。你可以通过呼吸运动放松身心，全然忘记自己为什么生气，或者通过转移注意力而获得彻底放松。无论哪种结果都有助于控制自己的情绪。
- ○做任何感兴趣的运动。你可以对着背板猛打网球，使劲浑身力气把篮球往地上砸，把高尔夫球当做恶魔一样猛击一杆。做完运动之后你将感觉筋疲力尽，此时你会退回一步，换个角度看问题，并希望舒舒服服地洗个澡。

- 疯狂地进行大扫除，好像你从来没有清理过一样。假装你把敌人吸进了垃圾袋，或者用抹布把他擦进了垃圾箱。
- 从事一项耗费体力，并且非常厌恶的杂务，比如清扫庭院里的落叶，或者清洗厨房架子和架子上的厨具，并把所有物品放回原处。事后你会为自己的自控能力感到骄傲。
- 在繁重的体力劳动之后洗上一个热水澡，抹上精油或散发幽香的浴液。（无论男女，我都会提出此条建议！）当你躺在舒适、温馨的床上，你很难拥有坏心情。
- 去看场电影，大口猛嚼爆米花。咀嚼动作极具治疗效果，能让你紧绷的下巴彻底放松。
- 更好的办法是去趟博物馆。经典画家悬挂在墙上的作品中，经常可以看到焦虑或气愤的面孔。与你相比，他们的情况要糟糕得多。如此一想，你就不会生气了。
- 你还可以欣赏能够抚慰你心灵的美妙乐曲，无论是埃拉·菲茨杰拉德（Ella Fitzgerald）[①]、舒伯特、肖邦还是史汀的作品。聆听音乐能够让人平静，效果非常奇特。

换句话说，你要精心设计并采取措施浇灭心中的怒火。唯有如此，第二天你才不会做出让自己后悔的事情，从而完全实现自我控制。

---

① 埃拉·菲茨杰拉德（1917—1996），美国爵士女歌手，被誉为“爵士第一夫人”，是20世纪最重要的爵士乐歌手之一。——编者注

LETITIA BALDRIGE'S
New Manners for New Times

译者后记

利蒂希娅•鲍德瑞奇无疑是一位不折不扣的外交礼仪大师，然而这本书谈论更多的则是普通人的生活。

与其说这是一本有关社交礼仪的书籍，不如把它看成是教给我们如何处理生活中各种微妙状况的行为指南。现代人活得太累了，工作、生活，精神、物质，亲人、同事，日复一日的常态，突然发生的事件……任何一个节点处理不好都有可能成为引发灾难性后果的导火索，我们究竟怎样做才能将危险系数降到最低？如何才能让生活美好的一面展现得更多更久？过惯了不拘小节日子的你，如何避免在与重要宾客交际时手足失措？这本书从各个方面都替你想到了。

单从目录看，就有种必须马上翻阅此书的冲动：

"家庭成员中的单身人士应怎么做"，这恐怕是众多留在父母身边的剩男剩女都该好好了解的功课。

"10岁以上孩子应该掌握的基本行为准

则"，叛逆期孩子还会乖乖接受条条框框吗？不妨从书中寻找答案。

"成为受人爱戴的主管"，有时候一句话或者一件小事就有可能摧毁友好的上下级关系，赶紧学习一下吧。

"食物不同吃法不同"，想象一桌丰盛的西餐，从头到尾依次摆上开胃菜、面包、肉类、鱼类、龙虾、面食、沙拉、餐后水果……怎样确保每道菜都吃得既享受又得体？如何取用佐料盘中的食物？怎样享用不易取食的几种蔬菜？让这本书一一教给你吧。

也许你曾把礼仪想得抽象而庄重，但它却总是表现得具体而琐碎，它存在于生活的方方面面。当你对老人展开真诚的微笑，与孩子进行平等的交流，请快递员进屋喝杯水，在公交车上为孕妇让座，这些都属于礼仪的范畴。在这个错综复杂的时代，我们需要了解婚礼和其他庆祝活动的流程、细节，我们需要掌握人际交往的艺术、禁忌，我们需要遵循旅游和外事活动的礼仪、准则，我们需要规划家庭、工作和生活。礼仪根源于我们内心对他人的尊重，外化为睿智、幽默的谈吐和礼貌、优雅的举止。

这本大部头作品翻译起来虽是艰难，但也乐趣多多，尤其是从书中学的礼仪知识在这里，请允许我们感谢在此过程中给予了巨大帮助的亲人和朋友，他（她）们是：乔秀英、倪听、郑晓晶、郑莺莺、崔筱涵、孟力、曲婉扬、刘晓燕、高燕燕、夏萌、王淑仉、韩直、仇英章、韩新、王丽君、王晓冰、韩磊、陈思雨。

这本书所能带给我们的，就是引导各位心怀对美好事物的追求，成为令人喜欢亲近的人。礼仪表达了你对他人的关怀，它可以传递快乐，让我们更加从容、自信、游刃有余地生活。

一切为了您的阅读价值

★ 您知道自己为阅读付出的最大成本是什么吗？
★ 您是否常常在读过一本书后，才发现不是自己要看的那一本？
★ 您是否常常发现很多书都是一时冲动买下，至今一字未读？
★ 您是否常常感慨书的价格太贵，两百多页，值四十多元钱吗？

阅读的最大成本

读者在选购图书的时候，往往把成本支出的焦点放在书价上，其实不然。

时间才是读者付出的最大阅读成本。

阅读的时间成本=选择花费的时间+阅读花费的时间+误读浪费的时间

选择合适的图书类别

目前市场上的**图书来源**可以分为**两大类，五小类：**

1. 引进图书：引进图书来源于国外出版公司，多从其他语种翻译成中文出版，反映国际发展现状，但与中国的实际结合较弱，其中包括三小类：

a）教科书：理论性较强，体系完整，但多为学科的基础知识，适合初入门的、需要系统了解一门学问的读者。

b）专业书：理论性、专业性均较强，需要读者拥有比较深厚的专业背景，阅读的目的是加深对一门学问的理解和认识。

c）大众书：理论性、专业性均不强，但普及性较强，贴近现实，实用可操作，适合一门学问的普通爱好者或实际操作者。

2. 本土图书：本土图书来源于中国的作者，反映中国的发展现状，与中国的实际结合较强，但国际视野和领先性与引进版相比较弱，其中包括两小类，可通过封面的作者署名来辨别：

a）"著"作：大多为作者亲笔写就，请读者认真阅读"作者简介"，并上网查询、验证其真实程度，一旦发现优秀的适合自己的作者，可以在今后的阅读生活中，多加留意并了解。

b）"编著"图书：汇编了大量图书中的内容，拼凑的痕迹较明显，建议读者仔细分辨，谨慎购买。

阅读的收益

阅读图书最大的收益，来自于获取知识后，**应用于**自己的**工作和生活**，获得品质的**改善和提升**，油然而生无限的**满足感**。

我们出版的所有图书，封底和书脊都有“湛庐文化”的标志

并归于两个品牌

找“小红帽”

为了便于读者在浩如烟海的书架陈列中清楚地找到我们，我们在每本图书的书脊上部 47mm 处，全部用红色标记，称之为——小红帽。同时，“小红帽”上标注“湛庐文化”字样，小红帽下方标注所属图书品牌名称。

湛庐文化主力打造两个品牌：**财富汇**，致力于为商界人士提供国内外优秀的经济管理类图书；**心视界**，旨在通过心理学大师、心灵导师的专业指导为读者提供改善生活和心境的通路。

用轻型纸

您现在正在阅读的这本书所使用的是轻型纸，有白度低、质感好、韧性好、油墨吸收度高等特点，价格比一般的纸更贵。

关注阅读体验

我们目前所使用的字体、字号和行距，是在经过大量调查研究的基础上确定的，符合读者阅读感受。每页设计的字数可以在阅读疲劳周期的低谷到来之前，使读者稍作停顿，减轻读者的阅读疲劳，舒适的阅读感觉油然而生。

所有的一切都为了给您更好的阅读体验，代表着我们“十年磨一剑”的专注精神。我们希望湛庐能够成为您事业与生活中的伙伴，帮助您成就事业，拥有更为美好的生活。

湛庐文化2008-2011年获奖书目

《牛奶可乐经济学》
国家图书馆“第四届文津奖”十本获奖图书之一，唯一获奖的商业类图书。
搜狐、《第一财经日报》2008年十本最佳商业图书。
用经济学的眼光看待生活和工作，体验作为“经济学家”的美妙之处。

《大而不倒》
《金融时报》·高盛2010年度最佳商业图书入选作品。
美国《外交政策》杂志评选的全球思想家正在阅读的20本书之一。
蓝狮子·新浪2010年度十大最佳商业图书，《智囊悦读》2010年度十大最具价值经管图书。
一部金融界的《2012》，一部丹·布朗式的鸿篇巨制。

《金融之王》
《金融时报》·高盛2010年度最佳商业图书。
蓝狮子2011年度十大最佳商业图书，《第一财经日报》2011年度十大金融投资书籍。
权威透视国际金融界大佬在大萧条中的群像著作。
一部优美的人物传记，一部独特视角的经济金融史。

《富可敌国》
蓝狮子·《第一财经日报》2011年度最佳金融商业图书。
《第一财经日报》2011年度十大金融投资书籍。
源自300个小时的真实访谈，一部权威的对冲基金史。

《认知盈余》
2011年度和讯华文财经图书大奖。
看“互联网革命最伟大的思考者”克莱·舍基如何开启无组织的时间力量。
看自由时间如何成就“有闲”世界，如何引领“有闲”经济与“有闲”商业的未来。

《微力无边》
2011年度和讯华文财经图书大奖“最佳装帧设计奖”。
中国最早的社会化媒体营销研究者杜子建首部作品。
一部微博前传，半部营销后传。

《神话的力量》
《心理月刊》2011年度最佳图书奖。
在诸神与英雄的世界中发现自我，当代神话学大师约瑟夫·坎贝尔毕生精髓之作。

《facebook效应》
《金融时报》·高盛2010年度最佳商业图书入选作品。
蓝狮子·新浪2010年度十大最佳商业图书，《新智囊》2011年度最具价值十大经管图书。
首度公开facebook非凡创业的26个细节，马克·扎克伯格及40多位核心高管倾情讲述。

《真实的幸福》
《职场》2010年度最具阅读价值的10本职场书籍。
积极心理学之父马丁·塞利格曼扛鼎之作，哈佛最吸引人、最受欢迎的幸福课。

《绕着大毛球飞行》
蓝狮子·《职场》2011年度最佳职场图书。
畅销13年的职场创意手册，贺曼贺卡公司创意总监倾情之作。

延伸阅读

《顶级品味》

◎ 国际顶级礼仪大师利蒂希娅·鲍德瑞奇还原欧美上流社会的品味规则。

◎ 讲述一段不为世人所知的浓墨重彩的时尚传奇。

《面对》

◎ 国内唯一一本成熟女性的心理学读物。

◎ 从名模到心理医生，解决女性衰老过程中最核心的问题。

《闪亮职场》

◎ 日本首位印象训练专家倾情奉献。

◎ 最受日本演艺名人、政要、企业家追捧的印象修炼术。

《我要成名》

◎ 好莱坞娱乐公关教父，全世界最魔娱乐公关公司创始人霍华德·布莱格曼，剖析超级巨星。

◎ 麦当娜、安吉丽娜·朱莉、小甜甜布兰妮等众星的成名经历。

◎ 助你把握成名一刻。

《创意，是一笔灵魂交易》

◎ 突破创意瓶颈的永恒经典。

◎ 美国创作教母写给被“卡住”的创作者。

◎ 畅销 20 年，超过 200 万读者感动推荐，全世界 20 多种语言出版。

图书在版编目（CIP）数据

礼仪书：得体的行为与正确地行事 /（美）鲍德瑞奇著；修文乔，韩卉译．—北京：中国人民大学出版社，2012

ISBN 978-7-300-16103-7

Ⅰ．①礼… Ⅱ．①鲍… ②修… ③韩… Ⅲ．①礼仪—基本知识 Ⅳ．① K892.26

中国版本图书馆 CIP 数据核字（2012）第 150479 号

本书法律顾问　北京诚英律师事务所　吴京菁律师
北京市证信律师事务所　李云翔律师

礼仪书：得体的行为与正确地行事

［美］利蒂希娅·鲍德瑞奇　著

修文乔　韩　卉　译

Liyi Shu: Deti de Xingwei yu Zhengque de Xingshi

出版发行	中国人民大学出版社		
社　址	北京中关村大街31号	**邮政编码**	100080
电　话	010–62511242（总编室）		010–62511398（质管部）
	010–82501766（邮购部）		010–62514148（门市部）
	010–62515195（发行公司）		010–62515275（盗版举报）
网　址	http:// www. crup. com. cn		
	http:// www. ttrnet. com（人大教研网）		
经　销	新华书店		
印　刷	北京中印联印务有限公司		
规　格	170 mm × 230 mm　16开本	**版　次**	2012 年 8 月第 1 版
印　张	23　插页2	**印　次**	2012 年 8 月第 1 次印刷
字　数	340 000	**定　价**	66.90 元

湛（zhàn）庐（lú）

铸剑大师欧冶子『十年磨一剑』，炼就了『天下第一剑』湛庐剑。

——《吴越春秋》记载